司法的温度与界限

行政裁判文书自选集

李广宇 著

目 录

权利保护范围与禁止诉讼

朱广义等诉郑州市政府案

裁判要旨

《行政诉讼法》的立法目的之一，是“保护公民、法人和其他组织的合法权益”，权利保护范围逐步扩大也是行政诉讼制度发展的必然趋势。《行政诉讼法》第十二条第一款第十二项的修改就是一个具体体现。该项是一个兜底条款，所谓的“其他人身权、财产权等合法权益”，既包括前面各项所列举情形之外的其他人身权、财产权，也包括法律、法规规定的人身权、财产权以外的其他合法权益。不过，当原告主张一项权利，是否属于权利保护范围是一回事，是否属于他自己的权益是另一回事。即使某些权利属于《行政诉讼法》规定的权利保护范围，但如果被诉行政行为并非针对特定个人，如果原告只是有可能受到被诉行政行为影响的不特定公众中的一个或者一部分，那他也不具有提起行政诉讼的资格。

几个个人针对地名更改行为提起行政诉讼，固然承载着家族、地方甚至民族的情感自尊，但在《行政诉讼法》所确立的主观诉讼模式之下，又显然属于难以承载之重。不可否认，地名更改的乱象，不仅“损害了地名文化，割断了历史文脉”，也呼唤着地名管理更加法治化。如果能为地名更改中的公民参与提供切实可行的法律救济，如果能为地名的命名、更名、销名等行政决策设置一个犹豫期，让公民或者有关社会团体在相关行政决策真正付诸实施之前能够有机会提起一个预防性的禁止诉讼，无疑将会减少盲目决策所造成的社会成本和财政成本。但在法律制度进一步完善之前，我们只能依据现行法律规定驳回再审申请人对本案所提起的再审申请。

中华人民共和国最高人民法院
行政裁定书

（2018）最高法行申1127号

再审申请人（一审原告、二审上诉人）朱广义，男，汉族，住河南省郑州市金水区。

再审申请人（一审原告、二审上诉人）贺法群，男，汉族，住河南省郑州市金水区。

再审申请人（一审原告、二审上诉人）朱狗妞，男，汉族，住河南省郑州市金水区。

再审申请人（一审原告、二审上诉人）宋新安，男，汉族，住河南省郑州市金水区。

再审被申请人（一审被告、二审被上诉人）郑州市人民政府，住所地河南省郑州市中原路233号。

法定代表人王跃华，该市人民政府常务副市长。

再审申请人朱广义、贺法群、朱狗妞、宋新安（以下称朱广义等四人）因诉郑州市人民政府（以下简称郑州市政府）道路更名一案，不服河南省高级人民法院（2016）豫行终2720号行政裁定，向本院申请再审。本院依法组成由审判员李广宇、审判员阎巍、审判员仝蕾参加的合议庭，对本案进行了审查，现已审查终结。

朱广义等四人向河南省新乡市中级人民法院起诉称：祭城作为地名已有3500多年历史，沿用至今，有很深的文化积淀。2003年祭城村整体迁移出老祭伯城，此后从郑州CBD内环起向东直至东四环，修成一条大路被命名为“祭城路”。“祭城路”具有深远历史文化影响，郑州市政府以郑政通〔2015〕6号文的形式发布《关于祭城路更名平安大道的通告》将其更名为“平安大道”，违背了国务院《地名管理条例》第五条第一款，《河南省地名管理办法》第七条、第八条和第十九条之规定，上述更改路名的行为也侵犯其名誉权、荣誉权、名称使用权、精神权益，影响其户籍、住址等信息的变更。请求依法责令郑州市政府撤销《关于祭城路更名平安大道的通告》并恢复原“祭城路”路名。

河南省新乡市中级人民法院一审查明：位于郑州市新区的“祭城”原为祭城镇，2005年在该镇所辖范围内的熊儿河北岸修建了一条道路，西起商务内环，东至东四环，长9.8公里，当年12月命名为“祭城路”。随着城市发展变迁，祭城镇于2006年被撤销，同时分立为两个办事处，2010年由郑东新区对其中的祭城路街道办事处实行代管，更名为郑东新区祭城路街道办事处。郑州市政府称，自2012年起就有道路沿线单位向政府提出过对“祭城路”更名的申请，2015年1月郑州市郑东新区管理委员会在征求公众意见后向郑州市政府提出了建议将“祭城路”更名为“平安大道”

的请示，郑州市政府将更名事宜批转至郑州市民政局具体负责，郑州市地名管理办公室于 2015 年 3 月在“郑州地名网”上发布了《关于祭城路更名方案的公示》，随后郑州市政府收到了郑州市民政局提出的对“祭城路”进行更名的请示，2015 年 4 月 14 日郑州市政府第 25 次常务会议研究同意将“祭城路”更名为“平安大道”。2015 年 5 月 21 日，郑州市政府发布了《关于祭城路更名平安大道的通告》，即本案被诉的行政行为。另查明，案涉“祭城”中的“祭”在 2003 年 4 月第 1 版《辞海》中记载如下：“祭（zhài），古国名，姬姓。始封之君为周公之子。原为畿内之国，后东迁，在今河南郑州东北。另见 ji。”在郑州市郑东新区规划中，原祭城镇的“祭城村”被拆迁，考古人员在此发掘了古代“祭伯城”的遗址。2013 年 5 月，“祭伯城遗址”被国务院核定公布为第七批全国重点文物保护单位。2013 年郑州市郑东新区将兴建“祭伯城遗址公园”列入当年政府投资计划并已动工建设。郑州市政府在一审时称，作为郑东新区地名“祭城”的“祭”应读作“zhài”，而郑州方言中把“祭”读成“zhà”，一直沿袭至今。

河南省新乡市中级人民法院一审认为：朱广义等四人与郑州市政府更改道路名称的行政行为是否有利害关系、是否具有提起行政诉讼的主体资格是本案首先要解决的焦点问题。只有朱广义等四人的合法权益受到涉诉行政行为在法律意义上的不利影响或不法侵害，才可向法院提起行政诉讼。郑州市政府更改道路名称的行为是在履行管理和服务职责过程中实施的公共管理活动，根据相关规定，这种更改道路名称行为考量的是公共利益，而不以追求特定权利义务关系的产生、变更或消灭为目的。该涉诉行政行为并未对朱广义等四人设定新的权利和义务，对朱广义等四人诉求的权益明显不产生法律上的实际影响。朱广义等四人一审称郑州市政府更改道路名称行为侵犯了其名誉权、荣誉权、名称使用权、精神权益的理由不成立。涉诉行政行为未引起朱广义等四人户口簿上所载地址、管片、派出所、居委会等信息的变化，且上述信息的变化并非权利义务的变化，涉诉行政行为与这种信息的变化之间不构成法律上的因果关系，不属于法律意义上的不利影响或不法侵害。朱广义等四人主张郑州市政府更改道路名称的行为影响到其相关信息的变更、侵犯了其合法权益的理由不能成立。在本案审理过程中，朱广义等四人对“祭城”历史文化传承给予了充分关注，虽然“祭城路”与“祭城”不是同一地名，但原告对地名和历史文化的保护意识值得提倡。郑州市政府也采取了投资建设“祭伯城遗址公园”等措施对历史文化加以保护。被告在履行管理职责时，也应主动接受公民的监督，规范行政行为。综上，原告朱广义等四人不具有提起行政诉讼的主体资格，依照《中华人民共和国行政诉讼法》（以下简称《行政诉讼法》）第二十五条第一款、第四十九条，《最高人民法院关于适用〈中华人民共和国行政诉讼法〉若干问题的解释》第三条第一款第八项的规定，作出（2015）新中行初字第120号行政裁定，驳回朱广义等四人的起诉。

朱广义等四人不服，提起上诉。

河南省高级人民法院二审认为：《行政诉讼法》第二十五条第一款规定：“行政行为的相对人以及其他与行政行为有利害关系的公民、法人或者其他组织，有权提起诉讼。”根据该规定，提请法院启动对行政行为的合法性审查程序，应以原告与行政行为之间存在一定的利害关系为前提。本案一审原告朱广义等四人主张郑州市政府2015年将“祭城路”改名为“平安大道”的行为，对其户籍、精神权益及历史文化传承等均造成较大影响。对此，首先，应当认可涉案更改路名的行为对一审原告户籍住址的变动造成一定的影响，但这种影响是相对轻微的，尚未达到通过行政诉讼予以保护的程度；其次，“祭城路”路名2005年才开始使用，相比于“祭城社区”“祭伯城遗址公园”，“祭城路”本身所承载的历史文化和精神价值有限，“祭城路”的更名行为对一审原告所主张的精神伤害，不是行政诉讼所保护的权利范围；第三，一审原告并不能合理说明其本人所受到的影响，与祭城路周边居民相比，具有特殊利益。根据上述理由，一审原告的利益诉求虽反映了公民对社会公共利益的关注，但尚未形成行政诉讼上的利害关系，其不具有提请法院审查被诉道路更名行为的起诉资格。一审以朱广义等四人无利害关系为由驳回其起诉，认定事实清楚，适用法律正确。据此裁定驳回上诉，维持一审裁定。

朱广义等四人向本院申请再审称：原告是否具有诉讼的主体资格，是该案争议的焦点，主要集中在对《行政诉讼法》第十二条第一款第十二项如何理解与适用上。再审申请人认为，人民法院受理的行政案件，除了行政机关侵犯行政相对人的财产权、人身权以外，还应该包括其他合法权益。《行政诉讼法》第十二条第一款第十二项在法律上有“漏洞”，对于处于模糊地带的人身权、财产权，或者除了人身权、财产权以外的其他合法权益，法律并没有明确的规定。“祭城路”的更名所引发的名称使用权、姓名权、荣誉权等，对于再审申请人来说，具有类似人身权的特点。同时，“祭城路”这条具有代表性的历史地名，还涉及再审申请人的历史传承、文化认同、乡愁情结、灵魂归宿等精神文化权益，这种具有类似人身权性质的特殊的精神文化权益，是再审申请人的一种合法权益，当然应该受到法律保护。一审和二审法院的裁判结果错误。这个案件，让祭城 3000 多名公民牵挂。这个案件，让各地“祭”姓人士注目。综上，请求：撤销河南省高级人民法院（2016）豫行终 2720 号行政裁定，并依法提审。

本院认为：地名是国家和民族文化的重要载体。一个长期形成的地名，久而久之，会成为一个地方的符号，成为那个地方所有人情感所系的标志。正因如此，《地名管理条例》对地名的更改规定了严格的原则、程序和审批权限。要求“从我国地名的历史和现状出发，保持地名的相对稳定”，“可改可不改的和当地群众不同意改的地名，不要更改”。本案就是因为地名更改所引发。2015 年 5 月 21 日，郑州市政府发布通告，将“祭城路”更名为“平安大道”。这一街道更名事件并不普通，因为“祭城”

这个名称具有非常悠久的历史。据一审法院查明，《辞海》中“祭”的词条内容为：“祭（zhài），古国名。姬姓。始封之君为周公之子。原为畿内之国，后东迁，在今河南郑州东北。”在郑州市郑东新区规划中，原祭城镇的祭城村被拆迁，考古人员在此发掘了古代“祭伯城”的遗址。2013 年 5 月，“祭伯城遗址”被国务院核定公布为第七批全国重点文物保护单位。2013 年郑州市新区将兴建“祭伯城遗址公园”列入了当年的政府投资计划，目前该遗址公园已动工建设。位于郑州市郑东新区的“祭城”原为祭城镇，2005 年，在该镇所辖范围内的熊儿河北岸修建了一条道路，西起商务内环，东至东四环，长 9.8 公里，当年 12 月命名为“祭城路”。随着城市发展变迁，祭城镇于 2006 年被撤销，同时分立为两个办事处，2010 年由郑东新区对其中的祭城路街道办事处实行代管，更名为郑东新区祭城路街道办事处。

本案再审申请人朱广义、贺法群、朱狗妞、宋新安正是居住在郑州市金水区盛和街祭城社区的居民。他们通过相关媒体得知“祭城路”更名一事，向河南省新乡市中级人民法院提起行政诉讼，请求依法责令郑州市政府撤销《关于祭城路更名平安大道的通告》，并恢复“祭城路”路名。新乡市中级人民法院虽然认为，“原告对地名和历史文化的保护意识值得提倡”，但同时认为，“这种更改道路名称行为考量的是公共利益，而不以追求特定权利义务关系的产生、变更或消灭为目的”，“原告朱广义等四人不具有提起行政诉讼的主体资格”，因此裁定驳回了他们的起诉。我们在接到朱广义等四人的再审申请书之后，对他们的再审理由进行了认真审查，虽然对他们所强调的“历史传承、文化认同、乡愁情结、灵魂归宿”表示深刻理解，但同时也认为，在法律层面，再审申请人的再审理由难以推翻驳回起诉的原审裁判。

再审申请人主张：“原告是否具有诉讼的主体资格，是该案争议的焦点，主要集中在对《行政诉讼法》第十二条第一款第十二项如何理解与适用上。”他们认为，“人民法院受理的行政案件，除了行政机关侵犯行政相对人的财产权、人身权以外，还应该包括其他合法权益”。“祭城路的更名所引发的名称使用权、姓名权、荣誉权等”，“是类似人身权性质的特殊的精神文化权益”，“当然应该受到法律保护”。再审申请人对《行政诉讼法》第十二条第一款第十二项关于权利保护范围的理解应属正确。《行政诉讼法》的立法目的之一，是“保护公民、法人和其他组织的合法权益”，权利保护范围逐步扩大也是行政诉讼制度发展的必然趋势。《行政诉讼法》第十二条第一款第十二项的修改就是一个具体体现。该项是一个兜底条款，所谓的“其他人身权、财产权等合法权益”，既包括前面各项所列举情形之外的其他人身权、财产权，也包括法律、法规规定的人身权、财产权以外的其他合法权益。不过，当原告主张一项权利，是否属于权利保护范围是一回事，是否属于他自己的权益是另一回事。即使某些权利属于《行政诉讼法》规定的权利保护范围，但如果被诉行政行为并非针对特定个人，如果原告只是有可能受到被诉行政行为影响的不特定公众中的一个或者一部分，那他也不具有提起行政诉讼的资格。

在本案，再审申请人自己也承认，“这个案件，让祭城3000多名公民牵挂”，“这个案件，让各地‘祭’姓人士注目”。很显然，与“祭城路”更名具有利害关系的远远不止原告几人。一如《人民日报》署名文章《地名是我们回家的路》所言：‘慎重更换地名，就在于对地名有情感。这种情感，是个人的，是家族的，更是地方的、民族的。诸多地名情感的滋生、蔓延与丰富，才构成一个民族的文化自尊。”几个个人针对地名更改行为提起行政诉讼，固然承载着家族、地方甚至民族的情感自尊，但在《行政诉讼法》所确立的主观诉讼模式之下，又显然属于难以承载之重。不可否认，地名更改的乱象，不仅“损害了地名文化，割断了历史文脉”，也呼唤着地名管理更加法治化。如果能为地名更改中的公民参与提供切实可行的法律救济，如果能为地名的命名、更名、销名等行政决策设置一个犹豫期，让公民或者有关社会团体在相关行政决策真正付诸实施之前能够有机会提起一个预防性的禁止诉讼，无疑将会减少盲目决策所造成的社会成本和财政成本。但在法律制度进一步完善之前，我们只能依据现行法律规定驳回再审申请人对本案所提起的再审申请。

综上，再审申请人朱广义、贺法群、朱狗妞、宋新安的再审申请不符合《中华人民共和国行政诉讼法》第九十一条规定的情形。依照《最高人民法院关于适用〈中华人民共和国行政诉讼法〉

的解释》第一百一十六条第二款之规定，裁定如下：

驳回再审申请人朱广义、贺法群、朱狗妞、宋新安的再审申请。

审 判 长　李广宇

审 判 员　阎　巍

审 判 员　仝　蕾

二〇一八年八月三十一日

法官助理　骆芳菲

书 记 员　王昱力

救济自己的权益

毕梅玲诉登封市政府案

裁判要旨

按照《行政诉讼法》第二条第一款的规定，只有自己的合法权益受到行政机关和行政机关工作人员的行政行为侵犯的，才能提起行政诉讼。《行政诉讼法》第二十五条第一款规定的原告资格，也要求与行政行为“有利害关系”。如果不是为救济自己的权益而提起诉讼，除法律明确规定的公益诉讼等特殊情形外，原则上均不能受理。

中华人民共和国最高人民法院
行政裁定书

（2018）最高法行申 1576 号

再审申请人（一审原告、二审上诉人）毕梅玲，女，汉族，住河南省登封市。

委托代理人贺新义，男，汉族，住河南省登封市。系毕梅玲之夫。

再审被申请人（一审被告、二审被上诉人）登封市人民政府，住所地河南省登封市少林大道 38 号。

法定代表人杨金军，该市人民政府市长。

原审第三人登封市教育体育局，住所地河南省登封市崇高路中段。

法定代表人杨飞剑，该局局长。

再审申请人毕梅玲因诉登封市人民政府（以下简称登封市政府）教育行政管理争议一案，不服河南省高级人民法院（2017）豫行终 1121 号行政裁定，向本院申请再审。本院依法组成由审判员李广宇、审判员阎巍、审判员仝蕾参加的合议庭，对本案进行了审查，现已审查终结。

毕梅玲向河南省郑州市中级人民法院起诉称：一、登封市政府将公办学校老师配备到民办的清华园学校任教，滥用职权，侵犯了登封市人民的利益；二、被分配到清华园学校的老师一人获得两份报酬，违反了按劳分配原则，损害国家利益；三、登封市政府干涉公办学校的用人自主权，造成公办学校学生受教育权受到侵犯；四、到清华园学校任教的老师应当依法解除公办教师编制，否则浪费教育经费；五、登封市政府将特岗教师配备到清华园学校，违反了特岗教师的规定；六、登封市政府与清华园学校签订的《登封清华园学校项目合同》甲方签字人已经被法办，该项目涉嫌利益输送。综上，登封市政府违反了法律规定，请求人民法院依法判令登封市政府与清华园学校签订的《登封清华园学校项目合同》违法无效，判令对到清华园学校工作的公办教师予以解编解职，并将已发放工资追回上缴国库，判令追究滥用职权签订合同、履行合同损害国家利益的相关人员法律责任。

河南省郑州市中级人民法院一审认为：《中华人民共和国行政诉讼法》（以下简称《行政诉讼法》）第二十五条规定，行政行为的相对人以及其他与行政行为有利害关系的公民、法人或者其他组织，有权提起诉讼。本案中，毕梅玲提交的证据不能证明其所诉事项与本人具有法律上的利害关系，故毕梅玲的起诉不符合上述规定。综上，根据《行政诉讼法》第四十九条第一项和《最高人民法院关于适用〈中华人民共和国行政诉讼法〉若干问题的解释》第三条第一款第一项、第二款之规定，作出（2016）豫01行初689号行政裁定，驳回毕梅玲的起诉。

毕梅玲不服，提起上诉。

河南省高级人民法院二审认为：登封市政府与内黄清华园学校签订的《登封清华园学校项目合同》未对毕梅玲设定权利义务，也不对毕梅玲具有约束力，该合同对毕梅玲的权益不产生法律上的影响，毕梅玲提供的证据也不能证明该合同对其自身的合法权益产生实际影响，毕梅玲对该合同不具有诉的利益，一审法院以毕梅玲与涉案合同不具有利害关系为由裁定驳回毕梅玲的起诉并无不当。据此裁定驳回上诉，维持一审裁定。

毕梅玲向本院申请再审称：登封市政府签订的《登封清华园学校项目合同》披着合法外衣，干着权钱交易，损害国家利益，破坏农村九年义务教育，破坏教育均衡发展。再审被申请人建起了私人营利的清华园学校，毁掉了一些无辜的农村学校，一些农村上不起学的学生被迫辍学，有一些家长不得不掏重金让子女到清华园学校就读。再审申请人不为一己私利，自掏腰包、自带干粮，为捍卫国家巨额利益、捍卫农村百姓子女九年义务教育的权利，同涉嫌贪腐的行为作斗争，完全是在践行社会主义核心价值观中的公正、法制、爱国的理念，难道爱国也需要“适格”吗？难道爱国也必须与自己有利害关系吗？一审和二审法院无视客观事实，无视再审申请人的爱国行为，适用法律错误。综上，请求：1. 依法撤销一审和二审行政裁定；2. 依法判令《登封清华园学校项目合同》违法，并立即废止；3. 依法判令再审被申请人把 54 名公办教师带薪派往私人营利性民办学校任教，帮其盈利、损害国家利益的行为违法；4. 追究因从农村学校抽调优秀教师，导致其学校停办或合办，破坏农村九年义务教育的行政责任和法律责任；5. 依法判令 54 名公办教师立即回到原学校工作，把其非法收入上缴国库，留清华园学校所发的工资为己有；6. 依法追究再审被申请人滥用职权涉嫌权钱交易的违法贪腐责任，依法确认再审申请人捍卫国家利益的行为为爱国行为。

本院认为：再审申请人毕梅玲是一位年届六旬的人民教师，她提起本案诉讼，是请求确认登封市政府与清华园学校签订的《登封清华园学校项目合同》违法无效，因为依据该合同，“登封市政府将公办学校老师配备到民办的清华园学校任教，侵犯了登封市人民的利益”；“被分配到清华园学校的老师一人获得两份报酬，违反了按劳分配原则，损害国家利益”；“登封市政府干涉公办学校的用人自主权，造成公办学校学生受教育权受到侵犯”……展读诉状，我们对这位老教师的义举心生敬意，也毫不怀疑她“不为一己私利”的动机，但是，也正是因为她提起诉讼“不为一己私利”，才不符合《行政诉讼法》规定的起诉条件。按照《行政诉讼法》第二条第一款的规定，只有自己的合法权益受到行政机关和行政机关工作人员的行政行为侵犯的，才能提起行政诉讼。《行政诉讼法》第二十五条第一款规定的原告资格，也要求与行政行为“有利害关系”。如果不是为救济自己的权益而提起诉讼，除法律明确规定的公益诉讼等特殊情形外，原则上均不能受理。本案中，再审申请人无论是主张“登封市人民的利益”“国家利益”，还是“公办学校学生受教育权”，均不属于她自己的利益，原审法院驳回其起诉，符合法律规定。

高度重视农村义务教育，办好人民满意的教育，既是人民的期盼，也是各级人民政府和教育行政机关义不容辞的职责。虽然再审申请人的再审申请本院难以支持，但不能通过诉讼解决，并不妨碍通过其他法定途径表达诉求。

综上，再审申请人毕梅玲的再审申请不符合《中华人民共和国行政诉讼法》第九十一条规定的情形，依照《最高人民法院关于适用〈中华人民共和国行政诉讼法〉的解释》第一百一十六条第二款之规定，裁定如下：

驳回再审申请人毕梅玲的再审申请。

审 判 长　李广宇

审 判 员　阎　巍

审 判 员　仝　蕾

二〇一八年四月二十五日

法官助理　骆芳菲

书 记 员　王昱力

保护规范、反射利益与公益诉讼

李百勤诉郑州市二七区政府案

裁判要旨

除法律明确规定的公益诉讼外，行政诉讼原则上属于主观诉讼。原告提起行政诉讼，必须是认为他自己的合法权益受到行政行为侵犯。换句话说，只有自己的合法权益受到侵犯，才具备利害关系，也才具有行政诉讼的原告资格。判断是否属于自己的合法权益，主要看一个法律规范的保护目的究竟是保护个别公民的利益，还是保护公共利益。如果法律规范的保护目的是个别公民的利益，或者不仅是保护公共利益，同时也是保护个别公民的利益，就可以承认个人利益存在。反之，如果法律规范的保护目的仅仅在于公共利益，则不能认可公民个人享有诉权。

所谓公共利益，在于法律规范的受益人为不确定的多数。固然，当法律规范基于公共利益的目的，命令行政机关作为或不作为时，这些不确定的多数受益人中的某一个个人也会从中获得事实上的利益，但这种利益无论如何都是权利的反射，却不是自己的权利。为了防止出现民众诉讼，法律并不认可作为公众之一部分、仅具有反射利益的个人具有诉权。

个人主张环境权时也应依照相关法律规范行使。《中华人民共和国环境保护法》第五十七条规定："公民、法人和其他组织发现任何单位和个人有污染环境和破坏生态行为的，有权向环境保护主管部门或者其他负有环境保护监督管理职责的部门举报。”“公民、法人和其他组织发现地方各级人民政府、县级以上人民政府环境保护主管部门和其他负有环境保护监督管理职责的部门不依法履行职责的，有权向其上级机关或者监察机关举报。”但是，这种举报仍然属于公共利益规范，如果举报人不是基于自己的权利受侵害而进行举报，就不能因为进行了举报便具有了相对人的资格。

中华人民共和国最高人民法院
行政裁定书

（2018）最高法行申 2975 号

再审申请人（一审原告、二审上诉人）李百勤，男，汉族，住河南省郑州市金水区。

再审被申请人（一审被告、二审被上诉人）郑州市二七区人民政府，住所地河南省郑州市二七区政通路 85 号。

法定代表人苏建设，该区人民政府区长。

再审申请人李百勤因诉郑州市二七区人民政府（以下简称二七区政府）不履行法定职责一案，不服河南省高级人民法院（2017）豫行终 1654 号行政裁定，向本院申请再审。本院依法组成由审判员李广宇、审判员阎巍、审判员仝蕾参加的合议庭，对本案进行了审查，现已审查终结。

郑州铁路运输中级法院一审查明：2016 年 1 月 4 日，李百勤向二七区政府邮寄了《情况反映》，请求二七区政府在合理期限内拆除或责令停止杨寨社区综合安置楼工程施工项目施工。二七区政府未履行拆除的法定职责，李百勤不服，于 2016 年 12 月 5 日向法院提起行政诉讼，请求依法确认二七区政府未依法履行拆除职责的行为违法，并判令二七区政府依法履行法定职责。郑州铁路运输中级法院另查明，李百勤在法庭询问中陈述，杨寨社区综合安置楼是违法建筑，各项指标均没有经过行政机关的许可，空气是流通的，该工程对空气的危害不仅仅是二七区，郑州市每个公民均受到了侵害，李百勤与该违法工程有利害关系。

郑州铁路运输中级法院一审认为：根据《中华人民共和国行政诉讼法》（以下简称《行政诉讼法》）第二十五条第一款的规定，行政行为的相对人以及其他与行政行为有利害关系的公民、法人或者其他组织，有权提起诉讼。根据《最高人民法院关于适用〈中华人民共和国行政诉讼法〉若干问题的解释》第三条第一款第八项的规定，有下列情形之一，已经立案的，应当裁定驳回起诉：行政行为对其合法权益明显不产生实际影响的。我国法律赋予了每个公民均享有对违法行为监督举报的权利，李百勤作为公民，有权向城乡规划主管部门或者其他有关部门举报或者控告杨寨社区综合安置楼的违法建设行为。李百勤虽然有权对杨寨社区综合安置楼违法建设行为进行监督举报，但是这种公民监督举报的权利不能等同于行政相对人对行政行为提起行政诉讼的权利。李百勤是否有提起行政诉讼的权利，关键在于二七区政府的行政行为是否对李百勤的合法权益明显产生实际影响。依据查明的事实证实，二七区政府对杨寨社区综合安置楼违法建设是否强拆的行为并不产生直接侵害李百勤合法权益的法律后果，因此，二七区政府对杨寨社区综合安置楼违法建设是否强拆与李百勤的权利义务没有直接的利害关系，对李百勤的合法权益明显不产生实际影响。综上所述，李百勤认为涉案违章建筑施工影响郑州市的空气质量，与其有利害关系，要求确认二七区政府不履行法定职责的行为违法的诉讼请求，缺乏法律依据。李百勤不是本案适格的原告，其起诉不符合行政诉讼的法定起诉条件，应当驳回起诉。依照《最高人民法院关于适用〈中华人民共和国行政诉讼法〉若干问题的解释》第三条第一款第一项、第八项的规定，作出（2016）豫71行初900号行政裁定，驳回李百勤的起诉。

李百勤不服，提起上诉。

河南省高级人民法院二审认为：李百勤向二七区政府邮寄《情况反映》，请求二七区政府在合理期限内拆除或责令停止杨寨社区综合安置楼工程施工项目施工，系举报投诉行为。二七区政府对李百勤的举报是否回复以及如何回复应当属于二七区政府的自由裁量权，虽然这种自由裁量权行使不当可能产生政治上的责任，但不产生法律上的责任。除法律有特殊规定外，行政诉讼所能解决，也只能解决的是法律争议，对于行政机关的自由裁量行为或因此引起的政治责任问题，不属于法律上的争议，行政审判不能进行审查。另外，李百勤所举报的违法建设问题与自己的权利是否受到侵犯无关，在李百勤对二七区政府的起诉中，也不存在李百勤认为二七区政府侵犯了他的权利的问题，因而他与二七区政府之间也不形成值得裁判的法律争议。因此，李百勤起诉二七区政府不履行法定职责的请求事项不属于司法审查范围，故对李百勤的起诉应予驳回。一审裁定驳回李百勤的起诉正确，依法应予维持。据此裁定驳回上诉，维持原裁定。

李百勤向本院申请再审称：1. 其向再审被申请人邮寄《情况反映》的行为不属于举报投诉行为，而是明确要再审被申请人作出行政行为，而再审被申请人未在法定期限内作出任何行政行为，属于行政不作为，故其针对行政不作为起诉，符合起诉条件，同时也是适格的原告。2. 杨寨社区综合安置楼工程系违法建设工程，该工程扬尘、建筑质量及空气污染的防治均没有经过行政机关的许可。空气是流通的，该违法工程对空气的污染侵害的不仅仅是工程周边的人，还有整个郑州市的居民。对于一个违法建设工程，每一个公民都有权利和义务去制止。再审申请人作为郑州市人民群众中的一员，和该违法工程具有利害关系，故具备本案诉讼的主体资格。综上，请求：撤销二审行政裁定，指令原审法院继续审理；判令二七区政府承担一审、二审和再审诉讼费。

本院认为：本案的争执是：再审申请人李百勤向二七区政府邮寄《情况反映》，要求其在合理期限内拆除或责令停止杨寨社区综合安置楼工程施工项目施工，因为他认为该工程是违法建设的小产权房，严重影响了土地利用整体规划和城乡建设规划，给群众造成了很大损害。二七区政府没有作出答复，李百勤提起行政诉讼，请求依法确认二七区政府未依法履行拆除职责的行为违法，并判令其依法履行法定职责。一审法院驳回了他的起诉，理由是，李百勤作为公民，虽有权对违法建设行为监督举报，但这种监督举报的权利不能等同于行政相对人对行政行为提起行政诉讼的权利，是否强拆的行为并不产生直接侵害李百勤合法权益的法律后果，与其权利义务没有直接利害关系，因此其不是本案的适格原告。本院认可一审法院的裁判观点，并支持一审法院的裁判结果，以下结合李百勤的再审理由具体阐述。

一、合法权益、保护规范与反射利益

《行政诉讼法》第二条第一款规定："公民、法人或者其他组织认为行政机关和行政机关工作人员的行政行为侵犯其合法权益，有权依照本法向人民法院提起诉讼。"第二十五条第一款规定："行政行为的相对人以及其他与行政行为有利害关系的公民、法人或者其他组织，有权提起诉讼。"由此可知，除法律明确规定的公益诉讼外，行政诉讼原则上属于主观诉讼。原告提起行政诉讼，必须是认为他自己的合法权益受到行政行为侵犯。换句话说，只有自己的合法权益受到侵犯，才具备利害关系，也才具有行政诉讼的原告资格。判断是否属于自己的合法权益，主要看一个法律规范的保护目的究竟是保护个别公民的利益，还是保护公共利益。如果法律规范的保护目的是个别公民的利益，或者不仅是保护公共利益，同时也是保护个别公民的利益，就可以承认个人利益存在。反之，如果法律规范的保护目的仅仅在于公共利益，则不能认可公民个人享有诉权。在本案，李百勤在向二七区政府邮寄的《情况反映》中，援引《中华人民共和国城乡规划法》

作为保护规范。该法第一条所规定的立法目的，是“为了加强城乡规划管理，协调城乡空间布局，改善人居环境，促进城乡经济社会全面协调可持续发展”，其公共利益性质显而易见。该法第九条第二款又规定：“任何单位和个人都有权向城乡规划主管部门或者其他有关部门举报或者控告违反城乡规划的行为。城乡规划主管部门或者其他有关部门对举报或者控告，应当及时受理并组织核查、处理。”这一规范所赋予“任何单位和个人”的举报或者控告的权利也是基于公共利益。所谓公共利益，在于法律规范的受益人为不确定的多数。固然，当法律规范基于公共利益的目的，命令行政机关作为或不作为时，这些不确定的多数受益人中的某一个个人也会从中获得事实上的利益，但这种利益无论如何都是权利的反射，却不是自己的权利。为了防止出现民众诉讼，法律并不认可作为公众之一部分、仅具有反射利益的个人具有诉权。

二、环境权与公益诉讼

再审申请人李百勤在一审法庭询问时陈述，“杨寨社区综合安置楼各项指标均没有经过行政机关的许可，空气是流通的，该工程对空气的危害不仅仅是二七区，郑州市每个公民均受到了侵害”，以此说明其与该违法工程有利害关系。但这也恰恰论证了他只是郑州市每个公民当中的一员，他由于“该工程对空气的危害”所受到的侵害，并未区别于“郑州市每个公民”。固然，保护环境是我国的基本国策，绿水青山就是金山银山的理念已经深入人心，公民对于环境权的关注越来越彰显，但是，个人主张环境权时也应依照相关法律规范行使。《中华人民共和国环境保护法》第五十七条规定："公民、法人和其他组织发现任何单位和个人有污染环境和破坏生态行为的，有权向环境保护主管部门或者其他负有环境保护监督管理职责的部门举报。""公民、法人和其他组织发现地方各级人民政府、县级以上人民政府环境保护主管部门和其他负有环境保护监督管理职责的部门不依法履行职责的，有权向其上级机关或者监察机关举报。"但是，这种举报仍然属于公共利益规范，如果举报人不是基于自己的权利受侵害而进行举报，就不能因为进行了举报便具有了相对人的资格。再审申请人主张，"郑州市每个公民均受到了侵害"，但以维护"郑州市每个公民"的环境权为目的的诉讼，显然属于环境公益诉讼范畴，而对于提起环境公益诉讼的权利，《中华人民共和国环境保护法》只赋予特定的符合法定条件的社会组织，《行政诉讼法》只赋予人民检察院，公民个人尚没有提起环境公益诉讼的原告资格。

综上，再审申请人李百勤的再审申请理由不能成立，其再审申请不符合《中华人民共和国行政诉讼法》第九十一条规定的情形。依照《最高人民法院关于适用〈中华人民共和国行政诉讼法〉的解释》第一百一十六条第二款之规定，裁定如下：

驳回再审申请人李百勤的再审申请。

审 判 长　李广宇

审 判 员　阎　巍

审 判 员　仝　蕾

二〇一八年六月二十九日

法官助理　骆芳菲

书 记 员　王昱力

起诉条件在哪个阶段审查

刘勇诉襄阳市政府案

裁判要旨

根据《行政诉讼法》第四十九条的规定，提起行政诉讼应当符合法定起诉条件。对于起诉条件的审查，一般应当在立案阶段进行。经审查不符合起诉条件的，应当裁定不予立案。但是，行政诉讼的起诉条件相对复杂，有些起诉条件在短时间内难以查清，有些起诉条件可能需要通过言词审理才能查清，所以，起诉条件的审查不仅限于立案阶段，在立案之后，甚至在开庭审理之后，仍然会涉及起诉条件的审查问题。正因如此，《最高人民法院关于适用〈中华人民共和国行政诉讼法〉的解释》第六十九条（《最高人民法院关于适用〈中华人民共和国行政诉讼法〉若干问题的解释》第三条）才规定，“已经立案的”，如果有不符合起诉条件的情形，“应当裁定驳回起诉”。

“人民法院经过阅卷、调查和询问当事人，认为不需要开庭审理的，可以迳行裁定驳回起诉”，意在强调，在是否符合起诉条件相对清楚的情况下，不用经过开庭审理即可迳行裁定驳回起诉，但这并不意味着经过开庭审理之后就不能作出驳回起诉的裁定。更何况，经过开庭审理，更能保障当事人的诉讼权利，而不是相反。

《行政诉讼法》第八十六条虽然规定：“经过阅卷、调查和询问当事人，对没有提出新的事实、证据或者理由，合议庭认为不需要开庭审理的，也可以不开庭审理。”但这并不是说，“阅卷、调查和询问当事人”这三个环节都要逐一经过。合议庭通过上述任一环节即认为不需要开庭审理的，即可采用书面审理的方式。故二审法院在认为本案不需要开庭审理的情况下进行书面审理，并不违反法律规定。

中华人民共和国最高人民法院
行政裁定书

（2018）最高法行申2968号

再审申请人（一审原告、二审上诉人）刘勇，男，汉族，住湖北省南漳县。

再审被申请人（一审被告、二审被上诉人）襄阳市人民政府，住所地湖北省襄阳市襄城区檀溪路219号。

法定代表人郄英才，该市人民政府市长。

再审申请人刘勇因诉襄阳市人民政府（以下简称襄阳市政府）不履行法定职责一案，不服湖北省高级人民法院（2017）鄂行终718号行政裁定，向本院申请再审。本院依法组成由审判员李广宇、审判员阎巍、审判员仝蕾参加的合议庭，对本案进行了审查，现已审查终结。

湖北省襄阳市中级人民法院一审查明：2012年12月17日，襄阳市政府受理了刘勇因不服南漳县人民政府作出的〔2012〕南征字第002号《房屋征收补偿决定书》而提起的行政复议申请。后襄阳市政府经审理认为案情复杂，根据《中华人民共和国行政复议法》第三十一条第一款的规定，决定延期30日作出行政复议决定。2013年3月15日，襄阳市政府作出襄政行复决字〔2013〕6号行政复议决定，决定维持南漳县人民政府作出的〔2012〕南征字第002号房屋征收补偿决定。刘勇认为襄阳市政府逾期作出复议决定，且未向其送达襄政行复决字〔2013〕6号行政复议决定书，故于2015年5月4日提起行政诉讼，请求确认襄阳市政府前述行政复议程序违法。该院受理后，根据襄阳市政府提交的其委托南漳县丹阳大道工程指挥部于2013年3月20日到刘勇家通过留置送达行政复议决定书的送达回证，和《中华人民共和国行政诉讼法》（以下简称《行政诉讼法》）第四十五条关于“复议机关逾期不作决定的，申请人可在复议期满之日起十五日内向人民法院提起诉讼”的规定，认定刘勇已超过法定起诉期限，遂作出（2015）鄂襄阳中行初字第00037号行政裁定，驳回其起诉，刘勇不服裁定提起上诉。湖北省高级人民法院经审理认为，襄阳市政府提交的委托南漳县丹阳大道工程指挥部留置送达行政复议决定书的送达回证，不符合《中华人民共和国民事诉讼法》关于留置送达的规定，对送达回证不予采信；但同时也认为刘勇仍超过了《行政诉讼法》第四十五条关于复议机关不作为行为起诉期限的规定，故作出（2015）鄂行终字第00116号行政裁定，驳回上诉，维持原裁定。刘勇收到该终审裁定书后，遂即提起本案履责诉讼，请求判令襄阳市政府重新向刘勇送达襄政行复决字〔2013〕6号行政复议决定书。

湖北省襄阳市中级人民法院一审认为：湖北省高级人民法院（2015）鄂行终字第00116号行政裁定，虽认定襄阳市政府提交的委托南漳县丹阳大道工程指挥部留置送达行政复议决定书的送达回证，不符合《中华人民共和国民事诉讼法》关于留置送达的规定，对送达回证不予采信，但对于是否送达了行政复议决定书的事实并未确认。行政复议决定书的送达，是行政复议机关在行政复议程序中依职权作出的阶段性行政行为，送达行为本身依附于行政复议而存在，并不具有独立、完整的行政法律意义，不具有行政法上的可诉性。在因行政复议程序是否违法产生争议、并经终审裁决后，刘勇于行政复议程序之外，起诉襄阳市政府重新履行送达襄政行复决字〔2013〕6号行政复议决定书的职责，但根据本案有效证据和当事人双方于庭审中的陈述可以认定，刘勇在提起本案履责诉讼前，未向襄阳市政府提出履责申请。因此，刘勇直接起诉襄阳市政府履行重新送达行政复议决定书的职责，不符合起诉条件，依法应予驳回。依照《行政诉讼法》第四十九条第四项，《最高人民法院关于适用〈中华人民共和国行政诉讼法〉若干问题的解释》第三条第一款第一项、第十项规定，作出（2015）鄂襄阳中行初字第00210号行政裁定，驳回刘勇的起诉。

刘勇不服，提起上诉。

湖北省高级人民法院二审认为：行政复议决定书的送达行为依附于行政复议而存在，是行政复议机关在行政复议程序中作出的阶段性行政行为，其本身并不具有独立、完整的行政法律意义，不具有可诉性。刘勇提起本案诉讼不符合《行政诉讼法》第四十九条规定的起诉条件，原审据此裁定驳回其起诉，适用法律正确。刘勇上诉理由不能成立，其上诉请求不予支持。据此裁定驳回上诉，维持原裁定。

刘勇向本院申请再审称：1.《行政诉讼法》第四十九条是在起诉、受理阶段，案件尚未立案前适用的法律条款，一审和二审法院依据该条对已经进入开庭、质证等程序的案件进行裁判是对法律的错误适用。一审法院对已经开庭审理的案件裁定驳回起诉，不符合《最高人民法院关于适用〈中华人民共和国行政诉讼法〉若干问题的解释》第三条第二款明确规定的裁定驳回起诉的适用形式。2. 一审法院在立案过程中未将作出原行政行为的行政机关南漳县人民政府和复议机关襄阳市政府列为共同被告，未对襄阳市政府的行政复议决定和南漳县人民政府的房屋征收决定一并作出裁判，属适用法律、法规确有错误。3. 一审裁定未载明其所认定的原告在本案起诉前未向襄阳市政府提出履责申请的案件事实与原告诉求有什么关系，以及所依据的法律法规条款，其所认定的案件事实与案件的性质明显不符，二审裁定依据一审认定的错误的案件事实维持原裁定，均属适用法律、法规确有错误。4. 二审法院未依法询问作为案件当事人的再审申请人，就决定不开庭审理，严重违反法定诉讼程序，影响公正审判。综上，请求：1. 撤销一审和二审行政裁定；2. 判决襄阳市政府送达襄政行复决字〔2013〕6 号行政复议决定书程序违法，判决撤销或者部分撤销襄阳市政府违反法定程序的行政行为，判决襄阳市政府重新作出行政行为，向再审申请人重新送达襄政行复决字〔2013〕6 号行政复议决定书；3. 请求把复议机关襄阳市政府和原行政行为机关南漳县人民政府列为共同被告，并对襄阳市政府作出的行政复议决定和南漳县人民政府作出的房屋征收决定一并作出裁判。

本院认为：再审申请人提起本案诉讼，是要求判令襄阳市政府依法向其送达襄政行复决字〔2013〕6 号行政复议决定书。本院在（2017）最高法行申 5817 号行政裁定中曾经指出，行政行为作成后的“告知送达”，是一种重要的行政程序。一方面，是为了使当事人知悉行政行为的内容；另一方面，亦为行政行为的生效要件，书面的行政行为自送达相对人及已知的利害关系人时才对其发生效力。未予告知送达的行政行为属于无效的行政行为，但是，针对不予告知送达这类程序行为本身，却不能单独提起诉讼。这是因为，法律尚无针对程序行为设置单独的法律保护，针对程序行为的法律救济手段，只能在针对最终的实体决定提起诉讼时同时采用，除非这个程序行为再也不能纳入实体决定的整体之中一并得到解决。就本案而言，再审申请人在逾期没有收到复议决定的情况下，完全可以提起要求判令复议机关履行行政复议法定职责的诉讼，而不是单独针对送达程序提起履责诉讼。事实上，再审申请人在本案之前，已经以襄阳市政府“违反法定程序，未向其送达行政复议决定书”为由提起确认违法之诉，并已获得了案涉行政复议决定。在此情况下，其提起本案诉讼，不符合起诉条件。一审法院以再审申请人在提起本案履责诉讼前，未向襄阳市政府提出履责申请为由裁定驳回起诉，虽理由不当，但裁判结果并无不妥。二审法院在补充完善理由之后予以维持，亦无不当。

根据《行政诉讼法》第四十九条的规定，提起行政诉讼应当符合法定起诉条件。对于起诉条件的审查，一般应当在立案阶段进行。经审查不符合起诉条件的，应当裁定不予立案。但是，行政诉讼的起诉条件相对复杂，有些起诉条件在短时间内难以查清，有些起诉条件可能需要通过言词审理才能查清，所以，起诉条件的审查不仅限于立案阶段，在立案之后，甚至在开庭审理之后，仍然会涉及起诉条件的审查问题。正因如此，《最高人民法院关于适用〈中华人民共和国行政诉讼法〉的解释》第六十九条（《最高人民法院关于适用〈中华人民共和国行政诉讼法〉若干问题的解释》第三条）才规定："已经立案的"，如果有不符合起诉条件的情形，"应当裁定驳回起诉"。再审申请人认为，"《行政诉讼法》第四十九条是在起诉、受理阶段，案件尚未立案前适用的法律条款，一审和二审法院依据该条对已经进入开庭、质证等程序的案件进行裁判是对法律的错误适用"，显然没有正确理解法律及司法解释的准确含义。再审申请人还认为，"一审法院对已经开庭审理的案件裁定驳回起诉，不符合《最高人民法院关于适用〈中华人民共和国行政诉讼法〉若干问题的解释》第三条第二款明确规定的裁定驳回起诉的适用形式"。这一认识同样是对司法解释规定的错误理解。该款规定，"人民法院经过阅卷、调查和询问当事人，认为不需要开庭审理的，可以迳行裁定驳回起诉”，意在强调，在是否符合起诉条件相对清楚的情况下，不用经过开庭审理即可迳行裁定驳回起诉，但这并不意味着经过开庭审理之后就不能作出驳回起诉的裁定。更何况，经过开庭审理，更能保障当事人的诉讼权利，而不是相反。

关于再审申请人主张一审法院未将作出原行政行为的行政机关南漳县人民政府和复议机关襄阳市政府列为共同被告的问题。《行政诉讼法》第二十六条第二款、第三款分别规定：“经复议的案件，复议机关决定维持原行政行为的，作出原行政行为的行政机关和复议机关是共同被告；复议机关改变原行政行为的，复议机关是被告。”“复议机关在法定期限内未作出复议决定，公民、法人或者其他组织起诉原行政行为的，作出原行政行为的行政机关是被告；起诉复议机关不作为的，复议机关是被告。”本案中，虽然复议机关所作复议决定的结果是维持原行政行为，但再审申请人并非起诉经复议维持的原行政行为，而仅是挑战复议送达程序问题，故不符合将作出原行政行为的行政机关和复议机关列为共同被告的条件。再审申请人的该项再审理由不能成立。

至于再审申请人质疑二审法院未经询问当事人就决定不开庭审理，违反法定诉讼程序的问题。《行政诉讼法》第八十六条虽然规定：“经过阅卷、调查和询问当事人，对没有提出新的事实、证据或者理由，合议庭认为不需要开庭审理的，也可以不开庭审理。”但这并不是说，“阅卷、调查和询问当事人”这三个环节都要逐一经过。合议庭通过上述任一环节即认为不需要开庭审理的，即可采用书面审理的方式。故二审法院在认为本案不需要开庭审理的情况下进行书面审理，并不违反法律规定。再审申请人的该项再审理由亦不能成立。

综上，再审申请人刘勇的再审申请不符合《中华人民共和国行政诉讼法》第九十一条规定的情形。依照《最高人民法院关于适用〈中华人民共和国行政诉讼法〉的解释》第一百一十六条第二款之规定，裁定如下：

驳回再审申请人刘勇的再审申请。

审 判 长　李广宇

审 判 员　阎　巍

审 判 员　仝　蕾

二〇一八年五月三十一日

法官助理　骆芳菲

书 记 员　王昱力

正确表达诉讼请求

冯庄三组诉荥阳市政府案

裁判要旨

根据《行政诉讼法》第四十九条第三项的规定，提起诉讼应当“有具体的诉讼请求”。这是因为，诉讼请求是原告提起诉讼时向人民法院提出的在诉讼中应当被实现的实体权利主张，它构成诉讼的标的和对象，决定了人民法院审理和判决的范围。

《最高人民法院关于适用〈中华人民共和国行政诉讼法〉的解释》第六十八条第三款规定：“当事人未能正确表达诉讼请求的，人民法院应当要求其明确诉讼请求。”这一规定有两个方面的含义：第一，诉讼是由原告发起，因此在起诉时必须正确表达诉讼请求。第二，当事人未能正确表达诉讼请求的，人民法院既有要求其明确的职责，又有帮助其明确的释明义务。

通常情况下，具体的诉讼请求往往会指向行政机关作出的行政行为。结合《行政诉讼法》第二十六条的规定，在一个诉讼请求中，被诉的行政行为，一般仅指一个行政机关作出的一个行政行为，或者两个以上行政机关共同作出的一个行政行为，而不包括同一行政机关或者两个以上行政机关作出的两个以上行政行为。

中华人民共和国最高人民法院
行政裁定书

（2018）最高法行申9011号

再审申请人（一审原告、二审上诉人）荥阳市广武镇冯庄村第三村民组。

负责人李海录，该村民组组长。

委托代理人蔺鸿辰，河南广奥律师事务所律师。

再审被申请人（一审被告、二审被上诉人）荥阳市人民政府，住所地河南省荥阳市索河西路32号。

法定代表人王效光，该市人民政府市长。

再审申请人荥阳市广武镇冯庄村第三村民组（以下简称冯庄三组）因诉荥阳市人民政府土地行政征收一案，不服河南省高级人民法院（2018）豫行终1351号行政裁定，向本院申请再审。本院依法组成由审判员李广宇、审判员阎巍、审判员仝蕾参加的合议庭，对本案进行了审查，现已审查终结。

河南省郑州市中级人民法院一审认为：根据《中华人民共和国行政诉讼法》（以下简称《行政诉讼法》）第四十九条的规定，提起诉讼应当有具体的诉讼请求和事实根据，应当属于人民法院受案范围和受诉人民法院管辖。本案中，冯庄三组的诉讼请求为

"确认荥阳市人民政府在执行荥阳市2010年度第四批乡镇建设征收土地中涉及征收冯庄三组的行政行为程序违法"，因该诉讼请求不明确，经该院释明，冯庄三组将诉讼请求明确为"确认荥阳市人民政府剥夺村民的知情权等一切权利，纵使下属有关部门利用欺骗手段骗取上级批准土地行为违法"。冯庄三组是请求确认在征地报批前以及报批过程中，荥阳市人民政府及当地有关职能部门未履行征地前告知义务、征地调查结果未经冯庄三组确认等行为违法，而这些行为，属于行政机关为作出行政行为而实施的准备、层报等过程性行为，对集体土地所有人、使用人的权利义务不产生实际影响，不属于人民法院行政诉讼的受案范围。综上，依照《行政诉讼法》第四十九条第四项，《最高人民法院关于适用〈中华人民共和国行政诉讼法〉的解释》第一条第二款第六项、第十项及第六十九条第一款第一项的规定，作出（2017）豫01行初943号行政裁定，驳回冯庄三组的起诉。

冯庄三组不服，提起上诉。

河南省高级人民法院二审认为：《行政诉讼法》第四十九条规定，"提起诉讼应当符合下列条件……（三）有具体的诉讼请求和事实根据；（四）属于人民法院受案范围和受诉人民法院管辖。"《最高人民法院关于适用〈中华人民共和国行政诉讼法〉的解释》第一条规定，"下列行为不属于人民法院行政诉讼的受案范围：……（十）对公民、法人或者其他组织权利义务不产生实际影响的行为。"本案中，冯庄三组在原审的诉讼请求为"确认荥阳市人民政府剥夺村民的知情权等一切权利，纵使下属有关部门利用欺骗手段骗取上级批准土地行为违法”，其实质是请求确认在征地报批前以及报批过程中，荥阳市人民政府及当地有关职能部门未履行征地前告知义务、征地调查结果未经冯庄三组确认等行为违法，而上述行为属于荥阳市人民政府为征收土地而实施的准备、层报等过程性行为，对集体土地所有人、使用人的权利义务不产生实际影响，不属于人民法院行政诉讼的受案范围，据此原审法院依法驳回冯庄三组的起诉正确。关于冯庄三组对原审法院行使释明权存在的质疑，该院认为，鉴于冯庄三组在原审中的诉讼请求不具体，不符合《行政诉讼法》规定的起诉条件，在此情况下原审法院予以释明，要求冯庄三组提出具体的诉讼请求，在冯庄三组明确了具体的诉讼请求、符合了法定的起诉条件后，原审法院予以审理，至此原审法院已经尽到了应尽的释明义务，释明并非要求人民法院要指导当事人按照法律规定正确诉讼，否则有违人民法院中立裁判原则，因此原审法院关于冯庄三组诉讼请求的释明并无不当。关于冯庄三组另上诉称征地相对人确定错误、未获得征地补偿等问题，不属于本案二审应审查的范围，其可另行通过法律渠道予以解决。综上，冯庄三组的上诉请求缺乏事实和法律依据，不能成立。原审裁定认定事实清楚，适用法律正确，处理适当，依法应予维持。据此裁定驳回上诉，维持原裁定。

冯庄三组向本院申请再审称：1. 保护集体土地所有权人的知

情权、听取意见权、要求听证权、签字确认权等权利是行政机关的法定义务，不属于《最高人民法院关于适用〈中华人民共和国行政诉讼法〉的解释》第一条第二款第六项规定的“准备、论证、研究、层报、咨询等过程性行为”和第十项规定的“对公民、法人或者其他组织权利义务不产生实际影响的行为”。2. 一审法院错误行使释明权，致缩减了原诉讼请求所包含的内容量，导致再审申请人将确认省政府作出征地批复之前和作出批复之后再审被申请人的行政程序违法限缩为仅包括省政府作出征地批复之前的程序违法，相当于变相遗漏了诉讼请求。综上，本案驳回起诉确有错误，适用法律、法规确有错误，违反诉讼程序影响了公正审理。请求撤销一审和二审行政裁定，裁定再审本案，支持再审申请人的原诉讼请求。

本院认为：根据《行政诉讼法》第四十九条第三项的规定，提起诉讼应当“有具体的诉讼请求”。这是因为，诉讼请求是原告提起诉讼时向人民法院提出的在诉讼中应当被实现的实体权利主张，它构成诉讼的标的和对象，决定了人民法院审理和判决的范围。《最高人民法院关于适用〈中华人民共和国行政诉讼法〉的解释》第六十八条第三款规定：“当事人未能正确表达诉讼请求的，人民法院应当要求其明确诉讼请求。”这一规定有两个方面的含义：第一，诉讼是由原告发起，因此在起诉时必须正确表达诉讼请求；第二，当事人未能正确表达诉讼请求的，人民法院既有要求其明确的职责，又有帮助其明确的释明义务。

《最高人民法院关于适用〈中华人民共和国行政诉讼法〉的解释》第六十八条第一款规定，“有具体的诉讼请求”是指请求判决撤销或者变更行政行为、请求判决确认行政行为违法、请求判决确认行政行为无效，等等。可见，通常情况下，具体的诉讼请求往往会指向行政机关作出的行政行为。结合《行政诉讼法》第二十六条的规定，在一个诉讼请求中，被诉的行政行为，一般仅指一个行政机关作出的一个行政行为，或者两个以上行政机关共同作出的一个行政行为，而不包括同一行政机关或者两个以上行政机关作出的两个以上行政行为。就本案而言，再审申请人一审提出的诉讼请求是，“确认荥阳市人民政府在执行荥阳市 2010 年度第四批乡镇建设征收土地中涉及征收原告冯庄三组的行政行为程序违法”。这个诉讼请求因包含的内容量过多，难以让人民法院确定具体指向哪一个“执行荥阳市 2010 年度第四批乡镇建设征收土地中涉及征收冯庄三组的行政行为”。在人民法院释明之后，再审申请人的诉讼请求仍不符合《行政诉讼法》第二十六条以及《最高人民法院关于适用〈中华人民共和国行政诉讼法〉的解释》第六十八条第一款的相关规定，一审法院裁定驳回起诉，并无不当。提出一个符合法律规定的明确具体的诉讼请求，终究是原告的义务，再审申请人认为“一审法院错误行使释明权，致缩减了原诉讼请求所包含的内容量”，理由不能成立。

综上，再审申请人冯庄三组的再审申请不符合《中华人民共和国行政诉讼法》第九十一条规定的情形。依照《最高人民法院关于适用〈中华人民共和国行政诉讼法〉的解释》第一百一十六条第二款之规定，裁定如下：

驳回再审申请人荥阳市广武镇冯庄村第三村民组的再审申请。

审 判 长　李广宇

审 判 员　阎　巍

审 判 员　仝　蕾

二〇一八年十一月二十六日

法官助理　骆芳菲

书 记 员　王昱力

诉讼请求的合并

王吉霞等诉河南省政府案

裁判要旨

诉讼请求固然应当具体特定，但从诉讼经济原则出发，法律并不排除请求的合并，也就是，同一原告可以在一个诉讼程序中向同一被告提出数个诉讼请求。至于合并的形态，则包括单纯合并、预备性合并、重叠性合并以及选择性合并等。《最高人民法院关于适用〈中华人民共和国行政诉讼法〉的解释》第六十八条虽然分项列举各类诉讼请求，但这并不能理解为各类诉讼请求不能在一个案件中合并提出。只要各类诉讼请求相互关联，不相互矛盾，就应当予以准许。

所谓履行法定职责之诉，一般包括两种类型：一种是“不作为之诉”，也就是行政机关既没有拒绝，也没有作出被申请的行政行为；另一种是“否定决定之诉”，也就是行政机关已经通过否定性决定拒绝作出行政行为。在否定决定之诉中，原告的诉讼请求尽管通常也包括撤销拒绝决定，但从根本上看，针对的并不是拒绝决定本身，而是要求行政机关履行某一种法定职责。因此，这种诉讼虽然看似会有两个诉讼请求，但在性质上应当属于一个履行法定职责之诉，尽管人民法院通常也会在判决履行法定职责时首先作出一个撤销拒绝决定的判决。

通常情况下，中止行政复议的决定因为属于一个过程性和中间性行为，不应当在行政复议程序尚未终了、行政复议机关尚未作出最终决定的情况下单独寻求司法审查，行政复议申请人可以在最终起诉行政复议决定时一并主张程序违法。但是，旷日持久地中止行政复议程序，必然会对行政复议申请人的权利保护造成延宕，甚至还会影响其进一步请求司法救济，因此也不宜一概否定中止行政复议决定的可诉性，应当根据案件具体情况作出判断，例如，根本不存在一个中止行政复议的法定情形，或者中止的期限异乎寻常地长久。

中华人民共和国最高人民法院
行政裁定书

（2017）最高法行申 7760 号

再审申请人（一审原告、二审上诉人）王吉霞，女，汉族，住河南省南阳市卧龙区。

再审申请人（一审原告、二审上诉人）黄贵兰，女，汉族，住河南省南阳市卧龙区。

共同委托代理人王祥义，男，汉族，住河南省南召县。

再审被申请人（一审被告、二审被上诉人）河南省人民政府，住所地河南省郑州市金水东路 22 号。

法定代表人陈润儿，该省人民政府省长。

再审申请人王吉霞、黄贵兰因诉河南省人民政府（以下简称河南省政府）不履行法定职责一案，不服河南省高级人民法院（2017）豫行终 897 号行政裁定，向本院申请再审。本院依法组成由审判员李广宇、审判员董保军、审判员阎巍参加的合议庭，对本案进行了审查，现已审查终结。

河南省郑州市中级人民法院一审查明：王吉霞、黄贵兰以南阳市人民政府作出的《南阳市人民政府关于将卧龙区七里园乡边庄村改造项目用地范围内集体土地确权为国有土地的批复》（宛政土〔2012〕273号)违法为由，向河南省政府申请行政复议。河南省政府收到复议申请后，于2016年2月18日以“因案情复杂，不能在法定期限内作出行政复议决定”为由作出豫政复决延字〔2015〕1813-1814号《决定延期通知书》，决定延期至2016年3月24日前作出行政复议决定。2016年3月16日，南阳市人民政府向河南省政府提交《中止行政复议申请书》，称“为了维护该项目所涉及的219户村民利益，防止出现社会不稳定因素，最大限度地维护拆迁户的利益，维护社会安定局面。现对复议申请人提出的高额赔偿要求正在积极协调中。”请求中止对该复议案件的审理。同年3月17日，河南省政府作出〔2015〕1813-1814号《中止行政复议通知书》，决定自2016年3月17日起中止该行政复议案件的审理，并送达了该通知书。王吉霞、黄贵兰对该通知书内容不服，于2016年4月19日提起诉讼，请求确认河南省政府作出的豫政复中〔2015〕1813-1814号《中止行政复议通知书》违法并予以撤销，另判令河南省政府依照王吉霞、黄贵兰提出的《行政复议申请书》中的请求依法作出《行政复议决定书》。审理过程中，原审法院告知王吉霞、黄贵兰：其提出的第一、二项诉讼请求属于不同的行政诉讼法律关系，不能在一个案件中进行审理，要求二人明确诉讼请求，但王吉霞、黄贵兰予以拒绝，坚持要求对这两项诉讼请求进行审查。

河南省郑州市中级人民法院一审认为：根据《最高人民法院关于执行〈中华人民共和国行政诉讼法〉若干问题的解释》第

一条第二款第六项的规定，对公民、法人或者其他组织权利义务不产生实际影响的行政行为不服提起诉讼的，不属于人民法院行政诉讼的受案范围。本案中，河南省政府作出的《中止行政复议通知书》属于其在办理行政复议案件过程中的程序性告知行为，对王吉霞、黄贵兰的权利义务不产生实际影响，王吉霞、黄贵兰要求确认该《中止行政复议通知书》违法并撤销不属于行政诉讼的受案范围。根据《中华人民共和国行政诉讼法》（以下简称《行政诉讼法》）第四十九条第三项的规定，提起行政诉讼应当有具体的诉讼请求。而《最高人民法院关于适用〈中华人民共和国行政诉讼法〉若干问题的解释》第二条规定："行政诉讼法第四十九条第三项规定的'有具体的诉讼请求'是指：(一)请求判决撤销或者变更行政行为；(二)请求判决行政机关履行法定职责或者给付义务；(三)请求判决确认行政行为违法；(四)请求判决确认行政行为无效；(五)请求判决行政机关予以赔偿或者补偿；(六)请求解决行政协议争议；(七)请求一并审查规章以下规范性文件；(八)请求一并解决相关民事争议；(九)其他诉讼请求。当事人未能正确表达诉讼请求的，人民法院应当予以释明。"本案中，王吉霞、黄贵兰要求确认河南省政府作出的《中止行政复议通知书》违法并予以撤销和要求河南省政府依法作出《行政复议决定书》属于不同的诉讼请求类型，不能在同一个案件中进行审理。经原审法院向其释明，王吉霞、黄贵兰仍不明确其诉讼请求，故应依法驳回起诉。依照《最高人民法院关于适用〈中华人民共和国行政诉讼法〉若干问题的解释》第三条第一款第一项之规定，作出（2016）豫01行初218号行政裁定，驳回王吉霞、黄贵兰的起诉。

王吉霞、黄贵兰不服，提起上诉。

河南省高级人民法院二审认为：1.关于被诉的豫政复中〔2015〕1813–1814号《中止行政复议通知书》是否可诉的问题。本案中王吉霞、黄贵兰请求撤销的豫政复中〔2015〕1813–1814号《中止行政复议通知书》，属于河南省政府在处理行政复议过程中针对程序性事项作出处理的告知行为，也即过程性行政行为或者程序性行政行为，不具有终局性，对王吉霞、黄贵兰的权利义务未产生实际影响，不具有可诉性，根据《最高人民法院关于适用〈中华人民共和国行政诉讼法〉若干问题的解释》第三条第八项关于“行政行为对其合法权益明显不产生实际影响的，已经立案的，应当裁定驳回起诉”的规定，应裁定驳回王吉霞、黄贵兰的起诉。王吉霞、黄贵兰认为该行政行为实际影响其权利义务的上诉理由，没有事实及法律上的依据，不予支持。2.关于王吉霞、黄贵兰原审诉讼请求是否具体的问题。根据《行政诉讼法》第四十九条第三项的规定，提起行政诉讼应当有具体的诉讼请求和事实依据。《最高人民法院关于适用〈中华人民共和国行政诉讼法〉若干问题的解释》第二条进一步将“具体的诉讼请求”进行了详细说明。本案中，王吉霞、黄贵兰提起的原审诉讼请求中，第一项为请求撤销涉案的《中止行政复议通知书》，属于撤销之诉；

而第二项为请求判令河南省政府依法作出《行政复议决定书》，属于履行法定职责之诉，二者分属于不同的诉讼请求类型，不能在同一个案件中进行审理。经原审法院释明，王吉霞、黄贵兰仍坚持要求对这两项诉讼请求进行一并审查，应属诉讼请求不具体。根据《最高人民法院关于适用〈中华人民共和国行政诉讼法〉若干问题的解释》第三条第一项关于“不符合行政诉讼法第四十九条规定的，已经立案的，应当裁定驳回起诉”的规定，应裁定驳回王吉霞、黄贵兰的起诉。王吉霞、黄贵兰认为原审裁定适用法律错误的上诉理由，没有事实依据，不予支持。综上，王吉霞、黄贵兰的上诉理由没有事实依据和法律依据，不予支持。原审裁定认定事实清楚，适用法律正确，审理程序合法，应予维持。据此裁定驳回上诉，维持原裁定。

王吉霞、黄贵兰向本院申请再审称：河南省政府作出的《中止行政复议通知书》适用法律不当。南阳市人民政府一次性无偿违法批地603.1亩，实属犯罪情节特别严重。面对如此严重的犯罪行为，河南省政府采纳南阳市人民政府以协调为由提出的中止复议申请，显然缺乏合法与违法、罪与非罪的法律意识。依据《行政诉讼法》第九十一条第四项之规定，提出再审申请，请求：撤销一审和二审行政裁定；依据《行政诉讼法》第六十六条和法官责任的规定，对南阳市人民政府滥用职权违法批地行为移送有关国家机关依法处理，对本案一、二审枉法裁定给予依法处理；对再审申请人一审提出的诉讼请求给予全面支持。

本院认为：再审申请人提起本案，其诉讼请求是——确认河南省政府作出的《中止行政复议通知书》违法并予以撤销，判令河南省政府依据其申请依法作出行政复议决定。一审和二审法院均认为，该两项诉讼请求“分属于不同的诉讼请求类型，不能在同一个案件中进行审理。经原审法院释明，王吉霞、黄贵兰仍坚持要求对这两项诉讼请求进行一并审查，应属诉讼请求不具体。”这种观点并不恰当。诉讼请求固然应当具体特定，但从诉讼经济原则出发，法律并不排除请求的合并，也就是，同一原告可以在一个诉讼程序中向同一被告提出数个诉讼请求。至于合并的形态，则包括单纯合并、预备性合并、重叠性合并以及选择性合并等。《最高人民法院关于适用〈中华人民共和国行政诉讼法〉的解释》第六十八条虽然分项列举各类诉讼请求，但这并不能理解为各类诉讼请求不能在一个案件中合并提出。只要各类诉讼请求相互关联，不相互矛盾，就应当予以准许。至于本案，虽然再审申请人的诉讼请求有两项——撤销《中止行政复议通知书》、判令作出行政复议决定，但却并不属于典型的请求的合并，而应当视其为一个请求的整体，也就是请求判令再审被申请人履行作出行政复议决定的法定职责。所谓履行法定职责之诉，一般包括两种类型，一种是“不作为之诉”，也就是行政机关既没有拒绝，也没有作出被申请的行政行为；另一种是“否定决定之诉”，也就是行政机关已经通过否定性决定拒绝作出行政行为。在否定决定之诉中，原告的诉讼请求尽管通常也包括撤销拒绝决定，但从根本上看，针对的并不是拒绝决定本身，而是要求行政机关履行某一种法定职责。因此，这种诉讼虽然看似会有两个诉讼请求，但在性质上应当属于一个履行法定职责之诉，尽管人民法院通常也会在判决履行法定职责时首先作出一个撤销拒绝决定的判决。

从以上我们讨论的请求合并的角度来看，一审和二审法院驳回起诉的理由显然不能成立。但两审法院还认为，《中止行政复议通知书》属于处理行政复议过程中针对程序性事项作出处理的告知行为，也即过程性行政行为或者程序性行政行为，不具有终局性，对当事人权利义务未产生实际影响，因此不具有可诉性。本院赞同这一观点。通常情况下，中止行政复议的决定因为属于一个过程性和中间性行为，不应当在行政复议程序尚未终了、行政复议机关尚未作出最终决定的情况下单独寻求司法审查，行政复议申请人可以在最终起诉行政复议决定时一并主张程序违法。但是，旷日持久地中止行政复议程序，必然会对行政复议申请人的权利保护造成延宕，甚至还会影响其进一步请求司法救济，因此也不宜一概否定中止行政复议决定的可诉性，应当根据案件具体情况作出判断，例如，根本不存在一个中止行政复议的法定情形，或者中止的期限异乎寻常地长久。就本案而言，行政复议程序的中止已经超过两年，再审申请人的焦急等待之情可想而知。为此，尽管严格按法律规定来讲本案并不符合起诉条件，但合议庭已经积极协调行政复议机关，希望能够尽快重启复议程序，早日作出复议决定。鉴于案件近期有望恢复审理，本院决定不对本案提起再审。

综上，再审申请人王吉霞、黄贵兰的再审申请不符合《中华人民共和国行政诉讼法》第九十一条规定的情形。依照《最高人民法院关于适用〈中华人民共和国行政诉讼法〉的解释》第一百一十六条第二款之规定，裁定如下：

驳回再审申请人王吉霞、黄贵兰的再审申请。

审 判 长　李广宇

审 判 员　董保军

审 判 员　阎　巍

二〇一八年四月十八日

法官助理　骆芳菲

书 记 员　王昱力

撤回起诉后重新起诉

段三毛诉武汉市东西湖区政府等案

裁判要旨

在我国行政诉讼中，对于撤回起诉后重新起诉采用比较严格的标准。《最高人民法院关于适用〈中华人民共和国行政诉讼法〉的解释》第六十条第一款规定："人民法院裁定准许原告撤诉后，原告以同一事实和理由重新起诉的，人民法院不予立案。"第六十九条第一款第七项规定："撤回起诉后无正当理由再行起诉的"，"已经立案的，应当裁定驳回起诉"。由此可知，在行政诉讼中，对于撤回起诉后重新起诉，以不允许为原则，以允许为例外。例外的情形主要包括：第一，重新起诉时有新的事实和理由，且仍在法定期限内的；第二，原告因未按规定预交案件受理费而按自动撤诉处理后，在法定期限内再次起诉，并依法解决诉讼费预交问题的。

即使当事人认为撤诉并非其真实意思表示，准予撤诉的裁定确有错误，也应依照《最高人民法院关于适用〈中华人民共和国行政诉讼法〉的解释》第六十条第二款关于"准予撤诉的裁定确有错误，原告申请再审的，人民法院应当通过审判监督程序撤销原准予撤诉的裁定，重新对案件进行审理"的规定，通过审判监督程序申请撤销原准予撤诉裁定，而非针对后诉驳回起诉的裁定申请再审。

中华人民共和国最高人民法院
行政裁定书

（2018）最高法行申 9012 号

再审申请人（一审原告、二审上诉人）段三毛，男，汉族，住湖北省黄冈市红安县。

委托代理人贺旭飞，湖北灵均律师事务所律师。

再审被申请人（一审被告、二审被上诉人）武汉市东西湖区人民政府，住所地湖北省武汉市东西湖区吴家山街五环大道49号。

法定代表人彭涛，该区人民政府区长。

再审被申请人（一审被告、二审被上诉人）武汉市东西湖区人民政府径河街道办事处，住所地湖北省武汉市东西湖区五环大道 49 号。

法定代表人胡耀武，该街道办事处主任。

再审被申请人（一审被告、二审被上诉人）武汉市东西湖区径河街赛洛城社区居民委员会，住所地湖北省武汉市东西湖区金山大道 2008 号沿海赛洛城 B5 栋。

负责人徐传斌，该居民委员会主任。

再审被申请人（一审第三人、二审被上诉人）武汉市径河拆建有限公司，住所地湖北省武汉市东西湖区三店农场场部百花新村。

法定代表人彭国庆，该公司经理。

再审被申请人（一审第三人、二审被上诉人）但尔发，男，汉族，住湖北省武汉市东西湖区。

再审被申请人（一审第三人、二审被上诉人）但尔二，男，汉族，住湖北省武汉市东西湖区。

再审申请人段三毛因诉武汉市东西湖区人民政府（以下简称东西湖区政府）、武汉市东西湖区人民政府径河街道办事处（以下简称径河街道办）、武汉市东西湖区径河街赛洛城社区居民委员会（以下简称赛洛城居委会）确认行政行为违法一案，不服湖北省高级人民法院（2017）鄂行终580号行政裁定，向本院申请再审。本院依法组成由审判员李广宇、审判员阎巍、审判员仝蕾参加的合议庭，对本案进行了审查，现已审查终结。

湖北省武汉市中级人民法院一审查明：2016年7月25日，段三毛以相同的事实和理由，以东西湖区政府、径河街道办为被告，赛洛城居委会、武汉市径河拆建有限公司为第三人向该院提起过诉讼，请求确认行政行为违法。2016年11月7日，段三毛向该院书面申请撤回该次起诉，该院以（2016）鄂01行初474号行政裁定书准许段三毛撤诉。段三毛又提起本案诉讼，请求：1. 确认被告强行拆除其所有的位于武汉市东西湖区三店农场焦家湾房屋的行政行为违法；2. 撤销该行政决定；3. 本案的诉讼费用由被告承担。

湖北省武汉市中级人民法院一审认为：公民、法人或者其他组织向人民法院提起行政诉讼的，应当符合法定的起诉条件。本案中，段三毛于2016年7月25日就相同的诉请向该院提起过诉讼，同年11月7日自愿申请撤回起诉，该院以（2016）鄂01行初474号行政裁定书准许段三毛撤诉。依据《最高人民法院关于适用〈中华人民共和国行政诉讼法〉若干问题的解释》第三条第一款第七项、第二款之规定，作出（2017）鄂01行初39号行政裁定，驳回段三毛的起诉。

段三毛不服，提起上诉。

湖北省高级人民法院二审认为：段三毛起诉东西湖区政府、径河街道办、赛洛城居委会确认行政行为违法，其于2016年7月25日就相同的诉请向湖北省武汉市中级人民法院提起过诉讼，同年11月7日自愿申请撤回起诉。湖北省武汉市中级人民法院作出（2016）鄂01行初474号行政裁定书，准许段三毛撤诉。现段三毛再次以相同的事实、理由提起相同的诉讼请求，一审法院驳回段三毛的起诉符合法律的规定。段三毛的上诉理由不能成立。据此裁定驳回上诉，维持原裁定。

段三毛向本院申请再审称：其具有再行起诉的理由，不属于“撤回起诉后无正当理由再行起诉的”情形。再审申请人于2016年7月25日第一次向湖北省武汉市中级人民法院提起行政诉讼，合议庭审判人员在没有告知再审申请人撤诉风险的情况下主动要求再审申请人撤诉，致使再审申请人的诉讼请求在没有得到审理的情况下被驳回。再审申请人因个人权利遭受侵害请求人民法院予以保障是法律赋予的一项基本诉讼权利，不能仅因为自己未了解撤诉的风险而全部丧失。故请求撤销一审和二审裁定并重新审理本案。

本院认为：撤回起诉后能否重新起诉，各国立法并不统一。有的国家和地区规定，"诉经撤回者，视同未起诉"。因此在起诉期限届满之前，还可以重新提起诉讼。但在我国行政诉讼中，对于撤回起诉后重新起诉采用比较严格的标准。《最高人民法院关于适用〈中华人民共和国行政诉讼法〉的解释》第六十条第一款规定："人民法院裁定准许原告撤诉后，原告以同一事实和理由重新起诉的，人民法院不予立案。"第六十九条第一款第七项规定："撤回起诉后无正当理由再行起诉的"，"已经立案的，应当裁定驳回起诉"。由此可知，在行政诉讼中，对于撤回起诉后重新起诉，以不允许为原则，以允许为例外。例外的情形主要包括：第一，重新起诉时有新的事实和理由，且仍在法定期限内的；第二，原告因未按规定预交案件受理费而按自动撤诉处理后，在法定期限内再次起诉，并依法解决诉讼费预交问题的。

在本案，根据原审法院查明的事实，再审申请人段三毛曾以相同的事实和理由提起过与本案诉讼请求相同的行政诉讼，在自愿申请撤回起诉并被人民法院裁定准许后，又以同一事实和理由重新起诉，人民法院应当依照《最高人民法院关于适用〈中华人民共和国行政诉讼法〉的解释》第六十条第一款的规定不予立案，或者依照第六十九条第一款第七项的规定裁定驳回起诉。再审申请人主张，其以同一事实和理由重新起诉具有“正当理由”，该“正当理由”是，“合议庭审判人员在没有告知再审申请人撤诉风险的情况下主动要求再审申请人撤诉”，且“自己未了解撤诉的风险”。对此本院认为，《中华人民共和国行政诉讼法》及其司法解释并未规定当事人申请撤诉时人民法院对由此带来的法律后果负有释明义务。对于撤诉的法律后果，当时有效的《最高人民法院关于适用〈中华人民共和国行政诉讼法〉若干问题的解释》第三条第一款第七项、《最高人民法院关于执行〈中华人民共和国行政诉讼法〉若干问题的解释》第三十六条已作出明确规定，再审申请人作为诉讼参加人，应当知晓相应的法律规定并对自己的诉讼行为负责。此外，即使当事人认为撤诉并非其真实意思表示，准予撤诉的裁定确有错误，也应依照《最高人民法院关于适用〈中华人民共和国行政诉讼法〉的解释》第六十条第二款关于“准予撤诉的裁定确有错误，原告申请再审的，人民法院应当通过审判监督程序撤销原准予撤诉的裁定，重新对案件进行审理”的规定，通过审判监督程序申请撤销原准予撤诉的裁定，而非针对后诉驳回起诉的裁定申请再审。

综上，再审申请人段三毛的再审申请不符合《中华人民共和国行政诉讼法》第九十一条规定的情形。依照《最高人民法院关于适用〈中华人民共和国行政诉讼法〉的解释》第一百一十六条

第二款之规定，裁定如下：

驳回再审申请人段三毛的再审申请。

审 判 长　李广宇

审 判 员　阎　巍

审 判 员　仝　蕾

二〇一八年十二月二十七日

法官助理　骆芳菲

书 记 员　王昱力

未参加诉讼的第三人申请再审

马文英诉郑州市中原区政府案

裁判要旨

第三人与原告和被告一样，都是行政诉讼的当事人。根据《行政诉讼法》第三十一条第一款的规定，“当事人，法定代理人，可以委托一至二人作为诉讼代理人。”由于诉讼代理人是以当事人的名义，在一定权限范围内，为当事人的利益进行诉讼活动的人，因此，必须基于当事人的明确授权。《最高人民法院关于适用〈中华人民共和国行政诉讼法〉的解释》第三十一条明确规定：“当事人委托诉讼代理人，应当向人民法院提交由委托人签名或者盖章的授权委托书。”未按规定提交授权委托书的，委托代理关系不成立，人民法院不接受其以当事人的名义进行诉讼活动。

《最高人民法院关于适用〈中华人民共和国行政诉讼法〉的解释》第三十条第三款规定：“行政诉讼法第二十九条规定的第三人，因不能归责于本人的事由未参加诉讼，但有证据证明发生法律效力的判决、裁定、调解书损害其合法权益的，可以依照行政诉讼法第九十条的规定，自知道或者应当知道其合法权益受到损害之日起六个月内，向上一级人民法院申请再审。”据此可知，应当参加诉讼而未参加诉讼的第三人，可以通过申请再审的方式维护自己的合法权益，但应当具备以下两个条件：第一，因不能归责于本人的事由未参加诉讼；第二，有证据证明发生法律效力的判决、裁定、调解书损害其合法权益。前者可以参照《最高人民法院关于适用〈中华人民共和国民事诉讼法〉的解释》第二百九十五条所列举的情形；后者则以《行政诉讼法》第二十九条第一款规定的“利害关系”为标准。

中华人民共和国最高人民法院
行政裁定书

（2018）最高法行申 4736 号

再审申请人（一审被告、二审上诉人）郑州市中原区人民政府，住所地河南省郑州市桐柏路 200 号。

负责人李晓雷，该区人民政府代区长。

委托代理人孙建凯，中原区西流湖街道办事处工作人员。

委托代理人刘长华，河南言理律师事务所律师。

再审申请人（一审第三人、二审上诉人）郑州市中原区西流湖街道刁沟村民委员会，住所地河南省郑州市中原区西流湖街道办事处刁沟村。

法定代表人海武松，该村民委员会主任。

委托代理人郭妹欣，河南弘勋律师事务所律师。

再审申请人虎百顺，男，回族，住河南省郑州市中原区。

委托代理人张清周，上海市海华永泰（郑州）律师事务所律师。

委托代理人戎志亮，上海市海华永泰（郑州）律师事务所律师。

再审被申请人（一审原告、二审被上诉人）马文英，女，回族，住河南省郑州市中原区。

再审申请人郑州市中原区人民政府（以下简称中原区政府）、

郑州市中原区西流湖街道刁沟村民委员会（以下简称刁沟村委会）、虎百顺因马文英诉中原区政府拆迁补偿安置一案，不服河南省高级人民法院（2017）豫行终346号行政判决，向本院申请再审。本院依法组成由审判员李广宇、审判员阎巍、审判员仝蕾参加的合议庭，对本案进行了审查，现已审查终结。

郑州铁路运输中级法院一审查明：案外人杨变妮（系马文英婆婆）于1982年3月4日取得须水公社刁沟大队洪沟村东生产队宅基地一块，证号为郑郊宅字NO.0003906，证载面积为伍分零厘肆毫。马文英及其丈夫虎小五与杨变妮共同在涉案宅基地房屋生活。1989年，马文英夫妻在涉案宅基地上重新建造房屋居住使用。1991年，杨变妮去世。2000年，因涉案宅基地使用证丢失，未能换发新的宅基地使用证。2013年，虎小五去世。2014年9月，中原区政府成立中原区刁沟村拆迁安置工作指挥部，制定了《中原区刁沟村棚户区（城中村）改造拆迁补偿安置方案》（以下简称《拆迁补偿安置方案》），对刁沟村进行城中村改造。2014年10月，中原区政府将涉案房屋拆除，无法继续居住使用。马文英认为中原区政府不对其进行补偿安置的行为违法，诉至法院，请求：1. 判决中原区政府与马文英按照《拆迁补偿安置方案》第四条第一款宅基地使用证的面积的安置标准签订《拆迁补偿安置协议》；2. 判决中原区政府支付马文英过渡费193 536元（从2014年10月到2016年9月）。

郑州铁路运输中级法院一审认为：中原区政府是中原区刁沟

村棚户区（城中村）改造的主体，负责刁沟村棚户区（城中村）改造工作。《拆迁补偿安置方案》第四条第一款规定：“本次棚户区（城中村）改造，以土地部门最终确认发放的宅基地使用证为准。村民安置以村民所持合法有效宅基地使用证为依据或者以人口（享受村民待遇人员）为依据两种办法……”中原区政府称“对合法有效宅基地使用证的认定，依据的是刁沟村五组地籍图及2000年宅基地使用证登记表中的记载”，涉案宅基地使用证颁发于1982年，虽然因故没有于2000年换发新证，但依然有效，中原区政府该辩解不能成立。杨变妮是涉案宅基地登记的使用权人，马文英夫妻在涉案宅基地上建造房屋，与杨变妮共同居住使用，系涉案宅基地实际使用人。中原区政府作为中原区刁沟村棚户区（城中村）改造拆迁补偿安置工作的主体，应当按照《拆迁补偿安置方案》就涉案宅基地对马文英进行拆迁补偿安置。涉案房屋于2014年10月被中原区政府拆除，马文英无法居住使用，中原区政府应当自该时起支付马文英过渡费。因拆迁补偿安置中，应包含过渡费，故马文英的该项诉讼请求不再单独进行判决。综上，依照《中华人民共和国行政诉讼法》（以下简称《行政诉讼法》）第七十二条之规定，作出（2016）豫71行初485号行政判决：中原区政府在判决生效之日起三十日内，按照《拆迁补偿安置方案》就登记在杨变妮名下的宅基地，向马文英进行拆迁补偿安置。

中原区政府、刁沟村委会不服，提起上诉。

河南省高级人民法院二审认为：中原区政府是中原区刁沟

村棚户区（城中村）改造的主体，负责刁沟村棚户区（城中村）改造工作。且根据规定改造工作是以土地部门最终确认发放的宅基地使用证为准。涉案宅基地使用证颁发于1982年，虽没有于2000年换发新证，但并不能因为没有换发新证就丧失效力。马文英夫妻曾在涉案宅基地上建造房屋，与杨变妮共同居住使用，作为涉案宅基地实际使用人，中原区政府应当按照《拆迁补偿安置方案》就涉案宅基地对马文英进行拆迁补偿安置。中原区政府和刁沟村委会的上诉理由均不能成立。一审判决认定事实清楚，适用法律法规正确。据此判决驳回上诉，维持原判。

中原区政府向本院申请再审称：1. 1982年马文英的丈夫虎小五名下有一处宅基地，马文英和丈夫实际拥有两处宅基地，不符合“一户一宅”的规定。2. 2000年中原区政府对刁沟村宅基地重新确权颁证时，虎小五和杨变妮名下的两处宅基地分别确权给了马文英的儿子虎天翼和虎生翼，并且对面积进行了调整，两人合计面积超出了杨变妮或者虎小五名下任一处宅基地面积，且拆迁时均获得了补偿，马文英不符合另行取得宅基地的条件。故2000年后，杨变妮名下1982年的宅基证和虎小五的一样已自然失去效力。3. 2000年是重新进行确权登记颁证，并非仅仅更换使用证，马文英长达14年未主张对杨变妮名下宅基地的使用权，违背常理。4. 1990年刁沟村曾将杨变妮名下宅基地部分划分给虎百顺使用，虎百顺缴纳了三年土地使用费，后因种种原因刁沟村另行为虎百顺划分一处宅基地，虎百顺称涉案宅基地直至拆迁时仍是一片空地，刁沟村委会称涉案宅基地剩余部分已被集体收回，故涉案宅基地不可能由马文英一直使用。5. 拆迁时根本不存在马文英所称的房屋，其所称的房屋系其儿子虎生翼的。6. 原审判决中原区政府对马文英进行拆迁补偿安置，系以司法权替代行政权，判决结果无法执行，损害刁沟村委会和广大村民的合法权益，且刁沟村多数村民均能提供 1982 年的宅基地使用证存根，其他村民必定会根据判决广而效之，影响和谐稳定。综上，一审和二审判决认定事实不清，主要证据不足，适用法律错误。请求：依法撤销一审和二审判决，发回重审或改判驳回马文英的诉讼请求。

刁沟村委会向本院申请再审称：1. 由于其法律知识欠缺，未给一审出庭的两名工作人员出具书面委托手续，一审对其作出违法的缺席判决，二审未撤销原判发回重审，一审和二审法院都拒绝接收其证据材料，剥夺其辩论权，违反法定程序。2. 其持有如下证据：关于刁沟村 1982 年宅基证全部作废的证明，村两委作出的 1982 年宅基证全部作废的会议记录，虎百顺缴纳涉案宅基使用费收据三份，刁沟村 1982 年宅基证全部作废的登记汇总表，中原区政府下达的责令拆除通知书存根，涉案房屋补偿给虎生翼的证人证言等，证明马文英诉争宅基地早已收归村集体所有，划归他用并对他人补偿，上述证据多次向一、二审法院提交但均被拒收，仍属新的证据，足以推翻原判决。3. 生效裁判认定事实错误。原登记在杨变妮名下的宅基院一直是空院，马文英夫妇从未在此建造房屋，2000年统一换取宅基证，虎天翼和虎生翼两人的宅基院已占用2000年之前的虎小五的宅基院全部和杨变妮名下的部分宅基院。杨变妮名下的剩余部分宅基院曾重新划归虎百顺，但因虎天翼强行占有，村委会又为虎百顺重新划分一处宅基地。故涉案宅基地既不属于马文英，也不属于虎百顺，而是归村集体所有。4. 刁沟村持有1982年林权证的村民大概有480余户，如果强制执行该案，则持证村民会要求享受同等拆迁待遇，会给中原区带来极大不稳定因素。综上，请求撤销一审和二审判决，驳回马文英的诉讼请求。

虎百顺向本院申请再审称：1. 其系涉案宅基地的实际使用权人，与本案有利害关系，一审和二审法院应通知其参加诉讼却未通知，违反法律规定。2. 1989年马文英没有在涉案宅基地上重建房屋及居住使用宅基地上房屋，更不存在中原区政府2014年10月将宅基地上房屋拆除的事实，一审和二审判决认定主要事实错误。3. 其于1990年将父亲坟墓及墓碑立于涉案宅基地上，有照片为证；其缴纳1990年至1992年涉案宅基地使用费收据三份，杨变妮亲属及刁沟村委会证明其在涉案宅基地上房屋居住生活多年及房屋被其拆除的证据；证明2014年拆迁时涉案宅基地上无任何建筑物的卫星图片，上述证据足以推翻原审判决。综上，请求撤销一审和二审判决，依法驳回马文英的诉讼请求，依法改判中原区政府按照《拆迁补偿安置方案》就登记在杨变妮名下的宅基地向虎百顺进行拆除补偿安置。

本院认为：本案的核心争议是，马文英是否具备请求中原区政府依据《拆迁补偿安置方案》对其进行拆迁补偿安置的权利。结合再审申请人的再审申请理由，具体分析如下。

一、关于1982年登记在杨变妮名下宅基地使用证的效力问题

再审申请人中原区政府和刁沟村委会均主张，在2000年重新确权颁证后，杨变妮名下的1982年宅基地使用证失去效力。宅基地使用权可因法定事由由集体经济组织收回再分配，但应经县级人民政府批准。本案中，并无证据显示杨变妮名下1982年宅基地使用证已被依法注销，或者因该宅基地上重新确认了新的宅基地使用权而导致原使用权发生变更或消灭。尽管虎生翼、虎天翼经2000年确权后的宅基地面积之和超出虎小五的宅基地面积，但中原区政府和刁沟村委会主张的虎生翼、虎天翼宅基地面积超出虎小五宅基地后占用的是杨变妮名下的宅基地，未提供确实有效的证据予以佐证。刁沟村委会提供的其自行作出的刁沟村1982年宅基证全部作废的证明和会议记录等证据材料亦不能证明涉案宅基地使用证已经失效、涉案宅基地已收归集体。故一审和二审法院认定涉案宅基地使用证并不因2000年未换发新证而丧失效力，并无不当。

二、马文英是否对登记在杨变妮名下的宅基地享有使用权

中原区政府申请再审时主张，“涉案宅基地不可能由马文英一直使用”，“拆迁时根本不存在马文英所称的房屋，其所称的

房屋系其儿子虎生翼的”。刁沟村委会亦称，“原登记在杨变妮名下的宅基院一直是空院，马文英夫妇从未在此建造房屋”。但对上述主张，中原区政府与刁沟村委会均未提供确凿证据予以证明。而在一审中，马文英提供了数份证人证言，并有数位证人（包括主张为马文英夫妇建房的村民）出庭作证，证明涉案宅基地上的房屋系马文英夫妇所建，并一直与杨变妮共同居住使用。经二审法院现场勘查，涉案房屋虽与虎生翼所建的房屋合为一体，但可独立出入。至于中原区政府申请再审时主张“1982年马文英的丈夫虎小五名下有一处宅基地，其和丈夫实际拥有两处宅基地，不符合‘一户一宅’的规定”的问题，根据马文英一审中提供的虎国福、李永欣（均为建房人）的证言，1989年马文英夫妇在涉案宅基地上建房时，虎生翼的房子已经建成，即登记在虎小五名下的宅基地已实际由其儿子占有和使用，且2000年虎小五名下的宅基地使用权也已重新确权给其儿子虎生翼、虎天翼，马文英夫妇已不存在同时占用两块宅基地的情形。综上，一审和二审法院根据优势证据规则，认定马文英是涉案宅基地的实际使用人，并无不当。

三、关于刁沟村委会主张一审和二审程序违法的问题

刁沟村委会申请再审称，“由于其法律知识欠缺，未给一审出庭的两名工作人员出具书面委托手续，一审对其作出违法的缺席判决，二审未撤销原判发回重审，一审和二审法院都拒绝接收其证据材料，剥夺其辩论权，违反法定程序”。在本案中，

刁沟村委会是作为第三人参加诉讼。第三人与原告和被告一样，都是行政诉讼的当事人。根据《行政诉讼法》第三十一条第一款的规定："当事人、法定代理人，可以委托一至二人作为诉讼代理人。"由于诉讼代理人是以当事人的名义，在一定权限范围内，为当事人的利益进行诉讼活动的人，因此，必须基于当事人的明确授权。《最高人民法院关于适用〈中华人民共和国行政诉讼法〉的解释》第三十一条明确规定："当事人委托诉讼代理人，应当向人民法院提交由委托人签名或者盖章的授权委托书。"未按规定提交授权委托书的，委托代理关系不成立，人民法院不接受其以当事人的名义进行诉讼活动。具体到本案，经查阅一审卷宗，一审法院向刁沟村委会送达了参加诉讼通知书、举证通知书等材料，刁沟村委会的两名工作人员未按照法律规定提交授权委托书，在此情况下，一审法院不准许其代表刁沟村委会进行诉讼活动，并不违反法律规定，刁沟村委会的该项再审理由不能成立。

四、关于虎百顺的再审申请

《最高人民法院关于适用〈中华人民共和国行政诉讼法〉的解释》第三十条第三款规定："行政诉讼法第二十九条规定的第三人，因不能归责于本人的事由未参加诉讼，但有证据证明发生法律效力的判决、裁定、调解书损害其合法权益的，可以依照行政诉讼法第九十条的规定，自知道或者应当知道其合法权益受到损害之日起六个月内，向上一级人民法院申请再审。"据此可知，应当参加诉讼而未参加诉讼的第三人，可以通过申请再审的方式维护自己的合法权益，但应当具备以下两个条件：第一，因不能归责于本人的事由未参加诉讼；第二，有证据证明发生法律效力的判决、裁定、调解书损害其合法权益。前者可以参照《最高人民法院关于适用〈中华人民共和国民事诉讼法〉的解释》第二百九十五条所列举的情形；后者则以《行政诉讼法》第二十九条第一款规定的“利害关系”为标准。

本案中，虎百顺以“其系涉案宅基地的实际使用权人，与本案有利害关系，一审和二审法院应通知其参加诉讼却未通知”为由，向本院申请再审。根据虎百顺申请再审时提交的《地籍调查、审批表》《土地登记卡》及中原区政府提交的宅基使用证登记表等材料可知，虎百顺名下已有一处土地证号为郑中原集用（2000）字第 0848 号宅基地，且其未能提供其他有效证据证明对涉案宅基地享有使用权，从而也就无法证明与本案存在利害关系，故其再审申请不符合法定条件。

综上，再审申请人中原区政府、刁沟村委会、虎百顺的再审申请不符合《中华人民共和国行政诉讼法》第九十一条规定的情形。依照《最高人民法院关于适用〈中华人民共和国行政诉讼法〉的解释》第一百一十六条第二款之规定，裁定如下：

驳回再审申请人郑州市中原区人民政府、郑州市中原区西流湖街道刁沟村民委员会、虎百顺的再审申请。

审 判 长　李广宇

审 判 员　阎　巍

审 判 员　仝　蕾

二〇一八年十二月二十七日

法官助理　骆芳菲

书 记 员　王昱力

诉讼行为能力与法定代理人

任某某诉右玉县政府、朔州市政府案

裁判要旨

提起行政诉讼的公民，应当有诉讼行为能力。所谓诉讼行为能力，是指具备本人或由其指定的代理人参与诉讼的能力，亦即自己或指定代理人为诉讼行为的能力。没有诉讼行为能力的公民，由于其诉讼行为能力的缺乏，不能独立为诉讼行为，亦不具有对代理权限表达个人独立意志的能力，法律为了保护其合法权益，乃设置了法定代理人制度。对此，《行政诉讼法》第三十条也规定："没有诉讼行为能力的公民，由其法定代理人代为诉讼。"

法定代理人产生的前提，必须是当事人没有诉讼行为能力。至于如何认定没有诉讼行为能力，原则上，应当参照民法上对于民事行为能力的规定。按照当时有效的《民法通则》第十三条的规定，"不能辨认自己行为的精神病人是无民事行为能力人，由他的法定代理人代理民事活动"。根据《民法通则》第十九条的规定，精神病人无民事行为能力须经宣告，即"精神病人的利害关系人，可以向人民法院申请宣告精神病人为无民事行为能力人或者限制民事行为能力人"。

按照法律规定由法定代理人为诉讼行为，是行政诉讼的法定起诉条件之一，在不符合法定代理的情况下，在责令补正或者更正的前提下裁定驳回起诉，符合法律和司法解释的规定。

中华人民共和国最高人民法院
行政裁定书

（2018）最高法行申 3688 号

再审申请人（一审原告、二审上诉人）任某某，女，汉族，住山西省左云县。

再审被申请人（一审被告、二审被上诉人）右玉县人民政府，住所地山西省右玉县玉林东街 1 号。

法定代表人王志坚，该县人民政府县长。

再审被申请人（一审被告、二审被上诉人）朔州市人民政府，住所地山西省朔州市市府街 1 号。

法定代表人高键，该市人民政府市长。

再审申请人任某某因诉右玉县人民政府、朔州市人民政府土地行政补偿一案，不服山西省高级人民法院（2017）晋行终 563 号行政裁定，向本院申请再审。本院依法组成由审判员李广宇、审判员阎巍、审判员仝蕾参加的合议庭，对本案进行了审查，现已审查终结。

任某某向山西省忻州市中级人民法院起诉称：任某某是右玉县牛心堡乡云阳堡村村民，2009 年政府修建大呼高速经过本村，占用村民耕地，任某某耕地共被占用 13 亩，其中路基占用 5.7 亩，绿化带占用 7.3 亩，任某某及其法定代理人连栓栓因征地补偿及相关事宜向朔州市人民政府申请复议被驳回，故提起诉讼，请求人民法院判令：一、撤销朔州市人民政府行政复议决定中第一项；二、右玉县人民政府按照标准给予任某某 5.7 亩占地征地补偿 60 378.96 元；三、右玉县人民政府按规定支付任某某社会保障补助费用共计 39 264 元；四、右玉县人民政府按标准补偿任某某自 2008 年至 2016 年种粮直补款合计 14 055.6 元；五、右玉县人民政府支付任某某大呼高速绿化带退耕还林补偿款 13 140 元；六、右玉县人民政府赔偿任某某的法定代理人连栓栓 7 年误工费共计 370 720 元。

山西省忻州市中级人民法院一审认为：连栓栓以任某某法定代理人身份起诉，却未提交可以作为任某某法定代理人的相应证据，连栓栓虽向该院提交了任某某所在村村民委员会的证明和任某某在医院就诊的病历，但其无法证明任桂英属无诉讼行为能力人，为此连栓栓以任某某法定代理人的身份起诉不符合行政案件受理条件，故依照《中华人民共和国行政诉讼法》第三十条，《最高人民法院关于适用〈中华人民共和国行政诉讼法〉若干问题的解释》第三条第一款第十项、第二款的规定，作出（2017）晋 09 行初 12 号行政裁定，驳回连栓栓代为任某某提起的起诉。

任某某不服，提起上诉。

山西省高级人民法院二审认为：连栓栓要作为其母亲的法定代理人参加诉讼，依照《中华人民共和国民法通则》（以下简称《民法通则》）第十二条和第十三条的规定，其母亲须是无民事行为能力人或者限制民事行为能力人，又根据《中华人民共和国民事诉讼法》的有关规定，要确定其母亲为无民事行为能力人和限制民事行为能力人须有法院通过特别程序对其作出的认定，连栓栓在未有该认定的情况下，即以其母亲法定代理人的身份起诉缺乏符合主体资格的事实依据，原审法院驳回其起诉是正确的，应予维持。据此裁定驳回上诉，维持原裁定。

任某某向本院申请再审称：原审法院审非所诉，诉的是征地补偿、社保金等，而审的是再审申请人有没有诉讼行为能力，以法定代理人不能证明其母亲无诉讼行为能力为由驳回了诉讼请求。二审法院重复一审裁定，判非所诉。再审申请人的法定代理人向二审法院递交了再审申请人已患精神疾病的司法鉴定申请及再审申请人患脑萎缩、腔隙性脑梗塞的核磁共振医学检查报告及已患疾病证明书，但二审法院既不依照法定程序作出鉴定裁判，又无视再审申请人提供的客观证明。再审申请人患精神方面的疾病，间歇性老年痴呆、说胡话、举止行为异常，是长期居住地街坊、邻居众所周知的事实。请求：1. 撤销山西省高级人民法院（2017）晋行终 563 号行政裁定；2. 判令右玉县人民政府按照 4 万元 / 亩的补偿标准支付再审申请人征地补偿、安置费共计 52 万元，支付失地农民社保金共计 86 400 元，补偿自 2008 年至 2018 年种粮直补款合计 17 127 元，赔偿再审申请人的法定代理人连栓栓 9 年误工费共计 476 640 元。

本院认为：提起行政诉讼的公民，应当有诉讼行为能力。所谓诉讼行为能力，是指具备本人或由其指定的代理人参与诉讼的能力，亦即自己或指定代理人为诉讼行为的能力。没有诉讼行为能力的公民，由于其诉讼行为能力的缺乏，不能独立为诉讼行为，亦不具有对代理权限表达个人独立意志的能力，法律为了保护其合法权益，乃设置了法定代理人制度。对此《中华人民共和国行政诉讼法》第三十条也规定："没有诉讼行为能力的公民，由其法定代理人代为诉讼。"本案就是由连栓栓以其母亲任某某法定代理人的身份代为提起诉讼。作为成年子女，连栓栓具备作为其母亲的监护人以及法定代理人的资格，但是，法定代理人产生的前提，必须是当事人没有诉讼行为能力。至于如何认定没有诉讼行为能力，原则上，应当参照民法上对于民事行为能力的规定。按照当时有效的《民法通则》第十三条的规定，"不能辨认自己行为的精神病人是无民事行为能力人，由他的法定代理人代理民事活动。"本案中，连栓栓正是主张其母亲任某某患有精神病，因而属于无民事行为能力人。但是，根据《民法通则》第十九条的规定，精神病人无民事行为能力须经宣告，即"精神病人的利害关系人，可以向人民法院申请宣告精神病人为无民事行为能力人或者限制民事行为能力人"。而连栓栓只是向一审法院提交了任某某所在村民委员会证明和任桂英医院就诊病历，一审法院认定连栓栓提交的材料无法证明任某某无诉讼行为能力。连栓栓以任某某法定代理人的身份代为提起诉讼不符合行政案件受理条件，并无不当。按照法律规定由法定代理人为诉讼行为，是行政诉讼的法定起诉条件之一，在不符合法定代理的情况下，一审法院在责令补正或者更正的前提下裁定驳回起诉，符合法律和司法解释的规定，并不存在再审申请人所称“审非所诉”“判非所诉”的情形。

综上，再审申请人的再审理由不能成立，其再审申请不符合《中华人民共和国行政诉讼法》第九十一条规定的情形。依照《最高人民法院关于适用〈中华人民共和国行政诉讼法〉的解释》第一百一十六条第二款之规定，裁定如下：

驳回再审申请人任某某的再审申请。

审 判 长　李广宇

审 判 员　阎　巍

审 判 员　仝　蕾

二〇一八年八月三十一日

法官助理　骆芳菲

书 记 员　王昱力

因不动产提起的行政诉讼

张尚义、张尚奇诉五台县政府案

裁判要旨

《行政诉讼法》第二十条规定："因不动产提起的行政诉讼，由不动产所在地人民法院管辖。"这一规定被称为专属管辖。作出这种制度安排，主要是考虑法院行使审判权的便利性。不动产所在地法院能够就近调查、勘验、取证、测量，以及就近执行判决。实践中，对于何为"不动产"并无争议，一般是指不能移动其位置或者其位置移动后就会引起其性能、价值、形状等改变的财产，主要指土地（包括滩涂、草原、山岭、荒地等）及其地面附着物。

"因不动产提起的行政诉讼"，一般是指因行政行为直接针对不动产而引起的行政纠纷，而不应当扩大解释为与不动产有任何联系的行政纠纷。正是基于这种认识，《最高人民法院关于适用〈中华人民共和国行政诉讼法〉的解释》第九条第一款进一步作出界定："行政诉讼法第二十条规定的'因不动产提起的行政诉讼'是指因行政行为导致不动产物权变动而提起的诉讼。"所谓"因行政行为导致不动产物权变动"，是指因行政行为直接导致不动产物权设立、变更、转让、消灭等法律效果。

《最高人民法院关于适用〈中华人民共和国行政诉讼法〉的解释》第九条第一款虽然是对《行政诉讼法》第二十条的解释，但也同样适用于第四十六条第二款。亦即，适用二十年最长保护期限的案件，仅限于“因行政行为导致不动产物权变动而提起的诉讼”。虽然《行政诉讼法》第四十八条对“因不可抗力或者其他不属于其自身的原因耽误起诉期限的”以及“因前款规定以外的其他特殊情况耽误起诉期限的”，作出了起诉期限可以扣除或者延长的规定，但该规定并不适用于《行政诉讼法》第四十六条第二款规定的五年和二十年的最长起诉期限。这是因为，所谓最长起诉期限属于客观期间，无论什么原因，都不发生扣除、延长。

中华人民共和国最高人民法院
行政裁定书

（2017）最高法行申 8347 号

再审申请人（一审原告、二审上诉人）张尚义，男，汉族，住山西省太原市万柏林区。

再审申请人（一审原告、二审上诉人）张尚奇，男，汉族，住山西省五台县新城区。

委托代理人李先娥，女，汉族，住山西省五台县新城区。系张尚奇之妻。

再审被申请人（一审被告、二审被上诉人）山西省五台县人民政府，住所地山西省五台县城向前街政府办公大楼。

法定代表人武新亮，该县人民政府县长。

再审申请人张尚义、张尚奇因诉山西省五台县人民政府（以下简称五台县政府）行政处理一案，不服山西省高级人民法院（2017）晋行终 22 号行政裁定，向本院申请再审。本院依法组成由审判员李广宇、审判员杨立初、审判员张志刚参加的合议庭，对本案进行了审查，现已审查终结。

山西省大同市中级人民法院一审认为：2010 年 5 月 23 日，五台县政府向茹村乡人民政府、山西煤炭运销集团天和煤业有限公司（以下简称天和公司）在内的多家单位下发了五政发〔2010〕35号《关于批转山西煤炭运销集团天和煤业有限公司和大同煤矿集团忻州同华煤业有限公司煤矿露天开采涉及农村有关问题处理方案的通知》（以下简称五政发〔2010〕35号文件）。该通知下发后，天和公司与五台县茹村乡山角村村委会签订了《露天煤矿征占用林地补偿协议》。张尚奇与天和公司签订了移民补偿协议，将其与张尚义在山角村的共有房屋、祖坟补偿款等一并领取。从煤矿企业兼并重组的整个过程看，五台县政府作出的五政发〔2010〕35号文件并无不当，且张尚义、张尚奇均已获得相应补偿，故其要求撤销五政发〔2010〕35号文件以及其他诉讼请求，均无事实根据和法律依据。依据《最高人民法院关于执行〈中华人民共和国行政诉讼法〉若干问题的解释》第五十六条第四项之规定，作出（2016）晋02行初16号行政判决，驳回张尚义、张尚奇的诉讼请求。

张尚义、张尚奇不服，提起上诉。

山西省高级人民法院二审认为：本案被诉行政行为是五台县政府作出的五政发〔2010〕35号文件，从文件内容看，主要是针对天和公司移民搬迁补偿、占地、生态绿化、复垦，新村选址、安全隐患排查处置等事项作出的原则性规定。根据《中华人民共和国行政诉讼法》（以下简称《行政诉讼法》）第四十六条第二款的规定："因不动产提起诉讼的案件自行政行为作出之日起超过二十年，其他案件自行政行为作出之日起超过五年提起诉讼的，人民法院不予受理。”该条规定的“因不动产提起诉讼”，主要是指行政行为直接针对不动产的所有权和使用权的案件，即对不动产具有直接处分性的案件，比如房屋登记、土地确权、房屋拆迁类案件。对于不影响不动产所有权、使用权，而只是涉及不动产内容的，不属于“因不动产”。本案被诉的五政发〔2010〕35号文件只是涉及不动产相关内容，不涉及对土地房屋所有权、使用权的处分内容，故应当适用“其他案件”最长五年的起诉期限。被诉行政行为作出于2010年5月23日，张尚义、张尚奇于2016年5月24日提起诉讼，已经超过最长五年的起诉期限。根据《最高人民法院关于适用〈中华人民共和国行政诉讼法〉若干问题的解释》第三条第一款第二项之规定，应当裁定驳回张尚义、张尚奇的起诉，原审法院对本案予以实体审理，适用法律错误，依法应当予以纠正。关于张尚义、张尚奇提出的责令五台县政府停止违法许可对其合法权益造成的侵害，废止所有非法协议及要求五台县政府承担违法许可对其造成的经济损失等诉讼请求均系基于第一项诉讼请求提出的附随性诉求。张尚义、张尚奇的第一项诉讼请求既然不符合起诉条件，第二项、第三项诉讼请求也没有事实依据，故也不符合起诉条件，应当裁定驳回起诉。张尚义、张尚奇针对被诉行政行为实体方面提出的上诉理由均不能成立，依法应当予以驳回。根据《行政诉讼法》第八十九条第一款第二项、《最高人民法院关于执行〈中华人民共和国行政诉讼法〉若干问题的解释》第七十九条第一项之规定，裁定撤销山西省大同市中级人民法院（2016）晋 02 行初 16 号行政判决；驳回张尚义、张尚奇的起诉。

张尚义、张尚奇向本院申请再审称：再审被申请人以租代征，对再审申请人土地房屋非法强拆。赔偿后诬告再审申请人敲诈，把民事当刑事违法做案。二审裁判认定只涉及动产而不涉及不动产是强盗理由，以超期起诉为由撤销原判驳回起诉，剥夺了再审申请人享有的诉讼权利。请求：撤销山西省高级人民法院（2017）晋行终 22 号行政裁定，撤销五政发〔2010〕35 号文件，并案审理所采用的刑事判决书和裁定书，判决废止所有非法协议，判决再审被申请人赔偿一切经济损失、精神伤害和误工损失等。

本院认为：根据《行政诉讼法》第九十条的规定，当事人对已经发生法律效力的判决、裁定，认为确有错误的，可以向上一级人民法院申请再审。就本案而言，已经发生法律效力的判决、裁定，是山西省高级人民法院作出的（2017）晋行终 22 号行政裁定，该裁定撤销了一审判决，驳回了再审申请人的起诉。其改判理由主要有两点：第一，本案不属于"因不动产提起诉讼的案件"；第二，本案已经超过了最长五年的起诉期限。再审申请人正是对此认定表示不服。因此，这两个问题成为本院审查的重点。

一、"因不动产提起的行政诉讼"

"因不动产提起的行政诉讼"，在行政诉讼中涉及两个重要问题：一是涉及专属管辖，二是涉及最长起诉期限。《行政诉讼法》第二十条规定："因不动产提起的行政诉讼，由不动产所在地人民法院管辖。”这一规定被称为专属管辖。作出这种制度安排，主要是考虑法院行使审判权的便利性。不动产所在地法院能够就近调查、勘验、取证、测量，以及就近执行判决。实践中，对于何为“不动产”并无争议，一般是指不能移动其位置或者其位置移动后就会引起其性能、价值、形状等改变的财产，主要指土地（包括滩涂、草原、山岭、荒地等）及其地面附着物。真正存在争议的是何为“因不动产”，亦即如何界定“因不动产提起的行政诉讼”。通说认为，一般是指因行政行为直接针对不动产而引起的行政纠纷，而不应当扩大解释为与不动产有任何联系的行政纠纷。正是基于这种认识，《最高人民法院关于适用〈中华人民共和国行政诉讼法〉的解释》第九条第一款进一步作出界定：“行政诉讼法第二十条规定的‘因不动产提起的行政诉讼’是指因行政行为导致不动产物权变动而提起的诉讼。”所谓“因行政行为导致不动产物权变动”，是指因行政行为直接导致不动产物权设立、变更、转让、消灭等法律效果。

二、最长起诉期限

“因不动产提起的行政诉讼”，也涉及最长起诉期限的确定。《行政诉讼法》第四十六条第二款规定：“因不动产提起诉讼的案件自行政行为作出之日起超过二十年，其他案件自行政行为作出之日起超过五年提起诉讼的，人民法院不予受理。”《最高人民法院关于适用〈中华人民共和国行政诉讼法〉的解释》第九条第一款虽然是对《行政诉讼法》第二十条的解释，但也同样适用于第四十六条第二款。亦即，适用二十年最长保护期限的案件，仅限于“因行政行为导致不动产物权变动而提起的诉讼”。本案中，山西省高级人民法院二审认为，“本案被诉的五政发〔2010〕35号文件只是涉及不动产相关内容，不涉及对土地房屋所有权、使用权的处分内容，故应当适用‘其他案件’最长五年的起诉期限”，符合前述司法解释规定的精神。其认定“被诉行政行为作出于2010年5月23日，张尚义、张尚奇于2016年5月24日提起诉讼，已经超过最长五年的起诉期限”，具有相应的事实根据。本院注意到，再审申请人因为服刑在一定期间内人身自由受到限制。虽然《行政诉讼法》第四十八条对“因不可抗力或者其他不属于其自身的原因耽误起诉期限的”以及“因前款规定以外的其他特殊情况耽误起诉期限的”，作出了起诉期限可以扣除或者延长的规定，但该规定并不适用于《行政诉讼法》第四十六条第二款规定的五年和二十年的最长起诉期限。这是因为，所谓最长起诉期限属于客观期间，无论什么原因，都不发生扣除、延长。

三、其他诉求

再审申请人在再审申请中还对相关刑事判决和裁定提出质疑，并要求并案审理。这一要求不符合行政诉讼的性质，也缺乏相应的法律依据。其提出的一系列赔偿诉求，也因主诉被依法裁定驳回，从而丧失请求的前提。

综上，再审申请人张尚义、张尚奇的再审申请不符合《中华人民共和国行政诉讼法》第九十一条规定的情形。依照《最高人民法院关于适用《中华人民共和国行政诉讼法》的解释》第一百一十六条第二款之规定，裁定如下：

驳回再审申请人张尚义、张尚奇的再审申请。

审 判 长　李广宇

审 判 员　杨立初

审 判 员　张志刚

二〇一八年六月二十九日

法官助理　骆芳菲

书 记 员　王昱力

级别管辖与重大、复杂的案件

单君诉安徽省物价局案

裁判要旨

所谓级别管辖，是指上下级人民法院之间受理第一审案件的分工。按照《行政诉讼法》第十四条的规定，第一审行政案件一般由基层人民法院管辖。确立这一原则，主要是为了便于当事人就近诉讼、便于人民法院审判执行，并且均衡上下级法院之间的工作负担。除此之外，级别管辖还具有保障人民法院公正行使审判权的实体价值。正因如此，《行政诉讼法》在修改时适度增加了中级人民法院管辖的第一审行政案件的范围，将被告级别由“省、自治区、直辖市人民政府”扩大到“县级以上地方人民政府”。但这里所说的“地方人民政府”，不包括地方人民政府的工作部门，按照《行政诉讼法》第十五条第一项的规定，只有对“国务院部门”所作的行政行为提起诉讼的案件，才由中级人民法院管辖。

《行政诉讼法》第十五条第三项规定，中级人民法院管辖“本辖区内重大、复杂的案件”，《最高人民法院关于适用〈中华人民共和国行政诉讼法〉的解释》第六条也规定，当事人以案件重大复杂为由，认为有管辖权的基层人民法院不宜行使管辖权的，可以直接向中级人民法院起诉，但这并不意味着中级人民法院必须受理，根据不同情况，中级人民法院可以决定自行审理，或者指定本辖区其他基层人民法院管辖。经审查不存在“案件重大复杂，有管辖权的基层人民法院不宜行使管辖权”情形的，可以书面告知当事人向有管辖权的基层人民法院起诉。

中华人民共和国最高人民法院
行政裁定书

（2018）最高法行申 2031 号

再审申请人（一审起诉人、二审上诉人）单君，男，汉族，住辽宁省抚顺市望花区。

再审申请人单君因诉安徽省物价局行政复议一案，不服安徽省高级人民法院（2017）皖行终 554 号行政裁定，向本院申请再审。本院依法组成由审判员李广宇、审判员阎巍、审判员仝蕾参加的合议庭，对本案进行了审查，现已审查终结。

单君向安徽省合肥市中级人民法院起诉称：其于 2016 年 10 月 31 日向安徽省物价局邮寄了行政复议申请材料。经查询，安徽省物价局于 2016 年 11 月 3 日签收，但安徽省物价局并未在法定的复议期限 60 日内作出复议决定。故单君请求人民法院依法确认安徽省物价局未在法定期限内作出行政复议决定的行为违法，并责令限期作出行政复议决定。

安徽省合肥市中级人民法院一审认为：根据单君的诉请，单君本次起诉的被告是安徽省物价局，依法不属于该院管辖一审行政诉讼的范围。对此该院已进行了释明和告知，但单君坚持起诉。依照《中华人民共和国行政诉讼法》（以下简称《行政诉讼法》）

第四十九条第四项、第五十一条第二款的规定，作出（2017）皖01行初72号行政裁定，对单君的起诉不予立案。

单君不服，提起上诉。

安徽省高级人民法院二审认为：根据《行政诉讼法》第十五条第一项的规定，中级人民法院管辖对国务院部门或者县级以上人民政府所作的行政行为提起诉讼的一审行政案件。单君起诉所列被告为安徽省物价局，该行政机关属于省级人民政府的职能部门，以其为被告的一审行政案件原则上属于基层人民法院管辖。对此，一审法院已经向单君释明，其仍坚持向中级人民法院提起诉讼，不符合《行政诉讼法》关于级别管辖的规定。原审裁定不予立案并无不当。单君的上诉理由不能成立，不予支持。据此裁定驳回上诉，维持原裁定。

单君向本院申请再审称：本案被告安徽省物价局为省级行政机关，相当于市级人民政府的级别，行政级别较高。基层法院审理省级行政机关存在诸多障碍，难以实现案件的公平公正。本案应当属于《行政诉讼法》第十五条第三项规定的重大、复杂应当由中级人民法院管辖的案件。据此，一审和二审裁定不符合法律规定，请求：撤销一审和二审行政裁定，指令安徽省合肥市中级人民法院对再审申请人的起诉予以立案。

本院认为：本案的争执主要集中在级别管辖的确定。所谓级别管辖，是指上下级人民法院之间受理第一审案件的分工。按照《行政诉讼法》第十四条的规定，第一审行政案件一般由基层人民法院管辖。确立这一原则，主要是为了便于当事人就近诉讼、便于人民法院审判执行，并且均衡上下级法院之间的工作负担。除此之外，级别管辖还具有保障人民法院公正行使审判权的实体价值。正因如此，《行政诉讼法》在修改时适度增加了中级人民法院管辖的第一审行政案件的范围，将被告级别由“省、自治区、直辖市人民政府”扩大到“县级以上地方人民政府”。但这里所说的“地方人民政府”，不包括地方人民政府的工作部门，按照《行政诉讼法》第十五条第一项的规定，只有对“国务院部门”所作的行政行为提起诉讼的案件，才由中级人民法院管辖。在本案，再审申请人以安徽省物价局为被告，直接向中级人民法院提起诉讼，不符合级别管辖的规定。再审申请人主张，其直接向中级人民法院提起诉讼，是因为“本案应当属于重大、复杂，应当由中级人民法院管辖的案件”，“基层法院审理省级行政机关存在诸多障碍”。固然，《行政诉讼法》第十五条第三项规定，中级人民法院管辖“本辖区内重大、复杂的案件”，《最高人民法院关于适用〈中华人民共和国行政诉讼法〉的解释》第六条也规定，当事人以案件重大复杂为由，认为有管辖权的基层人民法院不宜行使管辖权的，可以直接向中级人民法院起诉，但这并不意味着中级人民法院必须受理，根据不同情况，中级人民法院可以决定自行审理，或者指定本辖区其他基层人民法院管辖。经审查不存在“案件重大复杂，有管辖权的基层人民法院不宜行使管辖权”情形的，可以书面告知当事人向有管辖权的基层人民法院起诉。在本案，显然不存在《最高人民法院关于适用〈中华人民共和国行政诉讼法〉的解释》第五条所规定的属于“本辖区内重大、复杂的案件”的各种情形，一审法院经释明和告知之后裁定不予立案，符合法律规定。二审法院裁定驳回上诉，维持原裁定，亦无不妥。再审申请人的再审申请理由不成立。

综上，再审申请人单君的再审申请不符合《中华人民共和国行政诉讼法》第九十一条规定的情形。依照《最高人民法院关于适用〈中华人民共和国行政诉讼法〉的解释》第一百一十六条第二款之规定，裁定如下：

驳回再审申请人单君的再审申请。

审 判 长　李广宇

审 判 员　阎　巍

审 判 员　仝　蕾

二〇一八年五月三十一日

法官助理　骆芳菲

书 记 员　王昱力

共同被告中的级别管辖

侯峰诉太和县政府、太和县
城关镇政府案

裁判要旨

被告行政机关的层级是确定行政诉讼级别管辖的一个重要因素。根据《行政诉讼法》第十五条第一项的规定，“对国务院部门或者县级以上地方人民政府所作的行政行为提起诉讼的案件”，就是中级人民法院管辖的第一审行政案件。有的时候，会发生两个以上行政机关作出同一行政行为，因而作为共同被告一同被诉的情形。如果作为共同被告的行政机关层级不同，则采取“就高不就低”的原则确定管辖法院，也就是以共同被告中级别最高的行政机关确定级别管辖。

适用“就高不就低”原则的前提是有“高”，当共同被告中层级较高的“国务院部门或者县级以上地方人民政府”在立案后经审查被认为不是适格被告时，则同案中层级较低的行政机关再由中级人民法院管辖，就因“高无所就”而失去了管辖权依据。但是，这与当初就是单独针对层级较低的行政机关到中级人民法院起诉毕竟有所不同，不宜一概全案驳回起诉。尤其是案件已经进行了开庭审理且对层级较低的行政机关作出的行政行为进行了一定审查之后，受诉中级人民法院完全可以依照《行政诉讼法》第二十四条第一款关于“上级人民法院有权审理下级人民法院管辖的第一审行政案件”的规定，继续对案件进行审理，以节约司法资源、避免诉讼延宕、减轻当事人诉累。如果受案法院认为存在借机抬高级别管辖的嫌疑或者有正当理由认为自己不宜对案件继续审理，也可以不由自己审理，但正确的做法不应当是全案驳回起诉，而应在裁定驳回针对较高层级的行政机关的起诉之后，将案件移送有管辖权的基层人民法院。

移送管辖是法院错误受理案件之后采取的一种补救措施，目的不仅在于纠正法院的管辖错误，也旨在谋求对于原告的便利。如果人民法院像对待不具备起诉条件的其他情形一样裁定驳回起诉，那么原告不仅需要花费再诉的时间和费用，还有可能导致起诉期限的耽误。移送管辖主要包括发生在同级法院之间的地域管辖错误，有时也包括发生在上下级法院之间的级别管辖错误。

立案只是产生了诉讼系属，在立案之后，对于是否符合法定起诉条件，人民法院应当作出进一步审查。

中华人民共和国最高人民法院
行政裁定书

（2018）最高法行申2119号

再审申请人（一审原告、二审上诉人）侯峰，男，汉族，住安徽省太和县。

再审被申请人（一审被告、二审被上诉人）太和县人民政府，住所地安徽省太和县人民中路46号。

法定代表人刘牧愚，该县人民政府县长。

再审被申请人（一审被告、二审被上诉人）太和县城关镇人民政府，住所地安徽省太和县人民北路99号。

法定代表人张峰，该镇人民政府镇长。

再审申请人侯峰因诉太和县人民政府（以下简称太和县政府）、太和县城关镇人民政府（以下简称城关镇政府）房屋行政强制拆除及行政赔偿一案，不服安徽省高级人民法院（2017）皖行终715号行政裁定，向本院申请再审。本院依法组成由审判员李广宇、审判员阎巍、审判员仝蕾参加的合议庭，对本案进行了审查，现已审查终结。

侯峰向安徽省阜阳市中级人民法院起诉称：2015年7月17日，太和县城市建设拆迁城南片区指挥部在其居住的村庄张贴《关于加快拆迁的通知》。同年9月28日，太和县国土资源局发布太国土资〔2015〕324号《征地补偿安置方案公告》，该公告涉及桥西社区被征土地面积为2.3301公顷，而其所在村仅宅基地面积就超过2.3301公顷。2015年11月，太和县政府、城关镇政府在未告知其房屋及土地是否在征收范围内，亦未与其签订征收补偿协议的情况下，将其房屋强制拆除。请求确认太和县政府、城关镇政府拆除其房屋的行为违法，并判令将其房屋恢复原状。

安徽省阜阳市中级人民法院一审认为：《最高人民法院关于行政诉讼证据若干问题的规定》第四条第一款规定："公民、法人或者其他组织向人民法院起诉时，应当提供其符合起诉条件的相应的证据材料。"根据《中华人民共和国行政诉讼法》（以下简称《行政诉讼法》）第四十九条第三项规定，提起诉讼应当有具体的诉讼请求和事实根据。本案中，太和县政府否认参与拆除侯峰的房屋，而侯峰提供的证据也不能证明太和县政府参与了对其房屋的拆除，侯峰针对太和县政府的起诉没有事实根据。《行政诉讼法》第二十六条第一款规定："公民、法人或者其他组织直接向人民法院提起诉讼的，作出行政行为的行政机关是被告。"本案根据侯峰提供的证据及城关镇政府在庭审中的自认，能够认定城关镇政府对侯峰的房屋实施了拆除。因此，城关镇政府为本案适格的被告。《行政诉讼法》第十四条规定："基层人民法院管辖第一审行政案件。"该法第十五条规定："中级人民法院管辖下列第一审行政案件：（一）对国务院部门或者县级以上地方人民政府所作的行政行为提起诉讼的案件；（二）海关处理的案件；（三）本辖区内重大、复杂的案件；（四）其他法律规定由中级人民法院管辖的案件。”依据上述法律规定，本案应当由基层法院管辖。根据《行政诉讼法》第四十九条第四项规定，提起诉讼应当属于人民法院受案范围和受诉人民法院管辖。侯峰的起诉不符合上述法律规定。依照《最高人民法院关于适用〈中华人民共和国行政诉讼法〉若干问题的解释》第三条第一款第一项的规定，作出（2016）皖12行初246号行政裁定，驳回侯峰的起诉。

侯峰不服，提起上诉。

安徽省高级人民法院二审认为：《行政诉讼法》第二十六条第一款规定：“公民、法人或者其他组织直接向人民法院提起诉讼的，作出行政行为的行政机关是被告。”本案中，侯峰请求确认太和县政府、城关镇政府拆除其房屋的行为违法。其向一审法院提交的照片、视听资料等，未注明制作时间、制作方法、制作人等，不符合证据的形式要求，并且从上述证据中也无法辨识太和县政府参与实施了强制拆除行为。一审出庭作证的证人均系其同村村民，与其有密切关系，根据《最高人民法院关于行政诉讼证据若干问题的规定》第七十一条第二项规定，亦不能单独作为定案证据。太和县政府亦否认其实施了强制拆除行为，故侯峰以太和县政府为被告提起本案行政诉讼，缺乏事实根据。侯峰上诉提出生效行政判决确认太和县政府拆除其同村村民房屋行为违法的事实。对此，该院认为，在该案中，生效判决认定拆除行为系各片区拆迁指挥部组织实施，各片区指挥部是由太和县政府组建，故应当由太和县政府承担法律责任。而本案中城关镇政府自认其拆除了侯峰的房屋，且其具有独立承担法律责任的能力，城关镇政府系本案适格被告。故侯峰就涉案强拆行为向中级人民法院提起行政诉讼，不符合级别管辖的规定。相应地，其提起的行政赔偿请求亦不符合法定受理条件，依法亦应驳回。综上，一审裁定驳回起诉并无不当，侯峰的上诉理由不能成立，不予支持。据此裁定驳回上诉，维持原裁定。

侯峰向本院申请再审称:1. 城关镇政府实施拆迁，是受太和县政府的委托，太和县政府应对城关镇政府的征地拆迁行为负责，属于适格被告。再审申请人不服太和县政府、城关镇政府共同作出的强拆行为提起诉讼，将其列为共同被告，应以行政位阶高的被告对应的行政管辖级别确定管辖法院。故本案应由安徽省阜阳市中级人民法院管辖，该院以本案不属于其管辖为由驳回起诉，确有错误。2. 原审法院作为管辖法院，已经对本案审理完毕，此时再以不属于受案人民法院管辖为由裁定驳回起诉，缺乏法律依据。即使原审法院对太和县政府未参与强拆的认定成立，在有证据证明城关镇政府参与强拆的情况下，也应当对城关镇政府的强拆行为是否合法以及是否赔偿依法作出判决。根据《行政诉讼法》第二十四条第一款和《最高人民法院关于行政案件管辖若干问题的规定》第五条的规定，原审法院已经审理了再审申请人对城关镇政府的起诉，应当视为原审法院已经决定自己审理该案件，不宜再裁定驳回起诉，否则不仅浪费资源，也会增加诉讼当事人的讼累。3. 根据《行政诉讼法》第二十二条的规定，即使再审申请人对城关镇政府的起诉确实不属于原审法院管辖，原审法院也应当在开庭审理之前依法将本案移送有管辖权的人民法院，而非开庭审理后裁定驳回起诉。综上，请求依法撤销一审和二审行政裁定。

本院认为：被告行政机关的层级是确定行政诉讼级别管辖的一个重要因素。根据《行政诉讼法》第十五条第一项的规定，“对国务院部门或者县级以上地方人民政府所作的行政行为提起诉讼的案件”，就是中级人民法院管辖的第一审行政案件。有的时候，会发生两个以上行政机关作出同一行政行为，因而作为共同被告一同被诉的情形。如果作为共同被告的行政机关层级不同，则采取“就高不就低”的原则确定管辖法院，也就是以共同被告中级别最高的行政机关确定级别管辖。本案就是如此。再审申请人以太和县政府和城关镇政府为共同被告向安徽省阜阳市中级人民法院提起诉讼，该院予以立案，符合前述“就高不就低”的原则。

但是，立案只是产生了诉讼系属，在立案之后，对于是否符合法定起诉条件，人民法院应当作出进一步审查。本案中，一审法院在立案之后经审查认为，“太和县政府否认参与拆除侯峰的房屋，而侯峰提供的证据也不能证明太和县政府参与了对其房屋的拆除，侯峰针对太和县政府的起诉没有事实根据。”再审申请人在再审申请中虽然坚持认为，“城关镇政府实施拆迁，是受太和县政府的委托，太和县政府应对城关镇政府的征地拆迁行为负责，属于适格被告”，但其并不能提供相应的事实依据。一审和二审法院认为，“城关镇政府自认其拆除了侯峰的房屋，且其具有独立承担法律责任的能力，城关镇政府系本案适格被告”，并无不当。在针对太和县政府的起诉不成立的情况下，一审和二审法院认定“侯峰就涉案强拆行为向中级人民法院提起行政诉讼，不符合级别管辖的规定”，亦无不妥。

值得讨论的是处理方式。再审申请人认为，“原审法院作为管辖法院，已经对本案审理完毕，此时再以不属于受案人民法院管辖为由裁定驳回起诉，缺乏法律依据。”“原审法院已经审理了再审申请人对城关镇政府的起诉，应当视为原审法院已经决定自己审理该案件，不宜再裁定驳回起诉，否则不仅浪费资源，也会增加诉讼当事人的讼累。”“即使对城关镇政府的起诉确实不属于原审法院管辖，原审法院也应当在开庭审理之前依法将本案移送有管辖权的人民法院，而非开庭审理后裁定驳回起诉。”这些观点不无道理。固然，适用“就高不就低”原则的前提是有“高”，当共同被告中层级较高的“国务院部门或者县级以上地方人民政府”在立案后经审查被认为不是适格被告时，则同案中层级较低的行政机关再由中级人民法院管辖，就因“高无所就”而失去了管辖权依据。但是，这与当初就是单独针对层级较低的行政机关到中级人民法院起诉毕竟有所不同，不宜一概全案驳回起诉。尤其是案件已经进行了开庭审理且对层级较低的行政机关作出的行政行为进行了一定审查之后，受诉中级人民法院完全可以依照《行政诉讼法》第二十四条第一款关于“上级人民法院有权审理下级人民法院管辖的第一审行政案件”的规定，继续对案件进行审理，以节约司法资源、避免诉讼延宕、减轻当事人诉累。如果受案法院认为存在借机抬高级别管辖的嫌疑或者有正当理由认为自己不宜对案件继续审理，也可以不由自己审理，但正确的做法不应当是全案驳回起诉，而应在裁定驳回针对较高层级的行政机关的起诉之后，将案件移送有管辖权的基层人民法院。移送管辖是法院错误受理案件之后采取的一种补救措施，目的不仅在于纠正法院的管辖错误，也旨在谋求对于原告的便利。如果人民法院像对待不具备起诉条件的其他情形一样裁定驳回起诉，那么原告不仅需要花费再诉的时间和费用，还有可能导致起诉期限的耽误。移送管辖主要包括发生在同级法院之间的地域管辖错误，有时也包括发生在上下级法院之间的级别管辖错误。本案不予适用移送管辖的规定，依法应予纠正。鉴于原审法院未适用移送管辖并不影响再审申请人另行起诉的权利，而且，通过当事人另行起诉也比通过启动再审予以移送更为经济，因此决定不对本案提起再审。再审申请人可以以本案生效裁判和本裁定为据，另行到有管辖权的人民法院起诉，以主张相应的权利。

综上，依照《最高人民法院关于适用〈中华人民共和国行政诉讼法〉的解释》第一百一十六条第二款之规定，裁定如下：

驳回再审申请人侯峰的再审申请。

审 判 长　李广宇

审 判 员　阎　巍

审 判 员　仝　蕾

二〇一八年三月三十日

法官助理　骆芳菲

书 记 员　王昱力

自由选择与司法最终

郑军海诉河南省政府案

裁判要旨

在法律、法规并没有规定复议前置的情况下，对于行政复议和行政诉讼实行自由选择主义。所谓自由选择，是指公民、法人或者其他组织可以先向行政机关申请复议，对复议决定不服的，再向人民法院提起诉讼；也可以不经复议直接向人民法院提起诉讼。但是，自由选择并不意味着可以同时选择复议和诉讼，因为复议和诉讼这两种救济机制不能同时进行。根据《最高人民法院关于适用〈中华人民共和国行政诉讼法〉的解释》第五十七条的规定，“法律、法规未规定行政复议为提起行政诉讼必经程序，公民、法人或者其他组织既提起诉讼又申请行政复议的，由先立案的机关管辖；同时立案的，由公民、法人或者其他组织选择。公民、法人或者其他组织已经申请行政复议，在法定复议期间内又向人民法院提起诉讼的，人民法院裁定不予立案。”自由选择也不能违背司法最终处理原则，在已经选择直接向人民法院提起诉讼的情况下，不能转而申请行政复议。所谓已经选择直接向人民法院提起诉讼，包括提起诉讼之后的任何阶段，既包括人民法院已经作出裁判，也包括人民法院已经立案尚未作出裁判。只要案件已经系属于人民法院，就不允许再就同一争议申请行政复议。

行政机关负责人出庭应诉，有利于维护司法权威 和谐官民关系，促进行政争议的顺利解决。《行政诉讼法》第三条第三款虽然确立了“被诉行政机关负责人应当出庭应诉”的原则，但同时也允许有“不能出庭”的例外。据此可知，法律并非要求每一起案件都要由行政机关负责人出庭应诉。根据《最高人民法院关于适用〈中华人民共和国行政诉讼法〉的解释》第一百二十九条第一款的规定，“涉及重大公共利益、社会高度关注或者可能引发群体性事件等案件以及人民法院书面建议行政机关负责人出庭的案件，被诉行政机关负责人应当出庭。”除上列情形之外，行政机关负责人未出庭应诉的，不构成违反法定程序。即使行政机关负责人应当出庭应诉而不出庭应诉，人民法院所应采取的处理方式也是《最高人民法院关于适用〈中华人民共和国行政诉讼法〉的解释》第一百三十二条规定的“记录在案和在裁判文书中载明，并可以建议有关机关依法作出处理”。如果案件裁判结果正确，不能仅以行政机关负责人未出庭应诉发回重审或者提起再审。

《最高人民法院关于适用〈中华人民共和国行政诉讼法〉的解释》第一百二十八条第二款规定：“行政机关负责人出庭应诉的，可以另行委托一至二名诉讼代理人。行政机关负责人不能出庭的，应当委托行政机关相应的工作人员出庭，不得仅委托律师出庭。”这里的“委托”，属于诉讼代理范畴，委托诉讼代理人的当事人是被诉行政机关，而非行政机关负责人。对此，《最高人民法院关于适用〈中华人民共和国行政诉讼法〉的解释》第一百三十一条第二款所规定的“行政机关委托相应的工作人员出庭应诉的，应当向人民法院提交加盖行政机关印章的授权委托书”，已经清楚地说明问题。据此，质疑出庭人员未持有行政机关负责人的委托手续，没有法律依据。另外，在行政机关负责人不能出庭应诉时，受行政机关委托出庭应诉的人员，无论是《行政诉讼法》第三条第三款，还是《最高人民法院关于适用〈中华人民共和国行政诉讼法〉的解释》第一百二十八条第二款，均规定为“相应的工作人员”，并没有要求必须是“职能部门负责人”，因此，质疑“出庭人员没有能够证明其是职能部门负责人的相关证明，不符合出庭应诉的法定条件”，亦没有法律依据。

中华人民共和国最高人民法院
行政裁定书

（2018）最高法行申 1577 号

再审申请人（一审原告、二审上诉人）郑军海，男，汉族，住河南省叶县。

再审被申请人（一审被告、二审被上诉人）河南省人民政府，住所地河南省郑州市金水东路 22 号。

法定代表人陈润儿，该省人民政府省长。

再审申请人郑军海因诉河南省人民政府行政复议一案，不服河南省高级人民法院（2017）豫行终 861 号行政裁定，向本院申请再审。本院依法组成由审判员李广宇、审判员阎巍、审判员仝蕾参加的合议庭，对本案进行了审查，现已审查终结。

河南省郑州市中级人民法院一审查明：2016 年 5 月 20 日，郑军海向平顶山市人民政府提出行政裁决申请书，请求确认叶县人民政府对其行政协调申请不予受理的行为违法，并责令依法作出行政协调决定。2016 年 6 月 28 日，平顶山市人民政府作出答复：经审查，你向叶县人民政府申请的行政协调事项因不属于协调范围，叶县人民政府不予受理，并向你作出了书面回复。根据规定，因未按照依法批准的征收土地方案和征收补偿、安置方案进行补偿、安置引发争议的，由市、县人民政府协调。协调不成的，由上一级地方人民政府裁决。你提出的行政裁决申请不属于上述规定情形，本机关不予受理。2016 年 7 月 5 日，郑军海向河南省人民政府提出行政复议申请。2016 年 7 月 8 日河南省人民政府作出豫政复告〔2016〕2-23 号告知书，告知郑军海的行政复议申请不符合受理条件。郑军海不服，诉至法院，请求撤销河南省人民政府作出的豫政复告〔2016〕2-23 号告知书，判令河南省人民政府依法受理其提出的行政复议申请。

河南省郑州市中级人民法院另查明：2009 年叶县人民政府对郑军海作出叶政复不字〔2009〕第 2 号不予受理决定书：郑军海，你要求的落实有关征地补偿费问题，经审查，你的行政复议申请不符合受理立案的条件，决定不予受理。郑军海向平顶山市人民政府提出行政复议监督申请，请求确认叶县人民政府对其申请不予受理的行为违法，并责令叶县人民政府依法作出行政复议决定等。2016 年 6 月 3 日，平顶山市人民政府作出答复：经审查，承包地征收补偿费用分配纠纷属于平等主体之间的民事纠纷，叶县人民政府的行为并无不当。6 月 15 日郑军海向河南省人民政府提出行政执法监督投诉书，要求撤销平顶山市人民政府向其作出的答复书。8 月 24 日河南省人民政府将该投诉转交平顶山市人民政府法制办公室处理。9 月 9 日平顶山市人民政府作出《关于郑军海投诉平顶山市人民政府不履行行政复议监督职责的情况报告》，该情况报告显示，郑军海系叶县原城关乡沟李村村民，2008 年该村 173.015 亩土地被依法征收，征地补偿款已拨付给沟李村。经沟李村群众大会决定对补偿款进行了分配。郑军海对补偿款分配不满，多次向叶县原城关乡、叶县人民政府、平顶山市人民政府投诉、复议，并向人民法院诉讼，其请求均未得到支持。郑军海在征收土地中没有承包地。

河南省郑州市中级人民法院一审认为：提起诉讼应当属于人民法院受案范围，不符合《中华人民共和国行政诉讼法》（以下简称《行政诉讼法》）规定，已经立案的，应当裁定驳回起诉。本案郑军海提出行政裁决及行政复议的原因系对沟李村征地补偿款分配问题而提起的。涉及征地补偿款已经沟李村群众大会决定进行了分配，该征地补偿款分配属于村民自治范畴，故因征地补偿款分配问题提起的诉讼不属于人民法院受案范围。郑军海因该问题分别提起的投诉监督、行政复议之诉也不属于人民法院审查范围。河南省人民政府的告知行为未对郑军海权利义务产生实际影响，其起诉应予驳回。依照《行政诉讼法》第四十九条第四项、《最高人民法院关于适用〈中华人民共和国行政诉讼法〉若干问题的解释》第三条第一款第一项之规定，作出（2016）豫 01 行初 591 号行政裁定，驳回郑军海的起诉。

郑军海不服，提起上诉。

河南省高级人民法院二审查明事实与一审查明事实一致。另查明，郑军海对平顶山市人民政府作出的《关于郑军海行政裁决申请的答复》不服，其提起的行政诉讼案件已经该院（2016）豫行终2686号行政裁定审理审结。

河南省高级人民法院二审认为：根据《最高人民法院关于执行〈中华人民共和国行政诉讼法〉若干问题的解释》第三十四条的规定，法律、法规未规定行政复议为必经程序的，公民、法人或其他组织既提起诉讼又申请行政复议的，只能选择其中一种途径解决争议。本案中，郑军海提起行政诉讼解决其争议，已经由人民法院审理终结，其又向河南省人民政府申请复议，不符合法律规定，故河南省人民政府不予受理其复议申请并无不当。一审法院裁定理由不当，予以纠正，但其驳回起诉的结论正确，予以维持。郑军海的上诉理由不成立，依法不予支持。据此裁定驳回上诉，维持原裁定。

郑军海向本院申请再审称：1. 一审和二审法院开庭时，行政机关负责人未出庭应诉，被申请人的出庭人员均未持有行政机关负责人的委托手续，也没有能够证明其是职能部门负责人的相关证明，不符合出庭应诉的法定条件。2. 申请人申请复议之时，（2016）豫行终2686号行政裁定尚未作出，二审法院认为申请人在诉讼案件审结后又申请行政复议的认定与事实不符。3. 一审和二审法院开庭期间，申请人与被申请人均未提交法院审理平顶山市人民政府裁决答复的证据，二审法院袒护被申请人。4. 二审法院明知一审裁定理由不当，却又予以维持，既自相矛盾又适用法条错误。综上，请求：撤销河南省高级人民法院（2017）豫行终861号行政裁定，依法提审此案并予以改判。

本院认为：《行政诉讼法》第四十四条规定："对属于人民法院受案范围的行政案件，公民、法人或者其他组织可以先向行政机关申请复议，对复议决定不服的，再向人民法院提起诉讼；也可以直接向人民法院提起诉讼。法律、法规规定应当先向行政机关申请复议，对复议决定不服再向人民法院提起诉讼的，依照法律、法规的规定。"依照本条规定，在法律、法规并没有规定复议前置的情况下，对于行政复议和行政诉讼实行自由选择主义。所谓自由选择是指，公民、法人或者其他组织可以先向行政机关申请复议，对复议决定不服的，再向人民法院提起诉讼；也可以不经复议直接向人民法院提起诉讼。但是，自由选择并不意味着可以同时选择复议和诉讼，因为复议和诉讼这两种救济机制不能同时进行。根据《最高人民法院关于适用〈中华人民共和国行政诉讼法〉的解释》第五十七条的规定，"法律、法规未规定行政复议为提起行政诉讼必经程序，公民、法人或者其他组织既提起诉讼又申请行政复议的，由先立案的机关管辖；同时立案的，由公民、法人或者其他组织选择。公民、法人或者其他组织已经申请行政复议，在法定复议期间内又向人民法院提起诉讼的，人民法院裁定不予立案。"自由选择也不能违背司法最终处理原则，在已经选择直接向人民法院提起诉讼的情况下，不能转而申请行政复议。所谓已经选择直接向人民法院提起诉讼，包括提起诉讼之后的任何阶段，既包括人民法院已经作出裁判，也包括人民法院已经立案尚未作出裁判。只要案件已经系属于人民法院，就不允许再就同一争议申请行政复议。

在本案中，再审申请人郑军海的诉讼请求是判令河南省人民政府依法受理其提出的行政复议申请。但根据二审法院查明的事实，复议申请所针对的原行政行为——平顶山市人民政府作出的《关于郑军海行政裁决申请的答复》，已由郑军海提起行政诉讼，且已经河南省高级人民法院（2016）豫行终2686号行政裁定审理终结。在人民法院已经作出生效裁判的情况下，针对同一个原行政行为申请行政复议，或者请求人民法院判令行政复议机关受理其复议申请，都有违自由选择主义和司法最终处理原则的宗旨，且为生效裁判的既判力所不允许。再审申请人提出，“申请人申请复议之时，（2016）豫行终2686号行政裁定尚未作出”，但是，即使如再审申请人所说，行政裁定尚未作出，也不能否定案件已经系属于人民法院的事实。因此，二审法院的裁判理由符合法律规定，裁判结果并无不当。在一审法院裁判理由不当但裁判结果正确的情况下，二审法院可以在改变裁判理由的情况下维持一审法院的裁判结果。因此，再审申请人关于“二审法院明知一审裁定理由不当，却又予以维持，既自相矛盾又适用法条错误”的再审理由不能成立。

再审申请人还质疑，“一审和二审法院开庭时，行政机关负责人未出庭应诉，被申请人的出庭人员均未持有行政机关负责人的委托手续，也没有能够证明其是职能部门负责人的相关证明，不符合出庭应诉的法定条件。”对此本院认为，行政机关负责人出庭应诉，有利于维护司法权威，和谐官民关系，促进行政争议的顺利解决。《行政诉讼法》第三条第三款虽然确立了“被诉行政机关负责人应当出庭应诉”的原则，但同时也允许有“不能出庭”的例外。据此可知，法律并非要求每一起案件都要由行政机关负责人出庭应诉。根据《最高人民法院关于适用〈中华人民共和国行政诉讼法〉的解释》第一百二十九条第一款的规定，“涉及重大公共利益、社会高度关注或者可能引发群体性事件等案件以及人民法院书面建议行政机关负责人出庭的案件，被诉行政机关负责人应当出庭。”除上列情形之外，行政机关负责人未出庭应诉的，不构成违反法定程序。即使行政机关负责人应当出庭应诉而不出庭应诉，人民法院所应采取的处理方式也是《最高人民法院关于适用〈中华人民共和国行政诉讼法〉的解释》第一百三十二条规定的“记录在案和在裁判文书中载明，并可以建议有关机关依法作出处理”。如果案件裁判结果正确，不能仅以行政机关负责人未出庭应诉发回重审或者提起再审。此外，再审申请人提出“被申请人的出庭人员均未持有行政机关负责人的委托手续”，是对法律制度的误解。《最高人民法院关于适用〈中华人民共和国行政诉讼法〉的解释》第一百二十八条第二款规定：“行政机关负责人出庭应诉的，可以另行委托一至二名诉讼代理人。行政机关负责人不能出庭的，应当委托行政机关相应的工作人员出庭，不得仅委托律师出庭。”这里的“委托”，属于诉讼代理范畴，委托诉讼代理人的当事人是被诉行政机关，而非行政机关负责人。

对此，《最高人民法院关于适用〈中华人民共和国行政诉讼法〉的解释》第一百三十一条第二款所规定的“行政机关委托相应的工作人员出庭应诉的，应当向人民法院提交加盖行政机关印章的授权委托书”，已经清楚地说明问题。据此，质疑出庭人员未持有行政机关负责人的委托手续，没有法律依据。另外，在行政机关负责人不能出庭应诉时，受行政机关委托出庭应诉的人员，无论是《行政诉讼法》第三条第三款，还是《最高人民法院关于适用〈中华人民共和国行政诉讼法〉的解释》第一百二十八条第二款，均规定为“相应的工作人员”，并没有要求必须是“职能部门负责人”，因此，质疑“出庭人员没有能够证明其是职能部门负责人的相关证明，不符合出庭应诉的法定条件”，亦没有法律依据。

综上，再审申请人郑军海的再审申请不符合《中华人民共和国行政诉讼法》第九十一条规定的情形。依照《最高人民法院关于适用〈中华人民共和国行政诉讼法〉的解释》第一百一十六条第二款之规定，裁定如下：

驳回再审申请人郑军海的再审申请。

审 判 长　李广宇

审 判 员　阎　巍

审 判 员　仝　蕾

二〇一八年九月二十九日

法官助理　骆芳菲

书 记 员　王昱力

“维持原行政行为”的实质判断

高勤中诉西华县政府案

裁判要旨

《行政诉讼法》第二十六条第二款确立了作出原行政行为的行政机关和复议机关作共同被告的制度。但共同被告的前提是，“复议机关决定维持原行政行为”。所谓“维持”，既包括明确表示的“维持”，也包括“复议机关驳回复议申请或者复议请求”，但实质效果是对原行政行为予以“维持”的情形。分辨驳回复议申请或者复议请求是否属于对原行政行为“维持”，关键是要看复议决定是否对原行政行为的合法性进行了实质审查判断。如果复议机关仅仅是以“复议申请不符合受理条件”为由驳回，则无论是驳回复议申请，还是驳回复议请求，均因没有对原行政行为的合法性进行实质审查判断，而不能定性为“维持”，进而也就不符合共同被告的条件。

行政复议和行政诉讼一样，都是对于行政机关作出的行政行为侵犯公民、法人或者其他组织合法权益的法律救济，因此，行政行为存在，不仅是受理行政诉讼，同样也是受理行政复议申请的首要条件。如果复议机关以被申请的行政行为不存在为由驳回复议申请或者驳回复议请求，就不属于对于原行政行为的“维持”，因为一个并不存在的行政行为无从维持。在复议决定的性质是不予受理复议申请，且原行政行为不存在的情况下，经法院释明，选择以复议机关为被告，符合《行政诉讼法》第二十六条第三款的规定；将作出原行政行为的行政机关列为第三人，也有利于查清案件事实。

诉讼请求既是原告就争议事件提出的权利主张，也是人民法院审理与判决的内容，诉讼正是围绕着诉讼请求这个诉讼对象而开始、发展乃至终了。根据《行政诉讼法》第九十一条的规定，原判决、裁定遗漏诉讼请求的，构成应当再审的法定事由。但是，诉讼请求应当以起诉状的记载为准，并且以此界定法院的具体审理范围。

根据《最高人民法院关于适用〈中华人民共和国行政诉讼法〉的解释》第六十八条第一款的规定，请求撤销一个行政行为与请求确认一个行政行为无效，分属不同的诉讼请求。固然，行政行为的违法与无效只是在违法的程度上有所不同，按照《最高人民法院关于适用〈中华人民共和国行政诉讼法〉的解释》第九十四条的规定，人民法院可以不拘泥于原告的诉讼请求究竟是撤销还是确认无效，而是基于被诉行政行为的违法程度依职权作出相应判决，但是，无论是撤销一个行政行为，还是确认一个行政行为无效，前提都应当是被诉行政行为确实存在。在被诉行政行为不存在的情况下，无论是请求撤销还是请求确认无效都不符合法定申请复议的条件和起诉条件，更无从谈起由撤销之诉到确认无效之诉的转换。

“遗漏了相关民事争议的审理”，并不是一个纯粹的遗漏诉讼请求问题，因为按照《最高人民法院关于适用〈中华人民共和国行政诉讼法〉的解释》第一百三十七条和第一百四十条第一款的规定，公民、法人或者其他组织请求一并审理相关民事争议的，“应当在第一审开庭审理前提出”，并且，“民事争议应当单独立案”。没有在第一审开庭审理前提出，更没有就相关民事争议单独立案，所谓遗漏该项诉讼请求的主张不能成立。此外，对于“法律规定应当由行政机关先行处理的”争议，即使当事人在行政诉讼中提出一并解决的请求，人民法院也应当按照《最高人民法院关于适用〈中华人民共和国行政诉讼法〉的解释》第一百三十九条第一款第一项的规定，作出不予准许的决定。

《行政诉讼法》第八十八条确实规定，人民法院审理上诉案件，应当在收到上诉状之日起三个月内作出终审判决。但该条同时规定，有特殊情况需要延长的，经批准可以延长。另根据《行政诉讼法》第九十一条第五项的规定，“违反法律规定的诉讼程序，可能影响公正审判的”，才构成提起再审的法定事由。如果并不存在影响公正审判的情形，即使确实有审理期限过长的问题，也不宜仅仅以此为理由提起再审，因为再走一遍诉讼程序，对缩短审理期限于事无补。

中华人民共和国最高人民法院
行政裁定书

（2018）最高法行申 2965 号

再审申请人（一审原告、二审上诉人）高勤中，男，汉族，住河南省西华县。

委托代理人牛福海，河南颍滨律师事务所律师。

再审被申请人（一审被告、二审被上诉人）西华县人民政府，住所地河南省西华县城关镇安康大道。

法定代表人田庆杰，该县人民政府县长。

原审第三人西华县清河驿乡人民政府，住所地河南省西华县清河驿乡清河驿行政村东大街。

法定代表人张文磊，该乡人民政府乡长。

原审第三人李德力（曾用名李德立），男，汉族，住河南省西华县。

再审申请人高勤中因诉西华县人民政府行政复议决定一案，不服河南省高级人民法院（2017）豫行终 76 号行政判决，向本院申请再审。本院依法组成由审判员李广宇、审判员阎巍、审判员仝蕾参加的合议庭，对本案进行了审查，现已审查终结。

河南省周口市中级人民法院一审查明：本案争议土地位于河

南省西华县清河驿乡清河驿村大街西段北侧，东邻河，西邻食品公司，南邻清河驿大街。李德力持有发证机关为清河驿乡街道建设指挥部，姓名为李德立，编号为001号，面积为98平方米的《街道开发建设用地许可证》复印件。高勤中以该地系其太爷高旗帜的荒片地，其为二老养老送终，该荒片地自1983年就一直由其管理使用为由，对此地也主张权利，因此高勤中和李德力发生纠纷。高勤中向西华县人民政府申请行政复议，要求撤销李德力的《街道开发建设用地许可证》。西华县人民政府于2016年6月10日作出西政复驳字〔2016〕02号《驳回行政复议申请决定书》，认为清河驿乡人民政府没有姓名为李德立的001号《街道开发建设用地许可证》的档案记录，李德力也提供不出该证的原件，无法确认行政行为的存在，故依据《中华人民共和国行政复议法实施条例》第四十八条第一款第二项的规定决定驳回高勤中的复议请求。高勤中不服遂提起本案诉讼，请求依法撤销西华县人民政府作出的《驳回行政复议申请决定书》。

河南省周口市中级人民法院一审认为：关于高勤中起诉期限是否超期问题。在本案庭审辩论中西华县人民政府对高勤中起诉期限提出异议，但西华县人民政府没有证据证明其向高勤中送达被诉复议决定书的具体时间，一审法院采信高勤中所述的收到复议决定书的时间为2016年7月14日，高勤中于2016年7月28日提起本案诉讼，并不超过起诉期限。姓名为李德力的《街道开发建设用地许可证》没有存根档案，李德力也提供不出该证的原件，清河驿乡人民政府也并不认可其下属机构曾经颁发过该证，所以西华县人民政府以该行政行为并不存在为由驳回高勤中的复议请求并无不当。综上，被诉复议决定认定事实清楚，程序合法，适用法律正确，依照《中华人民共和国行政诉讼法》（以下简称《行政诉讼法》）第六十九条之规定，作出（2016）豫16行初187号行政判决，驳回高勤中的诉讼请求。

高勤中不服，提起上诉。

河南省高级人民法院二审查明的事实与一审判决认定的事实一致。

河南省高级人民法院二审认为：高勤中提供的姓名为李德力的《街道开发建设用地许可证》没有档案记录，李德力也不能提供该证的原件，清河驿乡人民政府亦不认可案涉颁证行为存在，西华县人民政府以案涉颁证行为不存在为由作出被诉复议决定并无不当。一审判决驳回高勤中的诉讼请求正确，应予维持。高勤中的上诉理由不能成立，不予支持。据此判决驳回上诉，维持一审判决。

高勤中向本院申请再审称：一、一审和二审程序违法。二审判决是在十二个月之后才作出，严重超过法定审限；清河驿乡人民政府依法应列为共同被告，一审和二审均错列为第三人，明显违法。二、一审和二审判决遗漏诉讼请求。1. 遗漏再审申请人请求确认被诉的《街道开发建设用地许可证》无效的诉讼请求。既然认定被诉许可证无原件、无档案，又不是行政机关颁发的，就应当依法认定其无效。2.《确定土地所有权和使用权的若干规定》第二十一条规定："农民集体连续使用其他农民集体所有的土地已满二十年的，应视为现使用者所有……"第二十条规定："村农民集体所有的土地，按目前该村农民集体实际使用的本集体土地所有权界线确定所有权。"依据《行政诉讼法》第六十一条规定，当事人申请一并解决相关民事争议的，人民法院可以一并审理。再审申请人对本案所涉土地已使用管理60余年，依法应当判决由再审申请人继续使用管理为妥。综上，请求：撤销一审和二审行政判决；公正改判，确认被诉的《街道开发建设用地许可证》无效，同时决定涉案河沟荒地归再审申请人管理。

本院认为：本案是因为再审申请人高勤中挑战原审第三人李德力所持有的《街道开发建设用地许可证》的效力而引起。高勤中在再审申请中针对被诉行政复议决定和一、二审裁判提出了一系列质疑，本院对此逐一进行了审查。

一、共同被告问题

再审申请人高勤中认为，"清河驿乡人民政府依法应列为共同被告，一审和二审均错列为第三人，明显违法。"本院注意到，再审申请人在向一审法院提交的起诉状中，的确是以西华县人民政府和清河驿乡人民政府为共同被告，《行政诉讼法》第二十六条第二款也确立了作出原行政行为的行政机关和复议机关作共同被告的制度。但共同被告的前提是，"复议机关决定维持原行政行为"。所谓"维持"，既包括明确表示的"维持"，也包括"复议机关驳回复议申请或者复议请求”，但实质效果是对原行政行为予以“维持”的情形。分辨驳回复议申请或者复议请求是否属于对原行政行为“维持”，关键是要看复议决定是否对原行政行为的合法性进行了实质审查判断。如果复议机关仅仅是以“复议申请不符合受理条件”为由驳回，则无论是驳回复议申请，还是驳回复议请求，均因没有对原行政行为的合法性进行实质审查判断，而不能定性为“维持”，进而也就不符合共同被告的条件。行政复议和行政诉讼一样，都是对于行政机关作出的行政行为侵犯公民、法人或者其他组织合法权益的法律救济，因此，行政行为存在，不仅是受理行政诉讼，同样也是受理行政复议申请的首要条件。如果复议机关以被申请的行政行为不存在为由驳回复议申请或者驳回复议请求，就不属于对于原行政行为的“维持”，因为一个并不存在的行政行为无从维持。本案中，复议机关认为，被申请的《街道开发建设用地许可证》在清河驿乡人民政府没有档案记录，第三人李德力也提供不了原件，因此“无法确认清河驿乡政府的行政行为存在”。尽管复议决定主文是“驳回申请人的行政复议请求”，但从复议决定的名称以及复议决定以《中华人民共和国行政复议法实施条例》第四十八条第一款第二项为法律依据来看，确实是以“行政复议申请不符合受理条件”为由驳回，并不属于对原行政行为的实质意义上的“维持”。原审法院不适用共同被告的规定，并无不妥。在复议决定的性质是不予受理复议申请，且原行政行为不存在的情况下，经原审法院释明，再审申请人选择以复议机关为被告，符合《行政诉讼法》第二十六条第三款的规定；将清河驿乡人民政府列为第三人，也有利于查清案件事实。

二、遗漏诉讼请求问题

再审申请人还主张，“一审和二审判决遗漏诉讼请求”。一是遗漏了请求确认被诉的《街道开发建设用地许可证》无效的诉讼请求。其认为，“既然认定被诉许可证无原件、无档案，又不是行政机关颁发的，就应当依法认定其无效。”二是遗漏了相关民事争议的审理。其认为，“依据《行政诉讼法》第六十一条规定，当事人申请一并解决相关民事争议的，人民法院可以一并审理。再审申请人对本案所涉土地已使用管理60余年，依法应当判决由再审申请人继续使用管理为妥。”对此本院认为，诉讼请求既是原告就争议事件提出的权利主张，也是人民法院审理与判决的内容，诉讼正是围绕着诉讼请求这个诉讼对象而开始、发展乃至终了。根据《行政诉讼法》第九十一条的规定，原判决、裁定遗漏诉讼请求的，构成应当再审的法定事由。但是，诉讼请求应当以起诉状的记载为准，并且以此界定法院的具体审理范围。本案中，再审申请人在起诉状中确曾提出撤销清河驿乡人民政府给李德力颁发的《街道开发建设用地许可证》的诉讼请求，但根据《最高人民法院关于适用〈中华人民共和国行政诉讼法〉的解释》第六十八条第一款的规定，请求撤销一个行政行为与请求确认一个行政行为无效，分属不同的诉讼请求。固然，行政行为的违法与无效只是在违法的程度上有所不同，按照《最高人民法院关于适用〈中华人民共和国行政诉讼法〉的解释》第九十四条的规定，人民法院可以不拘泥于原告的诉讼请求究竟是撤销还是确认无效，而是基于被诉行政行为的违法程度依职权作出相应判决，但是，无论是撤销一个行政行为，还是确认一个行政行为无效，前提都应当是被诉行政行为确实存在。在被诉行政行为不存在的情况下，无论是请求撤销还是请求确认无效都不符合法定申请复议的条件和起诉条件，更无从谈起由撤销之诉到确认无效之诉的转换。本案中，被诉的《街道开发建设用地许可证》是否存在之“无法确认”，已如前述，原审判决在这种情况下认可驳回复议请求的复议决定，并驳回再审申请人的诉讼请求，并无不妥。本案的另一个客观情况是，虽然起诉状中所列被告既包括复议机关又包括作出原行政行为的行政机关，但再审申请人在法院的释明下，最终只选择了复议机关为被告，这样的话，针对原行政行为的撤销请求事实上也已经视为放弃。

至于再审申请人提出的“遗漏了相关民事争议的审理”，则并不是一个纯粹的遗漏诉讼请求问题，因为按照《最高人民法院关于适用〈中华人民共和国行政诉讼法〉的解释》第一百三十七条和第一百四十条第一款的规定，公民、法人或者其他组织请求一并审理相关民事争议的，“应当在第一审开庭审理前提出”，并且，“民事争议应当单独立案”。再审申请人请求一并解决他与第三人李德力的土地权属争议，并没有在第一审开庭审理前提出，更没有就相关民事争议单独立案，因此，所谓遗漏该项诉讼请求的主张亦不能成立。再审申请人援引《确定土地所有权和使用权的若干规定》的相关条款，以主张其所享有的实体权利，但该规定第二条规定："土地所有权和使用权由县级以上人民政府确定，土地管理部门具体承办。土地权属争议，由土地管理部门提出处理意见，报人民政府下达处理决定或报人民政府批准后由土地管理部门下达处理决定。"对于这类"法律规定应当由行政机关先行处理的"争议，即使当事人在行政诉讼中提出一并解决的请求，人民法院也应当按照《最高人民法院关于适用〈中华人民共和国行政诉讼法〉的解释》第一百三十九条第一款第一项的规定，作出不予准许的决定。

三、二审严重超过法定审限问题

再审申请人还认为："二审判决是在十二个月之后才作出，严重超过法定审限。"对此本院认为，《行政诉讼法》第八十八条确实规定，人民法院审理上诉案件，应当在收到上诉状之日起三个月内作出终审判决。但该条同时规定，有特殊情况需要延长的，经批准可以延长。另根据《行政诉讼法》第九十一条第五项的规定，"违反法律规定的诉讼程序，可能影响公正审判的"，才构成提起再审的法定事由。本案并不存在影响公正审判的情形，即使确实有审理期限过长的问题，也不宜仅仅以此为理由提起再审，因为再走一遍诉讼程序，对缩短审理期限于事无补。

本案之所以发生，表面看来是被诉《街道开发建设用地许可证》的真伪存否问题，实质却是再审申请人与第三人李德力之间的土地权属争议。对于土地权属争议，《中华人民共和国土地管理法》以及相关法规、规章规定了专门的行政处理程序，再审申请人可以依照相关规定向有管辖权的行政机关提出解决的申请。综上，再审申请人的再审申请理由不能成立，其再审申请不符合《中华人民共和国行政诉讼法》第九十一条规定的情形。依照《最高人民法院关于适用〈中华人民共和国行政诉讼法〉的解释》第一百一十六条第二款之规定，裁定如下：

驳回再审申请人高勤中的再审申请。

审 判 长　李广宇

审 判 员　阎　巍

审 判 员　仝　蕾

二〇一八年六月二十九日

法官助理　骆芳菲

书 记 员　王昱力

复议机关不作为及其判决方式

张远凤等诉丹江口市政府案

裁判要旨

行政复议是依申请的行政行为。一方面，没有申请人的申请，行政复议就不会发生；另一方面，不是任何申请都必然产生受理、审查的法律效果。行政复议机关应当对行政复议申请是否符合法律规定进行审查，并对不符合法律规定的申请作出不予受理的决定。《行政复议法》第十七条第一款规定的就是对行政复议申请的受理与审查。虽然该条第二款规定，“除前款规定外，行政复议申请自行政复议机关负责法制工作的机构收到之日起即为受理”，但该款规定的前提，是行政复议机关确实依照第一款的规定，对行政复议申请进行了审查和处理。在行政复议机关对审查和处理消极不作为的情况下，并不意味着行政复议申请自然符合法律规定、视为已经受理。

《行政诉讼法》第二十六条第三款规定，“起诉复议机关不作为的，复议机关是被告。”这里所说的“复议机关不作为”，既包括受理之后逾期不作复议决定，也包括对复议申请不予受理；既包括书面决定不予受理的积极不作为，也包括对是否受理怠为处分的消极不作为。但是，超出《行政复议法》第十七条第一款规定的“五日内”的审查期限，甚至超出《行政复议法》第三十一条第一款规定的“六十日内”的行政复议期限，行政复议机关仍对是否受理行政复议申请怠为处分，固然构成“复议机关不作为”，却非必然代表行政复议机关已经自动受理复议申请。

《中华人民共和国行政复议法实施条例》第二十七条规定：“公民、法人或者其他组织认为行政机关的具体行政行为侵犯其合法权益提出行政复议申请，除不符合行政复议法和本条例规定的申请条件的，行政复议机关必须受理。”对申请人的行政复议申请在法定期限内审查并作出是否受理的决定，也是《行政复议法》第十七条第一款赋予行政复议机关的职责。行政复议机关在法定期限内不受理复议申请，无论是以书面形式作出不予受理决定，还是消极不作为，行政复议申请人都有权依照《行政诉讼法》第四十五条和《最高人民法院关于适用〈中华人民共和国行政诉讼法〉的解释》第五十六条第二款的规定，向人民法院提起诉讼。

针对行政复议机关拒绝受理行政复议申请或者无正当理由逾期不予答复，原告可以仅请求人民法院判决行政复议机关受理其申请，也可以请求人民法院在判决行政复议机关受理其申请的同时一并判决行政复议机关作出复议决定。

根据《最高人民法院关于适用〈中华人民共和国和行政诉讼法〉的解释》第九十一条的规定，如果“原告请求被告履行法定职责的理由成立，被告违法拒绝履行或者无正当理由逾期不予答复的，人民法院可以根据行政诉讼法第七十二条的规定，判决被告在一定期限内依法履行原告请求的法定职责”，但是，该条还规定：“尚须被告调查或者裁量的，应当判决被告针对原告的请求重新作出处理。”这种判决方式被称作答复判决，相比于履行具体、特定的法定职责的判决，这种判决方式的标的内容尚不具体，之所以承认这种判决方式，主要是基于人民法院对行政机关的裁量权和首次判断权的尊重。

中华人民共和国最高人民法院
行政裁定书

（2018）最高法行申 9429 号

再审申请人暨诉讼代表人张远凤，女，汉族，住湖北省丹江口市。

委托代理人陈训德，男，汉族，住湖北省丹江口市。系张远凤之夫。

再审申请人暨诉讼代表人（一审原告、二审上诉人）谭文云，男，汉族，住湖北省丹江口市。

再审申请人（一审原告、二审上诉人）武胜义，男，汉族，住湖北省丹江口市。

再审申请人（一审原告、二审上诉人）陈圣府，男，汉族，住湖北省丹江口市。

再审申请人（一审原告、二审上诉人）柴玉杰，女，汉族，住湖北省丹江口市。

再审申请人（一审原告、二审上诉人）杜淑林，女，汉族，住湖北省丹江口市。

再审申请人（一审原告、二审上诉人）陈清平，男，汉族，住湖北省丹江口市。

再审申请人（一审原告、二审上诉人）陈训兰，女，汉族，住湖北省丹江口市。

再审申请人（一审原告、二审上诉人）陈啸梅，女，汉族，住湖北省老河口市。

再审申请人（一审原告、二审上诉人）付桂林，男，汉族，住湖北省丹江口市。

再审申请人（一审原告、二审上诉人）石磊，男，汉族，住湖北省丹江口市。

再审被申请人（一审被告、二审被上诉人）丹江口市人民政府，住所地湖北省丹江口市人民路16号。

法定代表人李翔，该市人民政府市长。

再审申请人张远凤、谭文云、武胜义、陈圣府、柴王杰、杜淑林、陈清平、陈训兰、陈啸梅、付桂林、石磊（以下称张远凤等）因诉丹江口市人民政府（以下简称丹江口市政府）不履行行政复议法定职责一案，不服湖北省高级人民法院（2018）鄂行终493号行政判决，向本院申请再审。本院依法组成由审判员李广宇、审判员阎巍、审判员仝蕾参加的合议庭，对本案进行了审查，现已审查终结。

湖北省十堰市中级人民法院一审查明：张远凤等于2017年7月24日向丹江口市政府邮寄了行政复议申请书，至本案2017年10月9日立案受理时，丹江口市政府未作任何答复或处理。张远凤等提起本案诉讼，请求判决丹江口市政府限期责令新港经济开发管理处履行法定职责，并作出行政复议决定。

湖北省十堰市中级人民法院一审认为：依据《中华人民共和国行政复议法》（以下简称《行政复议法》）第十七条规定，丹江口市政府收到张远凤等的复议申请后，应当进行审查，对是否符合复议法律规定等应予书面明确告知。鉴于丹江口市政府庭审中提出不属于其行政复议范围的抗辩事由，应尊重行政机关的首次判断权，不宜直接视为受理。综上，依据《中华人民共和国行政诉讼法》（以下简称《行政诉讼法》）第七十二条规定，作出（2017）鄂03行初29号行政判决，责令丹江口市政府在判决生效之日起五日内对张远凤等的复议申请作出是否受理的书面决定。

张远凤等不服，提起上诉。

湖北省高级人民法院二审认为：张远凤等于2017年7月24日向丹江口市政府提出行政复议申请，丹江口市政府在收到该申请后未予任何答复，直至诉讼过程中，才提出申请事项不属于行政复议范围的抗辩理由。《行政复议法》第十七条规定："行政复议机关收到行政复议申请后，应当在五日内进行审查，对不符合本法规定的行政复议申请，决定不予受理，并书面告知申请人；对符合本法规定，但是不属于本机关受理的行政复议申请，应当告知申请人向有关行政复议机关提出。除前款规定外，行政复议申请自行政复议机关负责法制工作的机构收到之日起即为受理。"也就是说，行政复议机关对申请人的复议申请，具有审查权，即便是不符合受理条件，也应以书面的形式告知当事人。就本案而言，张远凤等提出的复议申请，是否属于行政复议范围以及应否作出相应处理，应当由丹江口市政府依法予以判断，司法权此时不能过早介入，以免产生代替或者干预行政权行使的嫌疑。因此，丹江口市政府针对张远凤等提出的复议申请，应当予以审查，并依法作出处理。原审判决认定事实清楚，适用法律正确，审判程序合法。据此判决驳回上诉，维持原判。

张远凤等向本院申请再审称：1.《行政复议法》第十七条第一款规定："行政复议机关收到行政复议申请后，应当在五日内进行审查，对不符合本法规定的行政复议申请，决定不予受理，并书面告知申请人；对符合本法规定，但是不属于本机关受理的行政复议申请，应当告知申请人向有关行政复议机关提出。"第二款规定："除前款规定外，行政复议申请自行政复议机关负责法制工作的机构收到之日起即为受理。"本案中，再审被申请人在收到再审申请人的行政复议申请材料后的五日内并未作出不予受理的决定，根据《行政复议法》第十七条第二款的规定，本案的行政复议申请已经受理。2.本案行政复议申请属于再审被申请人行政复议管辖范围。再审被申请人在收到复议申请后六十日内未作出任何处理决定，其行为违法，应当判决其履行行政复议法定职责，并作出行政复议决定。一审和二审判决认定事实及适用法律错误。请求：撤销一审和二审行政判决，将本案发回重审或依法改判支持再审申请人一审诉讼请求。

本院认为：综合再审申请人的再审理由，本案主要争议焦点集中在两个方面：一是对《行政复议法》第十七条规定的行政复议受理问题的理解，二是履行法定职责判决与答复判决如何选择适用。

一、行政复议的受理问题

本案的起因是，再审申请人张远凤等向再审被申请人丹江口市政府申请行政复议，后者未作任何答复或处理。一审法院认为，“依据《行政复议法》第十七条规定，丹江口市政府收到张远凤等的复议申请后，应当进行审查，对是否符合复议法律规定等应予书面明确告知。鉴于丹江口市政府庭审中提出不属于其行政复议范围的抗辩理由，应尊重行政机关的首次判断权，不宜直接视为受理。”因此依照《行政诉讼法》第七十二条的规定，责令丹江口市政府在判决生效之日起五日内对张远凤等的复议申请作出是否受理的书面决定。再审申请人在再审申请中提出，“《行政复议法》第十七条第一款规定：‘行政复议机关收到行政复议申请后，应当在五日内进行审查，对不符合本法规定的行政复议申请，决定不予受理，并书面告知申请人；对符合本法规定，但是不属于本机关受理的行政复议申请，应当告知申请人向有关行政复议机关提出。’第二款规定：‘除前款规定外，行政复议申请自行政复议机关负责法制工作的机构收到之日起即为受理。’本案中，再审被申请人在收到再审申请人的行政复议申请材料后的五日内并未作出不予受理的决定，根据《行政复议法》第十七条第二款的规定，本案的行政复议申请已经受理。”

行政复议是依申请的行政行为。一方面，没有申请人的申请，行政复议就不会发生；另一方面，不是任何申请都必然产生受理与审查的法律效果。行政复议机关应当对行政复议申请是否符合法律规定进行审查，并对不符合法律规定的申请作出不予受理的决定。《行政复议法》第十七条第一款规定的就是对行政复议申请的受理与审查。虽然该条第二款规定："除前款规定外，行政复议申请自行政复议机关负责法制工作的机构收到之日起即为受理"，但该款规定的前提，是行政复议机关确实依照第一款的规定，对行政复议申请进行了审查和处理。在行政复议机关对审查和处理消极不作为的情况下，并不意味着行政复议申请自然符合法律规定、视为已经受理。《行政诉讼法》第二十六条第三款规定："起诉复议机关不作为的，复议机关是被告。"这里所说的"复议机关不作为"，既包括受理之后逾期不作复议决定，也包括对复议申请不予受理；既包括书面决定不予受理的积极不作为，也包括对是否受理怠为处分的消极不作为。但是，超出《行政复议法》第十七条第一款规定的"五日内"的审查期限，甚至超出《行政复议法》第三十一条第一款规定的"六十日内"的行政复议期限，行政复议机关仍对是否受理行政复议申请怠为处分，固然构成"复议机关不作为"，却非必然代表行政复议机关已经自动受理复议申请。

二、履行法定职责判决与答复判决

《中华人民共和国行政复议法实施条例》第二十七条规定：

"公民、法人或者其他组织认为行政机关的具体行政行为侵犯其合法权益提出行政复议申请，除不符合行政复议法和本条例规定的申请条件的，行政复议机关必须受理。"对申请人的行政复议申请在法定期限内审查并作出是否受理的决定，也是《行政复议法》第十七条第一款赋予行政复议机关的职责。行政复议机关在法定期限内不受理复议申请，无论是以书面形式作出不予受理决定，还是消极不作为，行政复议申请人都有权依照《行政诉讼法》第四十五条和《最高人民法院关于适用〈中华人民共和国行政诉讼法〉的解释》第五十六条第二款的规定，向人民法院提起诉讼。针对行政复议机关拒绝受理行政复议申请或者无正当理由逾期不予答复，原告可以仅请求人民法院判决行政复议机关受理其申请，也可以请求人民法院在判决行政复议机关受理其申请的同时一并判决行政复议机关作出复议决定。根据《最高人民法院关于适用〈中华人民共和国和行政诉讼法〉的解释》第九十一条的规定，如果"原告请求被告履行法定职责的理由成立，被告违法拒绝履行或者无正当理由逾期不予答复的，人民法院可以根据行政诉讼法第七十二条的规定，判决被告在一定期限内依法履行原告请求的法定职责"，但是，该条还规定，"尚需被告调查或者裁量的，应当判决被告针对原告的请求重新作出处理。"这种判决方式被称作答复判决，相比于履行具体、特定的法定职责的判决，这种判决方式的标的内容尚不具体，之所以承认这种判决方式，主要是基于人民法院对行政机关的裁量权和首次判断权的尊重。具体到本案，在行政复议机关尚未就是否符合行政复议申请条件作出审查判断的情况下，原审法院只是判决行政复议机关在法定期限内对再审申请人的复议申请作出是否受理的书面决定，既对行政复议机关的消极不作为进行了监督，也考虑了司法权与行政权必要的界限，符合《行政诉讼法》第七十二条和《最高人民法院关于适用〈中华人民共和国和行政诉讼法〉的解释》第九十一条的规定。

综上，再审申请人张远凤等的再审理由不能成立，其再审申请不符合《中华人民共和国行政诉讼法》第九十一条规定的情形。依照《最高人民法院关于适用〈中华人民共和国行政诉讼法〉的解释》第一百一十六条第二款之规定，裁定如下：

驳回再审申请人张远凤、谭文云、武胜义、陈圣府、柴玉杰、杜淑林、陈清平、陈训兰、陈啸梅、付桂林、石磊的再审申请。

审 判 长　李广宇

审 判 员　阎　巍

审 判 员　仝　蕾

二〇一八年十一月二十六日

法官助理　骆芳菲

书 记 员　王昱力

行政管辖权与职权法定原则

金泓诉湖北省政府案

裁判要旨

管辖权是行政机关活动的基础和范围，这种管辖权既包括该行政机关是否主管申请人所申请的专业事务，也包括同一专业事务中不同地域、不同级别的行政机关之间对于管辖权的具体分工。而判断一个行政机关对某一事项是否具有管辖权，或者说是否具有申请人所申请履行的法定职责，则要依据法律、法规或者规章的具体规定，这也是职权法定原则的要求。

履行法定职责之诉并不意味着：公民、法人或者其他组织随便向任何一个行政机关提出任何一项请求，该行政机关就有履行该项请求的义务。提起履行法定职责之诉应当具备一定的条件，其中一个条件，就是向一个有管辖权的行政机关提出。针对一个明显没有管辖权的行政机关提起履行职责之诉，属于不符合法定起诉条件。

中华人民共和国最高人民法院
行政裁定书

（2018）最高法行申 2971 号

再审申请人（一审原告、二审上诉人）金泓，女，汉族，住上海市奉贤区。

委托代理人章铭，男，汉族，住上海市奉贤区。系金泓之夫。

再审被申请人（一审被告、二审被上诉人）湖北省人民政府，住所地湖北省武汉市武昌区洪山路 7 号。

法定代表人王晓东，该省人民政府省长。

再审申请人金泓因诉湖北省人民政府计划生育行政奖励一案，不服湖北省高级人民法院（2017）鄂行终 1110 号行政裁定，向本院申请再审。本院依法组成由审判员李广宇、审判员阎巍、审判员仝蕾参加的合议庭，对本案进行了审查，现已审查终结。

金泓向本院申请再审称：金泓提起履责之诉，是请湖北省人民政府兑现其计划生育奖励金。《中华人民共和国人口与计划生育法》（以下简称《人口与计划生育法》）第二十九条的规定就是对省政府的授权，省政府具有相应法定职责。上次诉讼以省计生委为被告，省计生委答辩称其不是适格被告，这次以省政府为被告，一审裁定又想往省计生委推。金泓没有兑现计划生育奖励金一事是事实，一审裁定认为缺乏事实根据没有道理。一审和二审裁定“金泓起诉称”一段对起诉状原文作了篡改和断章取义。一审和二审法院在既没有开庭，又没有宣判或裁定的前提下，在裁定书中谈湖北省人民政府“明显不具有”或“并不具有直接作出计划生育奖励行为的法定职责”，不仅荒唐，而且可笑。综上，依照《中华人民共和国行政诉讼法》第九十一条第一项的规定申请再审，请求：1. 撤销湖北省高级人民法院（2017）鄂行终 1110 号行政裁定及湖北省武汉市中级人民法院（2017）鄂 01 行初 470 号行政裁定；2. 判决湖北省人民政府依法兑现再审申请人计划生育奖励金，并一次性补发此前没有兑现的十多年的计划生育奖励金。

本院认为：再审申请人金泓提起本案诉讼，是请求判决湖北省人民政府兑现其计划生育奖励金，并一次性补发此前的奖励金。这在诉讼类型上属于履行法定职责之诉。履行法定职责之诉并不意味着：公民、法人或者其他组织随便向任何一个行政机关提出任何一项请求，该行政机关就有履行该项请求的义务。提起履行法定职责之诉应当具备一定的条件，本院在（2016）最高法行申 2864 号等行政裁定中已作过相关论述。其中一个条件，就是向一个有管辖权的行政机关提出。管辖权是行政机关活动的基础和范围，这种管辖权既包括该行政机关是否主管申请人所申请的专业事务，也包括同一专业事务中不同地域、不同级别的行政机关之间对于管辖权的具体分工。而判断一个行政机关对某一事项是否具有管辖权，或者说是否具有申请人所申请履行的法定职责，则要依据法律、法规或者规章的具体规定，这也是职权法定原则的要求。本案中，再审申请人要求湖北省人民政府兑现、补发计划生育奖励金，但从《人口与计划生育法》《湖北省人口与计划生育条例》《湖北省国家机关和事业单位退休人员计划生育奖励金发放管理办法》等规定来看，均未规定湖北省人民政府具有直接发放计划生育奖励金的职责，再审申请人要求湖北省人民政府兑现、补发计划生育奖励金，没有法律依据。再审申请人申请再审时主张，“《人口与计划生育法》第二十九条的规定就是对省政府的授权，省政府具有相应法定职责。”但《人口与计划生育法》第二十九条只是规定：“本章规定的奖励措施，省、自治区、直辖市和较大的市的人民代表大会及其常务委员会或者人民政府可以依据本法和有关法律、行政法规的规定，结合当地实际情况，制定具体实施办法。”即该条只是授权各地制定具体实施办法，并不是授权省级人民政府直接履行发放计划生育奖励金的职责，故其该项再审理由不能成立。针对一个明显没有管辖权的行政机关提起履行职责之诉，属于不符合法定起诉条件。一审和二审法院分别裁定驳回再审申请人的起诉与上诉，并无不当。原审法院依据《最高人民法院关于适用〈中华人民共和国行政诉讼法〉若干问题的解释》第三条第二款关于“人民法院经过阅卷、调查和询问当事人，认为不需要开庭审理的，可以迳行裁定驳回起诉”的规定迳行作出裁定，亦无不当。此外，原审法院关于再审申请人的起诉“缺乏事实根据”的认定，是指再审申请人所指控的被告并不具有相应的法定职责或者管辖权，而非质疑再审申请人“没有兑现计划生育奖励金一事”。

综上，再审申请人金泓的再审申请不符合《中华人民共和国行政诉讼法》第九十一条规定的情形。依照《最高人民法院关于适用〈中华人民共和国行政诉讼法〉的解释》第一百一十六条第二款之规定，裁定如下：

驳回再审申请人金泓的再审申请。

审 判 长　李广宇

审 判 员　阎　巍

审 判 员　仝　蕾

二〇一八年五月三十一日

法官助理　骆芳菲

书 记 员　王昱力

不履行复议决定如何救济

李丹英诉湖北省政府案

裁判要旨

行政复议决定是行政复议机关根据申请人的要求，对具体行政行为进行审查后所得出的结论，一经生效，申请人、被申请人都应当履行。对于被申请人不履行或者无正当理由拖延履行行政复议决定的应当如何救济，《行政复议法》第三十二条第二款规定："行政复议机关或者有关上级行政机关应当责令其限期履行"；第三十七条还规定："对直接负责的主管人员和其他直接责任人员依法给予警告、记过、记大过的行政处分；经责令履行仍拒不履行的，依法给予降级、撤职、开除的行政处分。"由此可见，对被申请人不履行或者无正当理由拖延履行行政复议决定的救济，法律只规定了行政系统内部的监督渠道。结合《行政复议法》第三十八条的规定来看，这一监督程序的实现，是通过"行政复议机关负责法制工作的机构发现"，进而"向有关行政机关提出建议"，最终由"有关行政机关"作出处理的。固然，行政复议申请人的举报和反映可以成为行政复议机关负责法制工作的机构"发现"不履行复议决定线索的渠道，但法律并没有赋予行政复议申请人要求启动这一内部监督程序的权利，更没有赋予行政复议申请人针对行政复议机关负责法制工作的机构的答复行为向更高一级的行政机关再次申请行政复议的权利。

《最高人民法院关于举报人对行政机关就举报事项作出的处理或者不作为行为不服是否具有行政复议申请人资格问题的答复》（〔2013〕行他字第 14 号）的原意，系根据《行政复议法》第九条第一款、《中华人民共和国行政复议法实施条例》第二十八条第二项的规定，对举报人是否与行政机关就举报事项作出的处理或者不作为行为具有利害关系、进而具有行政复议申请人资格进行界定。根据该答复，举报人是否具有行政复议申请人资格，取决于举报人是否“为维护自身合法权益而举报相关违法行为人”。通常来讲，这里所说的“相关违法行为人”，一般指的是行政管理对象，而非行政机关。如果“相关违法行为人”是行政机关，举报人认为该行政机关的“相关违法行为”侵犯其合法权益，完全可以直接针对该行政机关申请行政复议或者提起行政诉讼，并无先行举报的必要。此外，举报人是否“为维护自身合法权益而举报相关违法行为人”，在行政复议受理条件中，只是一项必要条件，而非充分条件。即使是“为维护自身合法权益”，但复议事项不属于法定复议范围，行政复议机关同样不予受理。

中华人民共和国最高人民法院
行政裁定书

（2018）最高法行申3316号

再审申请人（一审原告、二审上诉人）李丹英，女，汉族，住湖北省武汉市江岸区。

再审被申请人（一审被告、二审被上诉人）湖北省人民政府，住所地湖北省武汉市武昌区洪山路7号。

法定代表人王晓东，该省人民政府省长。

再审申请人李丹英因诉湖北省人民政府（以下简称湖北省政府）不履行行政复议法定职责一案，不服湖北省高级人民法院（2017）鄂行终793号行政裁定，向本院申请再审。本院依法组成由审判员李广宇、审判员阎巍、审判员仝蕾参加的合议庭，对本案进行了审查，现已审查终结。

李丹英向湖北省武汉市中级人民法院起诉称：因田园社区居民选举委员会违反国家法律规定，侵犯李丹英被选举权，李丹英向武汉市江岸区人民政府（以下简称江岸区政府）举报要求查处。后江岸区政府不作为，李丹英向武汉市人民政府（以下简称武汉市政府）提起行政复议。武汉市政府作出武政复决〔2016〕第198号复议决定，责令江岸区政府对李丹英的举报进行处理并回告，但江岸区政府仍不履行该复议决定。李丹英遂于2016年11月21日向武汉市政府提交举报信，举报江岸区政府不作为违法，请武汉市政府责令江岸区政府履行职责并查处相关人员的违法行为。2016年12月12日，武汉市政府作出《关于李丹英同志〈举报信〉的回复》。李丹英认为该回复侵犯其合法权益，遂向湖北省政府申请复议。湖北省政府作出鄂政复决〔2017〕26号《不予受理行政复议申请决定书》，认定李丹英申请事项属信访事项，不予受理李丹英的复议申请。李丹英认为，根据《最高人民法院关于举报人对行政机关就举报事项作出的处理或者不作为行为不服是否具有行政复议申请人资格问题的答复》，李丹英具有行政复议申请人资格，湖北省政府不予受理复议申请违法。请求法院撤销湖北省政府作出的鄂政复决〔2017〕26号《不予受理行政复议申请决定书》，责令其履行行政复议法定职责，受理李丹英的复议申请。

湖北省武汉市中级人民法院一审认为：李丹英与江岸区政府不履行法定职责的争议已经过武汉市政府行政复议。此后，李丹英以举报信方式再次向武汉市政府举报江岸区政府不作为并要求查处相关责任人，该举报行为属于《信访条例》第二条规定的信访行为。武汉市政府对该信访事项作出的回复，不属于《中华人民共和国行政复议法》（以下简称《行政复议法》）第六条规定的行政复议范围，李丹英就该信访事项不具有申请行政复议的权利。另一方面，《最高人民法院关于举报人对行政机关就举报事项作出的处理或者不作为行为不服是否具有行政复议申请人资格问题的答复》中规定，“举报人为维护自身合法权益而举报相关违法行为人，要求行政机关查处，对行政机关就举报事项作出的处理或者不作为行为不服申请行政复议的，具有行政复议申请人资格”。但本案中，李丹英并非举报“违法行为人”，而是举报行政机关违法。依照法律规定，若行政机关存在违法行为，李丹英可直接通过行政复议、行政诉讼的方式获得救济。其要求上级行政机关基于内部监督管理关系查处下级行政机关的违法行为，进而对上级行政机关的监督管理行为提起复议和诉讼，对于其权利保护既不经济也不直接，且易形成诉累。因此，本案中李丹英向湖北省政府提起复议要求武汉市政府查处江岸区政府不作为行为并追究相关人员责任，继而又针对湖北省政府不予受理其复议申请提起行政诉讼，缺乏权利保护的必要性和实效性。综上，李丹英向湖北省政府提出的复议申请不属于行政复议受案范围，湖北省政府不予受理其申请对其权利义务不产生实际影响。依照《最高人民法院关于适用〈中华人民共和国行政诉讼法〉若干问题的解释》第三条第一款第八项、第二款的规定，作出（2017）鄂01行初162号行政裁定，驳回李丹英的起诉。

李丹英不服，提起上诉。

湖北省高级人民法院二审认为：本案系李丹英认为武汉市政府对其举报信作出的回复侵犯其合法权益，向湖北省政府申请行政复议被不予受理，继而对不予受理复议申请不服提起的诉讼。

李丹英因田园社区居民选举委员会违法选举行为向江岸区政府投诉要求履行监督职责未果，武汉市政府作出复议决定责令江岸区政府对其投诉作出处理，后李丹英以举报信方式再次向武汉市政府举报江岸区政府不作为并查处相关人员。由上述事实可知，李丹英此次向武汉市政府提交举报信的实质是要求解决其诉江岸区政府不履行监督依法选举的职责，该事项此前已经武汉市政府行政复议处理过，武汉市政府对其举报信作出回复，告知其反映的被选举权被侵犯的问题已经由江岸区民政局予以回复，江岸区政府亦对其作出情况说明。武汉市政府的回复并未重新设定李丹英的权利义务，对李丹英原权利义务不产生实际影响，属于《信访条例》规定的信访答复行为，李丹英对该回复行为不服申请行政复议，不属于《行政复议法》规定的行政复议范围，湖北省政府作出《不予受理行政复议申请决定书》符合法律规定。此外，李丹英认为江岸区政府不履行相关职责，其可以通过行政复议或行政诉讼等方式维护合法权益。在存在更为有效便捷的救济方式的情况下，其要求上级政府基于层级监督关系查处下级机关违法行为，并向湖北省政府申请复议直至提起诉讼，已不具有权利保护的必要性和实效性，也不利于纠纷的及时解决，且易形成诉累。原审法院据此裁定驳回李丹英的起诉，认定事实清楚，适用法律正确，程序并无不当。据此裁定驳回上诉，维持原裁定。

李丹英向本院申请再审称：1. 再审申请人依据《行政复议法》第三十二条、第三十七条的规定向武汉市政府举报江岸区政府不履行行政复议决定并要求查处相关责任人，符合法律规定。一审法院将举报认定为信访，属认定事实错误。2. 一审法院认定再审申请人并非举报“违法行为人”，而是举报行政机关违法，属认定事实错误。《最高人民法院关于举报人对行政机关就举报事项作出的处理或者不作为行为不服是否具有行政复议申请人资格问题的答复》中提到的“相关违法行为人”既可以是个人，也可以是行政机关。申请人要求对直接负责的主管人员和其他直接责任人依法查处，是维护自身权益的正当途径。从申请人提出举报请求起，就具有行政复议申请人资格，湖北省政府作出《不予受理行政复议申请决定书》违反了上述答复的规定，适用法律错误，应予撤销。3. 一审法院在没有开庭，没有要求被告提供证据证明其行政行为合法，没有质证，没有事实证据认定的前提下，作出裁定驳回起诉，必然适用法律错误。一审和二审法院不对当事人进行任何调查和询问，直接作出裁定，严重违反法定程序，影响公正审判。综上，请求：1. 撤销一审和二审行政裁定；2. 撤销再审被申请人作出的鄂政复决〔2017〕26 号《不予受理行政复议申请决定书》，判令再审被申请人限期履行法定职责，受理申请人的行政复议申请；3. 公开开庭审理本案，同步录音、录像，同步查看笔录。

本院认为：本件诉讼，告的是湖北省政府的《不予受理行政复议申请决定书》，在再审申请人向湖北省政府申请复议之前，有过一段比较繁复的过程，对此作一番简单梳理，或许有助于我们找出案件的症结之所在。

一、本案如何走向复议

根据再审申请人的诉状载明的事实，最初，再审申请人是认为田园社区居民选举委员会违反国家法律规定，侵犯其被选举权，向武汉市江岸区政府举报要求查处。后因江岸区政府不作为，又向武汉市政府提起行政复议。武汉市政府认定江岸区政府构成行政不作为，并责令江岸区政府对申请人的举报进行处理并告知。但江岸区政府仍不履行该复议决定，再审申请人遂向武汉市政府提交举报信，在武汉市政府作出《关于李丹英同志〈举报信〉的回复》之后，再审申请人认为该回复侵犯其合法权益，乃向湖北省政府申请行政复议，湖北省政府作出了本案被诉的《不予受理行政复议申请决定书》。

二、不履行复议决定如何救济

由此可见，对于原初的争议，也就是再审申请人要求江岸区政府对田园社区居民选举委员会侵犯其被选举权进行查处的问题，武汉市政府的复议决定已经给予了救济，问题出在——江岸区政府没有履行复议决定，本案其实也正是因为行政复议决定的履行问题而引起。行政复议决定是行政复议机关根据申请人的要求，对具体行政行为进行审查后所得出的结论，一经生效，申请人、被申请人都应当履行。对于被申请人不履行或者无正当理由拖延履行行政复议决定的应当如何救济，《行政复议法》第三十二条第二款规定："行政复议机关或者有关上级行政机关应当责令其限期履行”；第三十七条还规定：“对直接负责的主管人员和其他直接责任人员依法给予警告、记过、记大过的行政处分；经责令履行仍拒不履行的，依法给予降级、撤职、开除的行政处分。”由此可见，对被申请人不履行或者无正当理由拖延履行行政复议决定的救济，法律只规定了行政系统内部的监督渠道。结合《行政复议法》第三十八条的规定来看，这一监督程序的实现，是通过“行政复议机关负责法制工作的机构发现”，进而“向有关行政机关提出建议”，最终由“有关行政机关”作出处理的。固然，行政复议申请人的举报和反映可以成为行政复议机关负责法制工作的机构“发现”不履行复议决定线索的渠道，但法律并没有赋予行政复议申请人要求启动这一内部监督程序的权利，更没有赋予行政复议申请人针对行政复议机关负责法制工作的机构的答复行为向更高一级的行政机关再次申请行政复议的权利。所以，再审申请人援引《行政复议法》第三十二条和第三十七条，以此主张湖北省政府应当受理其复议申请，理由不能成立。

三、举报与被举报的“相关违法行为人”

再审申请人还援引《最高人民法院关于举报人对行政机关就举报事项作出的处理或者不作为行为不服是否具有行政复议申请人资格问题的答复》（〔2013〕行他字第14号），认为该答复中提到的“相关违法行为人”，既可以是个人，也可以是行政机关，以此主张其具有行政复议申请人资格。经查，该答复的原意，系根据《行政复议法》第九条第一款、《中华人民共和国行政复议法实施条例》第二十八条第二项的规定，对举报人是否与行政机关就举报事项作出的处理或者不作为行为具有利害关系、进而具有行政复议申请人资格进行界定。根据该答复，举报人是否具有行政复议申请人资格，取决于举报人是否“为维护自身合法权益而举报相关违法行为人”。通常来讲，这里所说的“相关违法行为人”，一般指的是行政管理对象，而非行政机关。如果“相关违法行为人”是行政机关，举报人认为该行政机关的“相关违法行为”侵犯其合法权益，完全可以直接针对该行政机关申请行政复议或者提起行政诉讼，并无先行举报的必要。此外，举报人是否“为维护自身合法权益而举报相关违法行为人”，在行政复议受理条件中，只是一项必要条件，而非充分条件。即使是“为维护自身合法权益”，但复议事项不属于法定复议范围，行政复议机关同样不予受理。因此，再审申请人以自己对于上述答复的解读，主张湖北省政府应当受理其复议申请，理由亦不能成立。

四、诉讼程序问题

一审法院系以不符合法定起诉条件为由裁定驳回再审申请人的起诉，并未进入实体审理，因此，再审申请人质疑一审法院“没有开庭”，“没有质证”，“直接作出裁定”，并无法律依据。

综上，再审申请人李丹英的再审申请不符合《中华人民共和国行政诉讼法》第九十一条规定的情形。依照《最高人民法院关于适用〈中华人民共和国行政诉讼法〉的解释》第一百一十六条

第二款之规定，裁定如下：

驳回再审申请人李丹英的再审申请。

审 判 长　李广宇

审 判 员　阎　巍

审 判 员　仝　蕾

二〇一八年八月三十一日

法官助理　骆芳菲

书 记 员　王昱力

全面审查与行政行为的可分性

宋太宏诉运城市政府、山西省政府案

裁判要旨

《行政诉讼法》第八十七条规定：“人民法院审理上诉案件，应当对原审人民法院的判决、裁定和被诉行政行为进行全面审查。”这里所说的全面审查，意在强调不仅要对原审人民法院的判决、裁定进行审查，也要对被诉行政行为进行审查。这是因为，在撤销诉讼中，理由具备性的核心要件就是被诉行政行为的合法性，二审法院对于原审人民法院的判决、裁定的审查，自然离不开审查被诉行政行为的合法性。但是，所谓全面审查，不能超出一审法院的裁判范围，不能超出原告的诉讼请求，而原告的诉讼请求恰恰决定了一审法院的裁判范围。

《行政诉讼法》第七十条规定：“行政行为有下列情形之一的，人民法院判决撤销或者部分撤销，并可以判决被告重新作出行政行为……”法律之所以规定可以“部分撤销”，就在于有的行政行为具有可分性。所谓行政行为的可分性，是指一个行政行为可以分离成几个不同的相对独立的部分，当其中一部分可能不生效力、无效或不合法时，其余部分仍可以有效存在。对于可分的行政行为，当事人可以只针对其中一部分提起撤销诉讼，在此时，该行政行为的一部分在性质上就属于被诉的行政行为本身，对于该一部分合法性的审查，就是对被诉行政行为合法性的全面审查。

所谓诉讼请求，就是原告向法院提起的要求审理和判决的申请。诉讼请求不仅可以界定法院的审理范围，也便于对方当事人在此范围内提出攻击防御的方法。如果原告欲要求法院审理此范围以外的请求，就必须通过另行起诉或通过提出新的诉讼请求来实现。而在诉讼中提出新的诉讼请求，通常须经过对方当事人的同意以及法院的准许，更为重要的是，不能在任何环节随意提出新的诉讼请求。根据《最高人民法院关于适用〈中华人民共和国行政诉讼法〉的解释》第七十条规定："起诉状副本送达被告后，原告提出新的诉讼请求的，人民法院不予准许，但有正当理由的除外。"在一审期间提出新的诉讼请求尚有如此限制，在二审阶段提出，更为法律所不允。

对于可分的行政行为而言，如果当事人在起诉其中一部分之后仍对另一部分不服，只要尚在起诉期限之内，且针对行政行为一部分的前诉的既判力并不及于行政行为的另一部分，人民法院应当受理。

中华人民共和国最高人民法院
行政裁定书

（2017）最高法行申1481号

再审申请人（一审原告、二审上诉人）宋太宏，男，汉族，住山西省运城市。

委托代理人宋翠萍，女，汉族，住山西省运城市。

再审被申请人（一审被告、二审被上诉人）山西省运城市人民政府，住所地山西省运城市盐湖区河东街248号。

法定代表人朱鹏，该市人民政府市长。

再审被申请人（一审被告、二审被上诉人）山西省人民政府，住所地山西省太原市杏花岭区府东街101号。

法定代表人楼阳生，该省人民政府省长。

原审第三人杨玉庆，男，汉族，住山西省运城市。

原审第三人程明，男，汉族，住山西省运城市。

再审申请人宋太宏因诉山西省运城市人民政府（以下简称运城市政府）、山西省人民政府（以下简称山西省政府）土地行政处理一案，不服山西省高级人民法院（2016）晋行终214号行政判决，向本院申请再审。本院依法组成由审判员李广宇、审判员刘崇理、审判员刘慧卓参加的合议庭，对本案进行了审查，现已审查终结。

山西省运城市中级人民法院一审查明：宋太宏与杨玉庆、程明均为运城市盐湖区府东街曹家一巷十二号居民，三家共住一院，共走一门。宋太宏现在曹家一巷十二号院内的房屋及宅基地是其父宋王官（已亡）在1955年、1961年和1962年分别购买第三人杨玉庆之父杨星五和杨玉庆之兄杨玉林的。其中1955年买卖契约内容为：1955年9月15日，宋王官在杨玉庆大哥杨玉祥手中购买了其北房两间、过道半间，东至杨志兴墙皮为界，西至景龙喜墙中为界，南至业主滴水外杨星五院2尺8寸为界，过道滴水外8尺6寸为界。宋王官购买杨玉祥的房屋及地基后，对其进行了拆旧建新。2013年3月宋太宏拆除其家西、北房重建时，第三人杨玉庆提出异议，认为其新建的南墙越当初议定的3.70米处，宋太宏认为依据1955年买房契约，其新建的北房南墙墙外还有其1.50米的地基，为此双方产生宅基地界线争议，宋太宏以排除妨碍为由将杨玉庆诉至法院。法院一审裁定认为其纠纷涉及宅基地使用权属确认，不属于民事诉讼受案范围，驳回宋太宏的起诉。2014年4月21日宋太宏向运城市盐湖区国土资源局提出确权申请。2014年12月22日运城市政府作出运市政土行决字（2014）第3号《关于宋太宏和杨玉庆土地权属争议案件的行政决定书》。宋太宏不服，于2015年1月22日向山西省政府提出行政复议，请求撤销该决定的第三项内容。2015年3月19日山西省政府作出晋政行复决字〔2015〕3号行政复议决定，维持了运城市政府运市政土行决字（2014）第3号行政决定。宋太宏不服，于2015年4月1日向山西省运城市盐湖区人民法院提起行政诉讼，盐湖区人民法院受理后，认为被告为运城市政府，其无管辖权，报请山西省运城市中级人民法院管辖。山西省运城市中级人民法院于2015年6月19日作出（2015）运中行辖字第2号行政裁定，该案由山西省运城市中级人民法院立案审理。宋太宏一审的诉讼请求是：判令撤销运市政土行决字（2014）第3号《关于宋太宏和杨玉庆土地权属争议案件的行政决定书》第三项内容，并撤销山西省政府行政复议决定，责令运城市政府根据事实和法律重新作出决定。

山西省运城市中级人民法院一审认为：宋太宏现所在盐湖区曹家一巷十二号院内的房屋及宅基地是其父在1955年、1961年和1962年分别购买第三人杨玉庆之父和杨玉庆之兄的。分三次购买杨玉庆家的房屋及地基后，又经过了拆旧建新，其界线的原参照物现已灭失，现有证据不能确定宋太宏与第三人杨玉庆双方争议宅基地界线的基点，两家的宅基地界线确已无法查清。宋太宏诉称，其虽然拆旧建新，但都是动顶不动底，动上不动下，房屋所在的原始尺寸还是原来买房契约写的，没有相应证据证实。宋太宏所述的其房屋界址有灰线，虽提供了证人证言，但不能证实该事实成立。运城市政府作出“宋太宏的北房和杨玉庆的宅基地南北界限以宋太宏2013年3月后新建的北房南墙外皮为界，并以该界限为准向南为宋太宏的新建北房留0.75米滴水（该段上有滴水，下无宅基）”的行政决定，符合实际，尊重历史，面对现实，并无不当。山西省政府在宋太宏提出行政复议申请后，经过调查、核实，依据《中华人民共和国行政复议法》（以下简称《行政复议法》）第二十八条第一款第一项的规定作出行政复议决定，程序合法。依据《中华人民共和国行政诉讼法》（以下简称《行政诉讼法》）第六十九条之规定，作出（2015）运中行初字第104号行政判决，驳回宋太宏的诉讼请求。

宋太宏不服，提起上诉。

山西省高级人民法院二审查明的事实与一审法院查明的事实基本一致。

山西省高级人民法院二审认为：宋太宏的父亲购买杨玉庆家的房屋及地基后，经过了拆旧建新，宋太宏本人也进行了翻建，现有证据不能确定宋太宏所述的其原房屋即杨玉庆家1958年房屋地基有灰线，其认为新建的房屋是在原房屋地基上起盖的主张不予支持。运城市政府作出“宋太宏的北房和杨玉庆的宅基地南北界限以宋太宏2013年3月后新建的北房南墙外皮为界，并以该界限为准向南为宋太宏的新建北房留0.75米滴水（该段上有滴水，下无宅基）”的行政决定，是在尊重历史的基础上作出的，并无不当。山西省政府依据《行政复议法》经过调查、核实，作出行政复议决定，维持运城市政府作出的行政决定，程序合法。宋太宏在一审起诉的诉讼请求是要求撤销运城市政府行政决定的第三项内容，其在二审时提出对第二项内容也不服的理由不属于本案审查范围。综上，宋太宏的上诉理由不能成立，原审判决认定事实清楚，适用法律正确。据此判决驳回上诉，维持原判。

宋太宏向本院申请再审称:一、原判决遗漏诉讼请求。根据《行政诉讼法》第八十七条的规定，人民法院审理上诉案件，应当对原审人民法院的判决、裁定和被诉行政行为进行全面审查。宋太宏在一审和上诉状中以及二审庭审中多次明确阐述了一审判决书和被诉行政行为中存在的问题，当庭请求对被诉行政行为进行全面审查，即被诉行政决定书第二项内容的认定也是错误的。房产契约言明“西房东至滴水为界”，不是决定书认定的以“墙外皮”为界，决定书第二项确定的一丈四尺陆寸的数据是西房房宽，不能作为界址。但人民法院未能全面审查和判决，侵犯了宋太宏的诉权。二、原判决认定事实的主要证据不足，未经质证或者系伪造。（1）宋太宏的北房虽经过了二次翻新，一次是宋王官进行了翻新，一次是宋太宏 2013 年进行了翻新，但北房的南墙地基基础从未动过，即宋王官购买时的北房南墙地基灰线原来是什么样还是什么样。宋太宏在一审中提供的证据即买房契约、证人证言等相互印证，确定地证明了灰线的存在；买房契约中明确约定“南至业主滴水外杨星五院 2 尺 8 寸（市尺）为界”，证明宋太宏的权属是上有滴水，下有宅基，滴水外还有 2 尺 8 寸；原始的参照物即程明的南房仍在，正是两家确定基点位置时的参照物；杨玉庆的答辩书中也认可双方议定丈量了从白灰样距院邻居程明南房台阶边 3.70 米的参照数据，该距离是为了确定南墙基点的建设距离，不是确定两家四至界址。一审和二审判决不符合事实，被诉决定书认定“无迹可寻，没有参照物”的说法也明显不能成立。（2）人民法院将“院内出入通行的宅基权和厕所宅基权划归第三人杨玉庆所有”的定性完全错误，导致院内供三家出入通行的共同共有权和厕所公共使用的权利被侵犯。三、有新的证据，足以推翻原判决。宋太宏在庭审后找到了翻建前的原北房照片，该照片显示有原北房的南墙皮位置，并且原北房的坐落显示上有房檐，下有台阶，宋太宏与杨玉庆家的界址仍然是“业主滴水外杨星五院 2 尺 8 寸（市尺）”的位置。这足以推翻原审法院的判决，足以证明行政机关的认定是错误的。庭审后，宋太宏发现，杨玉庆在答辩状上亲口承认“我就是按他（宋太宏）父亲盖的北房前檐墙界线划定的”，充分证实了宋太宏原北房界线本来就有迹可循并在北房南墙底挖出了白灰样，经双方认可议定了砌北房南墙基点的距离，仍在白灰样为基点基础上施工打地梁的事实。运城市政府行政决定书断章取义，歪曲事实，故意毁灭关键证据。四、原判决认定事实错误，导致适用法律错误。综上，依据《行政诉讼法》第九十一条第二项、第三项、第四项、第六项的规定提出再审申请，请求：撤销二审行政判决；依法改判撤销运城市政府运市政土行决字（2014）第 3 号《关于宋太宏和杨玉庆土地权属争议案件的行政决定书》及山西省政府晋政行复决字〔2015〕3 号行政复议决定，责令运城市政府根据事实和法律重新作出决定。

本院认为：根据再审申请人宋太宏的再审申请理由，本案的主要争议焦点可以归纳为以下两项：一是全面审查与遗漏诉讼请求问题，即原审法院应否对包括被诉行政决定第二项内容在内的行政决定的整体合法性进行全面审查；未予审查被诉行政决定第二项是否属于遗漏诉讼请求。二是事实证据与实体处理问题，即运城市政府被诉行政决定中对于“宋太宏的北房和杨玉庆的宅基地南北界限”的划定是否正确，原判决是否存在认定事实的主要证据不足、未经质证或者系伪造以及适用法律、法规确有错误的情形。

一、全面审查与遗漏诉讼请求问题

本案的起因是，运城市政府作出《关于宋太宏和杨玉庆土地权属争议案件的行政决定书》，该决定共有四项内容。第一项是关于南房界限，第二项是关于西房界限，第三项是关于北房的南北界限，第四项是关于北房的东西界限。宋太宏不服的是该决定的第三项内容，其诉讼请求是判令撤销第三项，并撤销山西省政府行政复议决定，责令运城市政府根据事实和法律重新作出决定。宋太宏在上诉状中提出对第二项内容也不服，二审法院认为不属于本案审查范围。宋太宏强调原判决遗漏了诉讼请求，理由为，“人民法院审理上诉案件，应当对原审人民法院的判决、裁定和被诉行政行为进行全面审查”。《行政诉讼法》第八十七条确实规定：“人民法院审理上诉案件，应当对原审人民法院的判决、裁定和被诉行政行为进行全面审查。”这里所说的全面审查，意在强调不仅要对原审人民法院的判决、裁定进行审查，也要对被诉行政行为进行审查。这是因为，在撤销诉讼中，理由具备性的核心要件就是被诉行政行为的合法性，二审法院对于原审人民法院的判决、裁定的审查，自然离不开审查被诉行政行为的合法性。但是，所谓全面审查，不能超出一审法院的裁判范围，不能超出原告的诉讼请求，而原告的诉讼请求恰恰决定了一审法院的裁判范围。在本案，宋太宏的诉讼请求是判令撤销《关于宋太宏和杨玉庆土地权属争议案件的行政决定书》的第三项，因此，被诉决定第三项内容的合法性就是一审法院的裁判范围，二审法院不能根据宋太宏的上诉请求，超出一审裁判范围，去审查被诉决定第二项内容的合法性。

需要讨论的问题是，行政行为是否具有可分性。《行政诉讼法》第七十条规定："行政行为有下列情形之一的，人民法院判决撤销或者部分撤销，并可以判决被告重新作出行政行为……"法律之所以规定可以"部分撤销"，就在于有的行政行为具有可分性。所谓行政行为的可分性，是指一个行政行为可以分离成几个不同的相对独立的部分，当其中一部分可能不生效力、无效或不合法时，其余部分仍可以有效存在。对于可分的行政行为，当事人可以只针对其中一部分提起撤销诉讼，在此时，该行政行为的一部分在性质上就属于被诉的行政行为本身，对于该一部分合法性的审查，就是对被诉行政行为合法性的全面审查。本案中，宋太宏正是针对《关于宋太宏和杨玉庆土地权属争议案件的行政决定书》的第三项提起撤销诉讼，可见其对于行政行为的可分性亦有了解。

另一个相关的问题是，原告是否可以在二审阶段增加新的诉讼请求，二审法院不允许增加新的诉讼请求，是否构成遗漏诉讼请求。所谓诉讼请求，就是原告向法院提起的要求审理和判决的申请。诉讼请求不仅可以界定法院的审理范围，也便于对方当事人在此范围内提出攻击防御的方法。如果原告欲要求法院审理此范围以外的请求，就必须通过另行起诉或通过提出新的诉讼请求来实现。而在诉讼中提出新的诉讼请求，通常须经过对方当事人的同意以及法院的准许，更为重要的是，不能在任何环节随意提出新的诉讼请求。根据《最高人民法院关于适用〈中华人民共和国行政诉讼法〉的解释》第七十条的规定："起诉状副本送达被告后，原告提出新的诉讼请求的，人民法院不予准许，但有正当理由的除外。"在一审期间提出新的诉讼请求尚有如此限制，在二审阶段提出，更为法律所不允。所以，二审法院认为"其在二审时提出对第二项内容也不服的理由不属于本案审查范围"，并无不当。宋太宏认为原判决遗漏了诉讼请求，理由不能成立。对于可分的行政行为而言，如果当事人在起诉其中一部分之后仍对另一部分不服，只要尚在起诉期限之内，且针对行政行为一部分的前诉的既判力并不及于行政行为的另一部分，人民法院应当受理。

二、事实证据与实体处理问题

宋太宏拆除其北房重建时，与杨玉庆口头约定，从程明家南房北台阶往北丈量 3.70 米作为宋太宏新建北房的南墙界限，对此双方并无争议，双方的争议在于该约定的界限是否宋太宏和杨玉庆的宅基地界线。宋太宏主张，根据1955年的买房契约，其北房“南至业主滴水外杨星五院2尺8寸（市尺）为界”，因此认为在其新建的南墙墙外仍有其1.50米的地基；杨玉庆则主张宋太宏的父亲第一次翻建北房时已经占用了滴水外的2尺8寸。宋太宏提供了买房契约、施工工人证人证言、北房2013年翻建前的照片等，以此证明在其北房南墙底有白灰样，其新建南墙位置就是其父亲1955年购房时北房的南墙位置。对此本院认为，宋太宏提供的证据即使能够证明北房南墙底有灰线存在，但是由于其父亲购买北房后进行了拆旧建新，无法证明其主张存在的灰线就是1955年购房时北房的地基线。宋太宏还主张，“北房虽经过了二次翻新，一次是宋王官进行了翻新，一次是宋太宏2013年进行了翻新，但北房的南墙地基基础从未动过，即宋王官购买时的北房南墙地基灰线原来是什么样还是什么样”，但对此并未提供证据予以证明，本院难以支持。运城市政府综合双方所举证据，在调查核实的基础上作出“宋太宏的北房和杨玉庆的宅基地南北界线以宋太宏2013年3月后新建的北房南墙外皮为界，并以该界限为准向南为宋太宏的新建北房留0.75米滴水（该段上有滴水，下无宅基）”的行政决定，符合《土地权属争议调查处理办法》第三条关于“调查处理土地权属争议，应当以法律、法规和土地管理规章为依据。从实际出发，尊重历史，面对现实”的规定精神。从宋太宏向本院提交的再审申请材料看，现有证据也不足以证明运城市政府所作行政决定有误。原审法院判决驳回宋太宏的诉讼请求，符合法律规定。

另外，原审判决并未涉及“院内出入通行的宅基权和厕所宅基权”的问题，因此，宋太宏认为“人民法院将‘院内出入通行的宅基权和厕所宅基权划归第三人杨玉庆所有’的定性完全错误，导致院内供三家出入通行的共同共有权和厕所公共使用的权利被侵犯”，与事实不符，本院不予支持。

综上，再审申请人宋太宏的再审申请不符合《中华人民共和国行政诉讼法》第九十一条规定的情形。依照《最高人民法院关于适用〈中华人民共和国行政诉讼法〉的解释》第一百一十六条第二款之规定，裁定如下：

驳回再审申请人宋太宏的再审申请。

审 判 长　李广宇

审 判 员　刘崇理

审 判 员　刘慧卓

二〇一八年五月三十一日

法官助理　骆芳菲

书 记 员　王昱力

实体从旧，程序从新

刘云卿诉河南省政府案

裁判要旨

申报烈士的受理机关系县级人民政府民政部门，省级人民政府具有对逐级上报的评定烈士报告作出审查评定的职责，但不具有直接受理烈士申报的职责。虽然《民政部、人力资源社会保障部、财政部、总政治部关于贯彻实施〈烈士褒扬条例〉若干具体问题的意见》（民发〔2012〕83号）第一条第二款规定："《条例》施行前牺牲人员的烈士评定工作，适用其牺牲时施行的有关法规。符合规定条件的可以批准为烈士，烈士遗属的一次性抚恤待遇按照《革命烈士褒扬条例》及其解释和相关法规规定享受。"但该条款的具体含义是指烈士的评定条件、烈士遗属的抚恤待遇等实体问题适用牺牲时施行的有关法规的规定，而不是指烈士的申报程序也适用旧法的规定。

中华人民共和国最高人民法院
行政裁定书

（2018）最高法行申 536 号

再审申请人（一审原告、二审上诉人）刘云卿，男，汉族，住河南省郑州市金水区。

委托代理人李红利，河南梅溪（郑州）律师事务所律师。

再审被申请人（一审被告、二审被上诉人）河南省人民政府，住所地河南省郑州市金水东路 22 号。

法定代表人陈润儿，该省人民政府省长。

再审申请人刘云卿因诉河南省人民政府不履行法定职责一案，不服河南省高级人民法院（2017）豫行终 896 号行政判决，向本院申请再审。本院依法组成由审判员李广宇、审判员阎巍、审判员仝蕾参加的合议庭，对本案进行了审查，现已审查终结。

刘云卿向本院申请再审称 :1. 依据《烈士褒扬条例》第九条规定，根据案件事实，刘乃龙评烈申请已经由金水区民政局调查核实完成，相关材料已经报给郑州市民政局、河南省民政厅，并且三级民政部门对该案也已经讨论、研究，作出最终的认定意见。作为再审被申请人组成部门的河南省民政厅已经完全掌握该案的全部事实，可以认定刘乃龙评烈案已经报至最终的有权审批主体

（再审被申请人）处。无论适用新老褒扬条例，再审被申请人都有审批烈士的法定职责。2. 依据民发〔2012〕83 号、1980 年《革命烈士褒扬条例》第四条、民发〔1980〕63 号第六条之规定，刘乃龙所在单位直接向再审被申请人提交申请，应视为有效申请，再审被申请人可以作为追烈申请的直接受理机关，并负有作出审批的法定职责。从最后两份申请提交的时间（2011 年、2012 年）计算至今已有四五年之久，再审被申请人应当给再审申请人一个明确的书面答复。综上，一审法院对本案合法性审查不够全面，对案件事实审查不清，适用法律错误；二审法院不考虑再审被申请人已经直接收到评烈申请的事实，错误适用 2011 年《烈士褒扬条例》。故依据《中华人民共和国行政诉讼法》第九十一条第三项、第四项规定，提出再审申请，请求：依法撤销河南省郑州市中级人民法院（2016）豫 01 行初 312 号行政判决及河南省高级人民法院（2017）豫行终 896 号行政判决，发回重审或考依法提审，支持再审申请人一审诉讼请求，即依法判令河南省人民政府在 60 个工作日内就刘乃龙评烈申请给出明确的书面审批结果；本案诉讼费用由河南省人民政府承担。

本院认为：一、关于河南省人民政府是否具有直接受理烈士申报的法定职责的问题。再审申请人刘云卿之子刘乃龙生前所在单位中国银行相关部门于 2012 年向河南省人民政府提交关于申请批准刘乃龙为革命烈士的报告，此时《烈士褒扬条例》（中华人民共和国国务院令第 601 号）已施行，该条例第九条第一款、第二款明确规定："申报烈士的，由死者生前所在工作单位、死者遗属或者事件发生地的组织、公民向死者生前工作单位所在地、死者遗属户口所在地或者事件发生地的县级人民政府民政部门提供有关死者牺牲情节的材料，由收到材料的县级人民政府民政部门调查核实后提出评定烈士的报告，报本级人民政府审核。""属于本条例第八条第一款第一项、第二项规定情形的，由县级人民政府提出评定烈士的报告并逐级上报至省、自治区、直辖市人民政府审查评定。评定为烈士的，由省、自治区、直辖市人民政府送国务院民政部门备案。"据此，申报烈士的受理机关系县级人民政府民政部门，省级人民政府具有对逐级上报的评定烈士报告作出审查评定的职责，但不具有直接受理烈士申报的职责。虽然《民政部、人力资源社会保障部、财政部、总政治部关于贯彻实施〈烈士褒扬条例〉若干具体问题的意见》（民发〔2012〕83号）第一条第二款规定："《条例》施行前牺牲人员的烈士评定工作，适用其牺牲时施行的有关法规。符合规定条件的可以批准为烈士，烈士遗属的一次性抚恤待遇按照《革命烈士褒扬条例》及其解释和相关法规规定享受。"但该条款的具体含义是指烈士的评定条件、烈士遗属的抚恤待遇等实体问题适用牺牲时施行的有关法规的规定，而不是指烈士的申报程序也适用旧法的规定。况且《革命烈士褒扬条例》（国发〔1980〕152号）、《民政部关于贯彻执行《革命烈士褒扬条例》若干具体问题的解释》（民发〔1980〕63号）也只是明确规定了革命烈士的批准机关，并未明确申报烈士的受理机关。而在《革命烈士褒扬条例》施行期间，刘乃龙生前所在单位也都是向郑州市金水区民政局提交评烈申请。故再审申请人主张河南省人民政府具有直接受理烈士申报职责的理由不能成立。

二、关于河南省人民政府是否未履行审查评定职责的问题。如前所述，依据《烈士褒扬条例》第九条第一款、第二款的规定，县级人民政府民政部门收取烈士申报材料经调查核实后提出评定烈士报告，报本级人民政府审核；县级人民政府提出评定烈士的报告并逐级上报至省级人民政府审查评定。本案中，刘乃龙生前所在单位曾三次向郑州市金水区民政局申报烈士，郑州铁路运输中级法院（2016）豫71行终21号等生效裁判已认定郑州市金水区民政局未提出评定烈士的报告并逐级上报，则河南省人民政府的审批程序无从启动。再审申请人关于“作为再审被申请人组成部门的河南省民政厅已经完全掌握该案的全部事实，可以认定刘乃龙评烈案已经报至最终的有权审批主体（再审被申请人）处”的主张缺乏事实根据。

综上，再审申请人刘云卿的再审申请不符合《中华人民共和国行政诉讼法》第九十一条规定的情形。依照《最高人民法院关于适用〈中华人民共和国行政诉讼法〉的解释》第一百一十六条第二款之规定，裁定如下：

驳回再审申请人刘云卿的再审申请。

审 判 长　李广宇

审 判 员　阎　巍

审 判 员　仝　蕾

二〇一八年四月二十五日

法官助理　骆芳菲

书 记 员　王昱力

一并解决相关民事争议

张琪麟诉武陵县政府案

裁判要旨

《行政诉讼法》所确立的“一并解决相关民事争议”，在性质上是行政争议与民事争议“一并解决”，而不是“行政附带民事诉讼”，是为了诉讼便利的考虑将两个不同性质的诉讼一并审理。根据《行政诉讼法》第六十一条第一款的规定，对于当事人申请一并解决相关民事争议的，人民法院“可以”一并审理，即人民法院对于是否一并审理民事争议具有一定的裁量余地。

《最高人民法院关于适用〈中华人民共和国行政诉讼法〉的解释》第一百三十四条第二款规定：“行政复议决定既有维持原行政行为内容，又有改变原行政行为内容或者不予受理申请内容的，作出原行政行为的行政机关和复议机关为共同被告。”但是，如果行政复议决定撤销原行政行为并责令重新作出处理，属于改变了原行政行为。复议决定的“本政府认为”部分虽有“关于申请人的其他请求，没有相关法律依据，不予支持”的表述，但并不属于“维持原行政行为内容”的情形。

中华人民共和国最高人民法院
行政裁定书

（2018）最高法行申 2960 号

再审申请人（一审原告、二审上诉人）张琪麟，男，汉族，住河南省武陟县。

再审被申请人（一审被告、二审被上诉人）武陟县人民政府，住所地河南省武陟县兴华路 8 号。

法定代表人申琳，该县人民政府代县长。

原审第三人张松才，男，汉族，住河南省武陟县。

原审第三人祁风岭，女，汉族，住河南省武陟县。

再审申请人张琪麟因诉武陟县人民政府行政复议一案，不服河南省高级人民法院（2017）豫行终 2701 号行政裁定，向本院申请再审。本院依法组成由审判员李广宇、审判员阎巍、审判员仝蕾参加的合议庭，对本案进行了审查，现已审查终结。

张琪麟向本院申请再审称 :1. 张琪麟于 2016 年 5 月 9 日第一次就本案被诉行政行为向人民法院提起行政诉讼，于 2017 年 3 月 27 日就本案被诉行政行为向人民法院递交起诉状的行为，是执行（2016）豫 08 行初 75 号行政裁定和（2016）豫行终 2740 号行政裁定结果，是对第一次向人民法院提起行政诉讼的继续，不是重新提起新的诉讼的行为。一审和二审法院认定张琪麟的起诉超过起诉期限，属于事实认定错误。2.〔2016〕8号行政复议决定的结果或内容包括“驳回张琪麟的其他复议请求”，应视为维持了原行政行为，一审和二审法院不将作出原行政行为的行政机关列为共同被告，违反法律规定，属于遗漏案件当事人。3. 张琪麟在提起行政诉讼时，请求人民法院一并审理其位于三阳乡三阳村老大队街 ×× 号宅基地与东邻居张松才、祁风岭宅基地的边界纠纷。一审和二审法院不予准许一并审理民事争议，违背了《中华人民共和国行政诉讼法》（以下简称《行政诉讼法》）第六十一条规定的一并审理民事争议的义务。4. 张琪麟在一审和二审法定期限内，分别提出了调取证据申请，申请调取由武陟县人民政府和三阳乡人民政府保存的本案被诉复议行政行为及原行政行为相关的政府信息证据，一审和二审法院予以拒绝，违反法律规定。5. 一审法院刻意违反质证、核实证据、证据说理法律规定；一审和二审法院未对被诉行政行为的合法性进行全面审查。6. 张琪麟在上诉请求中提出了：请求依法确认一审法院拒不依据原告申请调取证据违法，确认一审法院拒不组织质证、也不审查核实证据、也不在裁判文书中对未采纳的证据予以说明理由的行为违法，确认一审审判程序和结果违法等上诉请求，二审裁定未予审查认定，遗漏诉讼请求。综上，请求：1. 公开开庭提审（2017）豫行终 2701 号裁定、（2017）豫 08 行初 49 号裁定、武陟县人民政府〔2016〕8 号行政复议决定及本案被诉行政行为所涉民事争议；2. 依法判定（2017）豫行终 2701 号裁定、（2017）豫 08 行初 49 号裁定违法并予以撤销；3. 依法判定武陟县人民政府〔2016〕8 号行政复议决定违法并予以撤销；4. 依法认定张琪麟向河南省高级人民法院提交的二十份证据具备法定的真实性、合法性以及所指称的证明目的；5. 依法判定张琪麟独自对位于三阳乡三阳村老大队街 ×× 号宅基地整体拥有法定使用权，并依法判定上述宅基地与东邻张松才、祁风岭宅基地的界址；6. 认定张松才、祁风岭及其家庭成员依据户主为张振田的 1950 年土地房产所有证存根或其复印件对位于三阳乡三阳村老大街队 ×× 号宅基地的任何部分主张拥有所有权和 / 或使用权的主张和行为违法；责令张松才、祁风岭及其家庭成员不得以任何方式对上述宅基地的任何部分主张所有权和 / 或使用权，不得以任何方式侵害上述宅基地的法定权益，一周内自行清除擅自在上述宅基地上搭建的厕所。

本院认为：针对再审申请人张琪麟提出的再审申请理由，本院经审查认定如下：

一、关于张琪麟的起诉是否超过起诉期限的问题

张琪麟提起本案诉讼是要求确认武陟县人民政府于 2016 年 5 月 5 日作出的〔2016〕8 号行政复议决定违法并予以撤销。根据《行政诉讼法》第四十五条的规定，“公民、法人或者其他组织不服复议决定的，可以在收到复议决定书之日起十五日内向人民法院提起诉讼。”第四十八条第一款规定：“公民、法人或者其他组

织因不可抗力或者其他不属于其自身的原因耽误起诉期限的，被耽误的时间不计算在起诉期限内。”本案中，根据原审法院查明的事实，张琪麟曾就本案被诉行政复议决定连同其他行政行为一并提起行政诉讼，生效行政裁定认定其应分别起诉从而驳回其起诉。则张琪麟进行上述诉讼所耽误的时间可从起诉期限内扣除，但从上述生效裁判送达之日起，起诉期限应继续计算。上述生效裁定于 2017 年 2 月 20 日送达，张琪麟于 2017 年 3 月 27 日方提起本案诉讼，显已超过法定起诉期限。一审裁定驳回起诉，二审裁定驳回上诉，维持一审裁定，并无不当。

二、关于共同被告问题

张琪麟申请再审时主张，“〔2016〕8 号行政复议决定的结果或内容包括‘驳回张琪麟的其他复议请求’，应视为维持了原行政行为，一审和二审法院不将作出原行政行为的行政机关列为共同被告，违反法律规定，属于遗漏案件当事人。”《最高人民法院关于适用〈中华人民共和国行政诉讼法〉的解释》第一百三十四条第二款的确规定：“行政复议决定既有维持原行政行为内容，又有改变原行政行为内容或者不予受理申请内容的，作出原行政行为的行政机关和复议机关为共同被告。”第一百三十三条规定：“行政诉讼法第二十六条第二款规定的‘复议机关决定维持原行政行为’，包括复议机关驳回复议申请或者复议请求的情形，但以复议申请不符合受理条件为由驳回的除外。”而本案被诉行政复议决定显然不属于上述司法解释规定的情形。张琪麟对三阳乡人民政府作出的三政（2016）4号《关于三阳村村民张琪麟与张松才、祁风岭宅基地权属争议处理决定书》不服申请行政复议，复议机关作出的〔2016〕8号行政复议决定撤销了该权属争议处理决定并责令重新作出处理，这属于改变了原行政行为。复议决定的“本政府认为”部分虽有“关于申请人的其他请求，没有相关法律依据，不予支持”的表述，但并不属于“维持原行政行为内容”的情形。故张琪麟的上述再审理由不能成立。

三、关于一并审理民事争议的问题

张琪麟申请再审时还主张，“张琪麟在提起行政诉讼时，请求人民法院一并审理其位于三阳乡三阳村老大队街 ×× 号宅基地与东邻居张松才、祁风岭宅基地的边界纠纷。一审和二审法院不予准许一并审理民事争议，违背了《行政诉讼法》第六十一条规定的一并审理民事争议的义务。”对此本院认为，第一，《行政诉讼法》所确立的“一并解决相关民事争议”，在性质上是行政争议与民事争议“一并解决”，而不是“行政附带民事诉讼”，是为了诉讼便利的考虑将两个不同性质的诉讼一并审理。根据《行政诉讼法》第六十一条第一款的规定，对于当事人申请一并解决相关民事争议的，人民法院“可以”一并审理，即人民法院对于是否一并审理民事争议具有一定的裁量余地。第二，《最高人民法院关于适用〈中华人民共和国行政诉讼法〉的解释》第一百三十八条第二款规定：“公民、法人或者其他组织请求一并审理相关民事争议，人民法院经审查发现行政案件已经超过起诉期限，民事案件尚未立案的，告知当事人另行提起民事诉讼；民事案件已经立案的，由原审判组织继续审理。”本案一审法院经审查认为行政案件已经超过起诉期限，对张琪麟提出的一并审理民事争议的申请不予准许，并无不当。二审法院对此予以支持并告知其如认为存在民事纠纷，可另行提起民事诉讼，亦无不妥。

四、关于张琪麟提出的其他再审理由

因本案是从程序上驳回张琪麟的起诉，并不涉及对被诉行政复议决定的实体审查问题，故张琪麟提出的一审和二审法院拒绝其调取证据申请，违反质证、核实证据等规定，未对被诉行政行为的合法性进行全面审查等理由均不成立。至于张琪麟主张二审裁定遗漏诉讼请求的问题，其所称“遗漏的诉讼请求”并非一审中提出的诉讼请求，且仅是对一审审判程序提出的质疑，二审法院在审理时当然会对一审审判程序的合法性一并进行审查，不会构成对诉讼请求的遗漏。

综上，再审申请人张琪麟的再审申请理由不能成立，其再审申请不符合《中华人民共和国行政诉讼法》第九十一条规定的情形。依照《最高人民法院关于适用〈中华人民共和国行政诉讼法〉的解释》第一百一十六条第二款之规定，裁定如下：

驳回再审申请人张琪麟的再审申请。

审 判 长　李广宇

审 判 员　阎　巍

审 判 员　仝　蕾

二〇一八年六月二十九日

法官助理　骆芳菲

书 记 员　王昱力

撤销之诉判决的第三人效力

郭静诉郑州市管城区政府案

裁判要旨

有的时候，行政行为的相对人是单一的；也有的时候，同一行政行为会针对多个相对人。《行政诉讼法》并没有禁止同一行政行为的多个相对人各自分别提起诉讼，只是出于诉讼经济的考虑，才在第二十七条规定了共同诉讼。对于一部分相对人起诉、另一部分相对人没有提起诉讼的，基于对另一部分相对人接受裁判的权利的保护，又在第二十九条规定了第三人参加诉讼制度，即另一部分相对人可以作为第三人申请参加诉讼，或者由人民法院通知参加诉讼。

在一部分相对人提起撤销诉讼的时候，另一部分相对人此前针对同一行政行为另案提起的撤销诉讼已经发生法律效力。对此如何处理，应当根据不同情况，综合考虑各种因素之后作出权衡。通常情况下，撤销诉讼具有代表诉讼或者客观诉讼的性质，撤销之诉的判决具有普适性的效力，因此应当承认撤销之诉判决的效力及于与原告利益相同的第三人，包括同一行政行为针对的另一部分没有起诉的相对人。对于第三人嗣后提起的诉讼，应当以“诉讼标的已为生效裁判所羁束”为由不予立案或者裁定驳回起诉。例外的情况是，如果违法事由仅仅与原告相关，或者被诉行政行为存在对原告与第三人不同处理的可能，则可以否定撤销之诉判决的效力及于第三人，允许其另行提起撤销诉讼。

中华人民共和国最高人民法院
行政裁定书

（2018）最高法行申2950号

再审申请人（一审原告、二审上诉人）郭静，女，汉族，住河南省郑州市管城回族区。

再审被申请人（一审被告、二审被上诉人）郑州市管城回族区人民政府，住所地河南省郑州市商城路217号。

法定代表人虎强，该区人民政府区长。

再审申请人郭静因诉郑州市管城回族区人民政府（以下简称管城区政府）房屋征收决定一案，不服河南省高级人民法院（2017）豫行终2202号行政裁定，向本院申请再审。本院依法组成由审判员李广宇、审判员阎巍、审判员仝蕾参加的合议庭，对本案进行了审查，现已审查终结。

郑州铁路运输中级法院一审查明：2016年11月9日，管城区政府作出管政〔2016〕97号《郑州市管城回族区人民政府夕阳楼片区项目（一期）国有土地上房屋征收决定》（以下简称〔2016〕97号《房屋征收决定》）。郭静位于郑州市管城回族区南学街××号的房屋在上述房屋征收决定的范围内。郭静不服该征收决定，诉至该院，请求依法撤销管城区政府作出的

〔2016〕97号《房屋征收决定》。在郭静起诉前，郑州铁路运输中级法院（2016）豫71行初917号案件已对〔2016〕97号《房屋征收决定》的合法性进行了审理，认为管城区政府作出该房屋征收决定证据充分，适用法律、法规正确，符合法定程序，郑州铁路运输中级法院作出（2016）豫71行初917号行政判决，驳回了该案原告的诉讼请求。该案的当事人均未上诉，现已发生法律效力。

郑州铁路运输中级法院一审认为：根据《最高人民法院关于适用〈中华人民共和国行政诉讼法〉若干问题的解释》第三条第一款第九项的规定，诉讼标的已为生效裁判所羁束，已经立案的，应当裁定驳回起诉。郭静所诉〔2016〕97号《房屋征收决定》已为生效裁判所羁束，故郭静的起诉依法应予驳回。依照《最高人民法院关于适用〈中华人民共和国行政诉讼法〉若干问题的解释》第三条第一款第九项的规定，作出（2017）豫71行初311号行政裁定，驳回郭静的起诉。

郭静不服，提起上诉。

河南省高级人民法院二审认为：郭静起诉要求撤销的〔2016〕97号《房屋征收决定》，已经被郑州铁路运输中级法院（2016）豫71行初917号生效的行政判决认定证据充分，适用法律、法规正确，符合法定程序，故郭静起诉的诉讼标的已为生效裁判所羁束，依法应当裁定驳回起诉。综上，一审法院处理正确，郭静的上诉理由不能成立。据此裁定驳回上诉，维持原裁定。

郭静向本院申请再审称：一审和二审裁定错误，应当再审。1. 郑州铁路运输中级法院（2016）豫 71 行初 917 号行政判决作出之前，再审申请人针对〔2016〕97 号《房屋征收决定》的前置行政行为管政〔2016〕96 号《郑州市管城回族区人民政府夕阳楼片区项目（一期）国有土地上房屋征收补偿方案的通知》提起的行政诉讼尚未审结。一审法院应当中止诉讼。2. 根据《最高人民法院关于执行〈中华人民共和国行政诉讼法〉若干问题的解释》第二十四条规定，行政机关的同一具体行政行为涉及两个以上利害关系人，其中一部分利害关系人对具体行政行为不服提起诉讼，人民法院应当通知没有起诉的其他利害关系人作为第三人参加诉讼。一审法院在审理（2016）豫 71 行初 917 号案件时并未依法通知，明显违法。一审法院实际是刻意构建"诉讼标的已为生效裁判所羁束的"情形。综上，请求：撤销一审和二审行政裁定，指令郑州铁路运输中级法院审理本案。

本院认为：本案系再审申请人郭静针对〔2016〕97 号《房屋征收决定》提起撤销之诉，一审法院认为，郭静起诉要求撤销的该征收决定，已经被郑州铁路运输中级法院（2016）豫 71 行初 917 号生效的行政判决认定证据充分，适用法律、法规正确，符合法定程序，郭静起诉的诉讼标的已为生效裁判所羁束，因此裁定驳回其起诉。二审法院以相同理由，驳回上诉，维持原裁定。郭静不服，向本院提出再审申请。

本案涉及的法律问题是撤销之诉判决的第三人效力。有的时候，行政行为的相对人是单一的；也有的时候，同一行政行为会针对多个相对人。在同一行政行为针对多个相对人的情况下，如果其中一部分人提起撤销诉讼而被驳回，是否对另一部分人也产生既判力？首先，《中华人民共和国行政诉讼法》并没有禁止同一行政行为的多个相对人各自分别提起诉讼，只是出于诉讼经济的考虑，才在第二十七条规定了共同诉讼。对于一部分相对人起诉、另一部分相对人没有提起诉讼的，基于对另一部分相对人接受裁判的权利的保护，又在第二十九条规定了第三人参加诉讼制度，即另一部分相对人可以作为第三人申请参加诉讼，或者由人民法院通知参加诉讼。对于一部分相对人起诉在先，另一部分相对人起诉在后的情形，本院曾在（2017）最高法行申 411 号行政裁定中对“刻意构建‘诉讼标的已为生效裁判所羁束的’情形”表示反对，并指出：“在当事人一方人数众多、针对同一个行政行为分别提起撤销诉讼的情况下，分别对每一个起诉进行审理，确实不符合诉讼经济原则；人民法院对被诉行政行为的合法性进行全面审查，也决定了不可能在不同的案件中对同一个行政行为的合法性作出相反的认定。在这种情况下，比较恰当的做法是采用标准诉讼，即首先审理其中一个或数个有代表性的诉讼，并中止其他诉讼。在首先审理的诉讼中作出的裁判发生法律效力的情况下，如果其他诉讼的当事人认为其案件与首先审理的案件之间并无事实上或法律上的重要区别且案件事实清楚，人民法院可以参照《中华人民共和国民事诉讼法》第五十四条第四款的规定，裁定对中止的诉讼适用已经生效的判决裁定。”

本案的情况则是，在一部分相对人提起撤销诉讼的时候，另一部分相对人此前针对同一行政行为另案提起的撤销诉讼已经发生法律效力。对此如何处理，应当根据不同情况，综合考虑各种因素之后作出权衡。通常情况下，撤销诉讼具有代表诉讼或者客观诉讼的性质，撤销之诉的判决具有普适性的效力，因此应当承认撤销之诉判决的效力及于与原告利益相同的第三人，包括同一行政行为针对的另一部分没有起诉的相对人。对于第三人嗣后提起的诉讼，应当以“诉讼标的已为生效裁判所羁束”为由不予立案或者裁定驳回起诉。例外的情况是，如果违法事由仅仅与原告相关，或者被诉行政行为存在对原告与第三人不同处理的可能，则可以否定撤销之诉判决的效力及于第三人，允许其另行提起撤销诉讼。但本案并不存在这种例外情形。也就是，再审申请人郭静与（2016）豫 71 行初 917 号生效裁判原告张俊武的权利主张并不存在事实上或法律上的重要区别。据此，一审法院裁定驳回其起诉，二审法院裁定驳回其上诉，并无不当。再审申请人提出的一审法院应当中止诉讼、应当通知其作为第三人参加诉讼等再审理由，均是对另案诉讼程序的质疑，并非本案的审查范围。

综上，再审申请人郭静的再审申请不符合《中华人民共和国行政诉讼法》第九十一条规定的情形。依照《最高人民法院关于适用〈中华人民共和国行政诉讼法〉的解释》第一百一十六条第二款之规定，裁定如下：

驳回再审申请人郭静的再审申请。

审 判 长　李广宇
审 判 员　阎　巍
审 判 员　仝　蕾
二〇一八年五月三十一日
法官助理　骆芳菲
书 记 员　王昱力

履行法定职责之诉与撤销之诉

赵英军等诉平定县政府、阳泉市政府案

裁判要旨

根据《最高人民法院关于适用〈中华人民共和国行政诉讼法〉的解释》第六十八条的规定，行政诉讼的原告提起诉讼，既可以请求判决撤销或者变更行政行为，也可以请求判决行政机关履行特定法定职责或者给付义务，还可以请求判决确认行政行为违法或者无效……不同的诉讼请求可能决定了诉讼类型的不同，不同的诉讼类型又决定了起诉条件、裁判标准和判决方式等的不同。对于诉讼类型判断的正确与否，足以导致对于案件处理的正确与否。

在履行法定职责之诉中，通常都会包括撤销一个拒绝性决定和可能存在的复议决定的请求，但这个请求并不是必要的，也不能因为包括一个撤销拒绝性决定或者复议决定的请求，就此认定这个起诉在类型上属于撤销之诉。因为撤销之诉的性质在于通过撤销一个为原告设定负担的行政行为的方式来形成权利，而在履行法定职责之诉中，原告真正的诉讼目标还不是撤销拒绝性决定，而仍然是判令行政机关作出一个授益行为。

不同的诉讼类型决定了起诉期限会有所不同，也决定了起诉期限和行政复议申请期限的起算点会有所不同。根据《行政复议法》第六条的规定，公民、法人或者其他组织申请行政复议，不仅可以申请撤销一个具体行政行为，也可以申请行政机关履行法定职责。申请撤销一个具体行政行为，申请期限应当依照《行政复议法》第九条的规定，自知道该具体行政行为之日起六十日内提出行政复议申请；要求行政机关履行法定职责的申请期限，通常应以行政机关拒绝履行的决定的作出时间起算，行政机关不予答复的则应当以行政机关“未履行”法定职责的具体情况，例如行政复议申请人知道要求行政机关履行法定职责的请求权基础的时间确定。

中华人民共和国最高人民法院
行政裁定书

（2017）最高法行申2998号

再审申请人（一审原告、二审上诉人）赵英军，男，汉族，住山西省平定县。

再审申请人（一审原告、二审上诉人）李荷锋，男，汉族，住山西省平定县。

再审申请人（一审原告、二审上诉人）王润科，男，汉族，住山西省平定县。

再审申请人（一审原告、二审上诉人）赵勇军，男，汉族，住山西省平定县。

再审申请人（一审原告、二审上诉人）赵文兰，女，汉族，住山西省平定县。

再审申请人（一审原告、二审上诉人）赵二妮，女，汉族，住山西省平定县。

再审申请人（一审原告、二审上诉人）赵东明，男，汉族，住山西省平定县。

再审申请人（一审原告、二审上诉人）张润保，男，汉族，住山西省平定县。

再审申请人（一审原告、二审上诉人）张富保，男，汉族，住山西省平定县。

再审申请人（一审原告、二审上诉人）王金棠，男，汉族，住山西省平定县。

再审申请人（一审原告、二审上诉人）赵所义，男，汉族，住山西省平定县。

再审申请人（一审原告、二审上诉人）张贵喜，男，汉族，住山西省平定县。

再审申请人（一审原告、二审上诉人）王润科，男，汉族，住山西省平定县。

再审申请人（一审原告、二审上诉人）刘三毛，男，汉族，住山西省平定县。

再审申请人（一审原告、二审上诉人）刘振辉，男，汉族，住山西省平定县。

再审申请人（一审原告、二审上诉人）王长明，男，汉族，住山西省平定县。

再审申请人（一审原告、二审上诉人）赵有义，男，汉族，住山西省平定县。

再审申请人（一审原告、二审上诉人）赵拴保，男，汉族，住山西省平定县。

再审申请人（一审原告、二审上诉人）赵双义，男，汉族，住山西省平定县。

再审申请人（一审原告、二审上诉人）王艾昌，男，汉族，住山西省平定县。

诉讼代表人赵英军，男，汉族，住山西省平定县。

再审被申请人（一审被告、二审被上诉人）平定县人民政府，住所地山西省平定县评梅西街1号。

法定代表人韩加政，该县人民政府县长。

再审被申请人（一审被告、二审被上诉人）阳泉市人民政府，住所地山西省阳泉市城区南大街23号。

法定代表人雷健坤，该市人民政府市长。

再审申请人赵英军等20人因诉平定县人民政府（以下简称平定县政府）、阳泉市人民政府（以下简称阳泉市政府）土地行政补偿一案，不服山西省高级人民法院（2016）晋行终269号行政裁定，向本院申请再审。本院依法组成由审判员李广宇、审判员梅芳、审判员刘慧卓参加的合议庭，对本案进行了审查，现已审查终结。

山西省阳泉市中级人民法院一审查明：水峪至娘子关公路是阳泉市“五纵四横四循环”路网规划的重要组成部分，经山西省发展改革委员会审批同意，征地拆迁工作由平定县政府负责，费用全部由平定县负担。2010年11月，平定县政府与阳泉市政府签订了《阳泉至娘子关一级公路征地拆迁安置、建设环境保障责任状》，确定：“征地拆迁标准统一执行晋政发〔2009〕38号和省国土资〔2007〕193号文件征地和拆迁补偿标准，特殊情况可在市标准范围内调整使用。”平定县政府因财政困难，决定以市县政府签订的责任状中“特殊情况可以在市标准范围内调整使用”为依据，比照阳五高速市政府确定的征地拆迁补偿标准（阳政发〔2008〕49号），结合本县实际情况，确定了涉案公路征地拆迁补偿标准为每亩15 000元。2011年6月20日，上董寨村涉及征地拆迁的村民由村委会代表个人在补偿协议上签字，并全部领取了补偿费用。2012年6月25日，平定县政府向山西省人民政府（以下简称山西省政府）报送了《平定县人民政府关于阳泉至娘子关一级公路（水峪至娘子关）建设用地的请示》（平政征（收）初土请字〔2012〕3号），对包括娘子关镇上董寨村土地在内的建设用地报请山西省政府审批。2014年4月21日、2014年6月5日，中华人民共和国国土资源部和山西省政府分别下发了《国土资源部关于阳泉至娘子关一级公路水峪至娘子关工程建设用地的批复》（国土资函〔2014〕86号）、《关于转发〈国土资源部关于阳泉至娘子关一级公路水峪至娘子关工程建设用地的批复〉的通知》（晋政地字〔2014〕374号），同意转用并征收相关报批的土地和平定县国土资源局拟定的征地补偿安置方案和征收土地方案。2014年7月7日，平定县政府和平定县国土资源局依据《国土资源部关于阳泉至娘子关一级公路水峪至娘子关工程建设用地的批复》，公布了《平定县政府征收土地公告》（2014年第38号）和《平定县国土资源局征地补偿安置方案公告》（2014年第38号），其中规定的土地补偿安置标准旱地每亩为29 376元。2014

年8月19日，赵英军等人对平定县政府作出的平政发〔2010〕71号文件中征地补偿安置标准不服向阳泉市政府申请行政复议。2014年11月17日，阳泉市政府作出阳政行复决〔2014〕12号行政复议决定书，维持了平定县政府作出的平政发〔2010〕71号文件规定每亩15 000元的征地补偿安置标准的具体行政行为。赵英军等21户村民认为其合法权益受到侵害，提起本案诉讼，请求：1. 判令撤销对赵英军等21户每亩15 000元的不合理补偿标准；2. 判令平定县政府按公告中规定的土地安置补偿标准旱地每亩29 376元，重新对赵英军等21户进行补偿；3. 判令赵英军等21户在2011年—2014年期间有权继续使用土地，并判令平定县政府按山西省政府〔2009〕38号文件批准制定的"各设区的市、县征地的统一年产值标准"每年每亩1224元对赵英军等21户因为平定县政府提前征收四年土地的合理补偿；4. 判令撤销2011年6月20日由上董寨村委会代表赵英军等21户签订的协议，同时追究上董寨村委会主要责任人没有经过赵英军等21户同意和授权就替赵英军等21户签订协议的侵权行为并负法律责任；5. 判令平定县政府支付起诉事项等相关费用。

山西省阳泉市中级人民法院一审认为：一、赵英军等21户村民是本案所涉上董寨村部分土地的实际使用人，可以以自己的名义提起诉讼。二、2014年7月，平定县政府和平定县国土资源局公布了《平定县政府征收土地公告》（2014年第38号）和《平定县国土资源局征地补偿安置方案公告》（2014年第38号），赵英军等21户在得知上述公告内容后于2015年4月提起诉讼，符合法定起诉期限。三、平定县政府与阳泉市政府签订的《阳泉至娘子关一级公路征地拆迁安置、建设环境保障责任状》确定“征地拆迁标准统一执行晋政发〔2009〕38号和省国土资〔2007〕193号文件征地拆迁补偿标准，特殊情况可在市标准范围内调整使用”。又据《中华人民共和国土地管理法》第四十七条规定，征收耕地的土地补偿费，为该耕地被征收前三年平均年产值的六至十倍，征收耕地的安置补助费为该耕地被征收前三年平均年产值的四至六倍。两项共计十至十六倍。晋政发〔2009〕38号文件确定的上董寨村统一年产值标准为1224元。据此，平定县政府制定实施的每亩15 000元的土地补偿费和安置补助费标准在法定标准范围内。且赵英军等人于2011年均自愿签字领取了相关补偿费用，说明对该补偿无异议，征地补偿合法有效。赵英军等人诉请撤销该补偿协议中约定的每亩15 000元补偿标准，按每亩29 376元进行补偿的诉讼请求不予支持。其诉请撤销上董寨村委会代表其签订的补偿协议，因该协议双方已自愿履行，该项诉请不予支持。阳泉市政府的复议决定认定事实清楚，程序合法，应予维持。四、赵英军等人于2011年已提前领取了补偿款，故其诉请平定县政府支付提前征收四年土地的补偿费用，亦不予支持。综上，依照《中华人民共和国行政诉讼法》（以下简称《行政诉讼法》）第六十九条之规定，作出（2015）阳行初字第6号行政判决，驳回赵英军等21人的诉讼请求。

赵英军等21人不服，提起上诉。

山西省高级人民法院二审认为：2011年赵英军等人在《307复线娘子关建筑拆迁明细表》和《307复线娘子关征地明细表》上签字确认，并于2011年领取了全部补偿款，说明赵英军等人在2011年就应当知道被诉补偿标准，其针对2011年的补偿标准于2015年4月21日提起行政诉讼，超过《最高人民法院关于执行〈中华人民共和国行政诉讼法〉若干问题的解释》第四十一条第一款规定的二年起诉期限，对赵英军等人的起诉应当驳回。赵英军等人于2014年8月19日申请复议，超过了《中华人民共和国行政复议法》（以下简称《行政复议法》）第九条第一款规定的行政复议申请期限，阳泉市政府在复议申请人超过行政复议申请期限，不符合受理条件的情况下作出复议决定，维持每亩15 000元补偿标准，程序违法。综上，一审判决驳回诉讼请求适用法律错误。根据《行政诉讼法》第八十九条第一款第二项之规定，裁定撤销山西省阳泉市中级人民法院（2015）阳行初字第6号行政判决；驳回赵英军等21人的起诉。

赵英军等20人向本院申请再审称:1.平定县政府未批先用涉案土地，不履行土地征收公告、安置方案公告的批后实施法定职责，未依法办理补偿安置手续和支付社会保障资金，未给予足额赔偿。二审裁定驳回起诉适用法律错误。2.一审和二审法院没有依法对再审申请人的诉讼请求给予释明，没有对再审申请人的诉求逐一审查并依法判决，审判程序违法。故请求：1.撤销二审行政裁定；2. 确认并变更诉讼请求；3. 责令平定县政府履行土地公告、土地征收安置方案批后实施程序法定职责，依国务院批准的征收标准一次性支付赵英军等 21 人安置补助费 48.8 亩共 920 000 元，以及 298 656 元社会保障金；4. 确认阳泉市政府行政复议程序和决定违法；5. 确认 2011 年平定县政府对项目部占地的批准行为违法；6. 给予行政赔偿。

本院认为：根据《最高人民法院关于适用〈中华人民共和国行政诉讼法〉的解释》第六十八条的规定，行政诉讼的原告提起诉讼，既可以请求判决撤销或者变更行政行为，也可以请求判决行政机关履行特定法定职责或者给付义务，还可以请求判决确认行政行为违法或者无效……不同的诉讼请求可能决定了诉讼类型的不同，不同的诉讼类型又决定了起诉条件、裁判标准和判决方式等的不同。在本案，就存在究竟属于一个履行法定职责之诉，还是属于一个撤销之诉的判断问题。对于诉讼类型判断的正确与否，足以导致对于案件处理的正确与否。

在本案，赵英军等人在一审中提出了多达五项诉讼请求，虽然首当其冲的是“判令撤销对赵英军等 21 户每亩 15 000 元的不合理补偿标准”，但其核心诉求却是，“判令平定县政府按公告中规定的土地安置补偿标准旱地每亩 29 376 元，重新对赵英军等 21 户进行补偿”，因此，在性质上，本案显然属于一个履行法定职责之诉。虽然诉讼请求中也包括了撤销 2011 年的“不合理补偿标准”的内容，但是，在履行法定职责之诉中，通常都会包括撤销一个拒绝性决定和可能存在的复议决定的请求，但这个请求并不是必要的，也不能因为包括一个撤销拒绝性决定或者复议决定的请求，就此认定这个起诉在类型上属于撤销之诉。因为撤销之诉的性质在于通过撤销一个为原告设定负担的行政行为的方式来形成权利，而本案，原告请求撤销的2011年的“不合理补偿标准”很难说属于一个为原告设定负担的行政行为；并且，仅仅撤销这个“不合理补偿标准”并不能直接为原告形成权利。因此，原告真正的诉讼目标还不是撤销，而仍然是判令行政机关以新的标准重新进行补偿这个授益行为本身。

不同的诉讼类型决定了起诉期限会有所不同，也决定了起诉期限的起算点会有所不同。二审法院认为，“2011年赵英军等人在《307复线娘子关建筑拆迁明细表》和《307复线娘子关征地明细表》上签字确认，并于2011年领取了全部补偿款，说明赵英军等人在2011年就应当知道被诉补偿标准，其针对2011年的补偿标准于2015年4月21日提起行政诉讼，超过《最高人民法院关于执行〈中华人民共和国行政诉讼法〉若干问题的解释》第四十一条第一款规定的二年起诉期限，对赵英军等人的起诉应当驳回。”这一认定显然是建立在认为本案属于撤销之诉、请求撤销的对象是“2011年的补偿标准”的基础之上的。但二审法院显然忽略了赵英军等人的核心诉求是请求判令被告履行法定职责，即判令行政机关以新的标准重新进行补偿。就此事项，赵英军等人曾于2014年8月19日以平定县政府为被申请人向阳泉市政府申请行政复议。根据《行政诉讼法》第四十五条的规定，经过复议的案件，起诉期限以收到复议决定书之日起算，起诉期限为十五日。在本案，赵英军等人于2015年4月7日收到复议决定书，并于2015年4月21日提起本案诉讼，并未超过起诉期限。

至于二审法院认为“赵英军等人超过了行政复议申请期限，阳泉市政府在不符合受理条件的情况下作出复议决定，程序违法”，显然也是将赵英军等人的行政复议申请理解为单纯请求撤销2011年的补偿标准。根据《行政复议法》第六条的规定，公民、法人或者其他组织申请行政复议，不仅可以申请撤销一个具体行政行为，也可以申请行政机关履行法定职责。申请撤销一个具体行政行为，申请期限应当依照《行政复议法》第九条的规定，自知道该具体行政行为之日起六十日内提出行政复议申请；要求行政机关履行法定职责的申请期限，通常应以行政机关拒绝履行的决定的作出时间起算，行政机关不予答复的则应当以行政机关“未履行”法定职责的具体情况，如行政复议申请人知道要求行政机关履行法定职责的请求权基础的时间确定。在本案，赵英军等人的复议申请，系要求行政机关履行法定职责，即“依照2014年7月7日公布的《平定县政府征收土地公告》（2014年第38号）和《平定县国土资源局征地补偿安置方案公告》（2014年第38号）的土地补偿安置标准旱地每亩29 376元依法对我们28户的承包地合理补偿”。即使从作为其请求权基础的前述公告的公告之日（2014年7月7日）起算，到其于2014年8月19日提出行政复议申请，也并未超过六十日。

综上所述，山西省高级人民法院以超过起诉期限为由裁定撤销一审判决并驳回赵英军等人的起诉错误，应当指令再审，并对实体问题作出判决。至于本案的实体争议，主要集中于赵英军等人提出的“判令平定县政府按公告中规定的土地安置补偿标准旱地每亩29 376元，重新对赵英军等21户进行补偿”的诉讼请求能否得到支持。虽然赵英军等人已经按照2011年的补偿标准领取了全部补偿款，但该标准低于2014年7月7日公告的补偿标准，且后者系经中华人民共和国国务院批准、中华人民共和国国土资源部批复同意，中华人民共和国国土资源部并要求“按照经批准的征收土地方案及时足额支付补偿费用”。在平定县政府不作为的情况下，赵英军等人根据新的补偿标准，有权提出补充给付的请求。阳泉市政府提出的“平定县政府制定的标准不低于山西省的最低限”、平定县政府提出的“平定县财政无法承担”的理由，不能成为按照法定标准足额进行补偿的法定抗辩理由。山西省高级人民法院在再审中应当结合新的补偿标准、再审申请人已经先行领取的补偿款数额等情况对案件实体问题作出裁判。

综上，赵英军等人的再审申请符合《中华人民共和国行政诉讼法》第九十一条第一项规定的情形。依照《中华人民共和国行政诉讼法》第九十二条第二款、《最高人民法院关于适用〈中华人民共和国行政诉讼法〉的解释》第一百一十八条第二款之规定，裁定如下：

一、本案指令山西省高级人民法院再审；

二、再审期间，中止原裁定的执行。

审 判 长　李广宇

审 判 员　梅　芳

审 判 员　刘慧卓

二〇一八年四月二十日

法官助理　骆芳菲

书 记 员　张　兰

判决履行与确认违法

王幼华诉武汉市洪山区政府案

裁判要旨

履行法定职责之诉具有“彻底裁判”的特点，只要所有事实和法律上的前提条件皆已具备，人民法院就应当直接判决行政机关履行原告所请求的法定职责；如果裁判时机尚未成熟，人民法院也应当作出答复判决；只有判决履行没有意义的情况下才适用“补充性”的确认违法判决。在原告的诉讼请求明确包括判决履行法定职责，且人民法院查明被告不履行法定职责、且不存在判决履行没有意义的情形下，仅仅判决确认违法，构成遗漏诉讼请求。

所谓法定职责，应当是一种具体、特定的职责，多数情况下仅凭行政机关单方作出一个行政行为就能直接达到行政相对人所欲追求的法律效果；但在个别情况下，法律、法规规定行政机关应当就某一行政管理事项“组织处理”，这虽然也属法定职责，但行政法律效果能否实现尚须相关各方共同协力。在后一种情况下，人民法院固然应当判决行政机关履行“组织处理”的法定职责，但在行政机关尽其所能“组织”之后，如果相关各方不予积极配合，不宜就此认定行政机关怠于履行法定职责。

中华人民共和国最高人民法院
行政裁定书

（2018）最高法行申5484号

再审申请人（一审原告、二审上诉人）王幼华，女，汉族，住湖北省武汉市武昌区。

委托代理人谭柏生，男，汉族，住湖北省武汉市汉阳区。

再审被申请人（一审被告、二审被上诉人）武汉市洪山区人民政府，住所地湖北省武汉市洪山区珞狮路318号。

法定代表人林文书，该区人民政府区长。

再审申请人王幼华因诉武汉市洪山区人民政府（以下简称洪山区政府）不履行法定职责一案，不服湖北省高级人民法院（2016）鄂行终931号行政判决，向本院申请再审。本院依法组成由审判员李广宇、审判员阎巍、审判员仝蕾参加的合议庭，对本案进行了审查，现已审查终结。

武汉铁路运输中级法院一审查明：2010年10月14日，武汉紫崧房地产建筑集团股份有限公司（以下简称武汉紫崧公司）取得武土资规拆许字（2010）第112号房屋拆迁许可证，准予拆迁武汉市武昌区丁字桥路79号的范围及其附属物，该公司随即进行了拆迁工作。2012年7月31日，王幼华取得武汉市洪山区洪山乡丁字桥1栋（现丁字桥81号）×层×××室房屋所有权，该房屋在紫崧中南特区项目拆迁范围内。后王幼华的房屋被拆除，至今未达成房屋补偿安置协议。2015年10月29日，王幼华、冯春荣向洪山区政府书面反映情况，要求妥善解决其房屋拆迁遗留问题。洪山区政府未予答复，王幼华遂于2016年1月24日提起行政诉讼，请求确认洪山区政府不负责组织处理拆迁遗留问题违法；判令洪山区政府依法处理其拆迁遗留问题。

武汉铁路运输中级法院一审认为：根据2011年1月21日施行的《国有土地上房屋征收与补偿条例》第三十五条规定："……本条例施行前已依法取得房屋拆迁许可证的项目，继续沿用原有的规定办理……"本案中，武汉紫崧公司已于2010年10月14日依法取得了拆迁地块的房屋拆迁许可证，应按照《城市房屋拆迁管理条例》的规定办理。在本案庭审中，王幼华明确了其诉请的拆迁遗留问题主要是拆迁补偿安置问题。《城市房屋拆迁管理条例》第五条第二款规定："县级以上地方人民政府负责管理房屋拆迁工作的部门对本行政区域内的城市房屋拆迁工作实施监督管理。"根据上述规定，武汉市国土资源和规划局是本案拆迁工作的法定责任主体，负有监督管理的法定职责。王幼华采用书信形式向洪山区政府反映其房屋遭强拆的情况，要求洪山区政府组织处理拆迁遗留问题属于信访行为，故王幼华主张洪山区政府应当解决拆迁补偿安置的理由不能成立，其诉讼请求不予支持。依照《中华人民共和国行政诉讼法》（以下简称《行政诉讼法》）

第六十九条规定，作出（2016）鄂71行初3号行政判决，驳回王幼华的诉讼请求。

王幼华不服，提起上诉。

湖北省高级人民法院二审查明的事实与一审判决认定的事实一致。

湖北省高级人民法院二审认为：《武汉市国有土地上房屋征收与补偿实施办法》第五条第一款规定："区人民政府负责本行政区域的房屋征收与补偿工作，并负责组织处理房屋拆迁遗留问题。"参照该规定，洪山区政府具有组织处理房屋拆迁遗留问题的职责。王幼华于2015年10月29日向洪山区政府邮寄信件，要求洪山区政府组织处理其房屋拆迁遗留问题。根据王幼华提供的证据该信件于次日妥投。洪山区政府收到王幼华要求处理其房屋拆迁遗留问题的申请后，没有给予答复，也未提供其履行相关职责的证据，该不作为行为违法。王幼华房屋自被拆迁至今，未能得到安置补偿。洪山区政府作为该辖区政府应当履行相关职责，组织处理该房屋因被拆迁而遗留的安置补偿问题，以便早日妥善解决王幼华的安置补偿问题。原审判决驳回王幼华的诉讼请求，适用法律错误。王幼华的上诉理由成立，其上诉请求予以支持。依照《行政诉讼法》第八十九条第一款第二项规定，作出（2016）鄂行终931号行政判决：一、撤销武汉铁路运输中级法院（2016）鄂71行初3号行政判决；二、确认洪山区政府不履行组织处理王幼华房屋拆迁遗留问题职责的行为违法。

王幼华向本院申请再审称：1. 再审申请人一审的诉讼请求包含请求责令再审被申请人履行组织处理拆迁遗留问题的职责，但是二审判决未予评判，在确认再审被申请人不履行法定职责的基础上，未依法判决再审被申请人履行职责，属于遗漏诉讼请求、适用法律错误。虽然《行政诉讼法》第七十四条第二款对不需要判决履行的情形作出了例外规定，即“行政行为有下列情形之一，不需要撤销或者判决履行的，人民法院判决确认违法……（三）被告不履行或者拖延履行法定职责，判决履行没有意义的。”但本案显然不属于可以适用该条款的情形。本案所涉房屋被拆除，至今未与再审申请人签订任何协议，再审被申请人不履行组织处理拆迁遗留问题职责的违法行为已严重影响再审申请人生存生活，法院判决再审被申请人在一定期限内履行职责直接关系到再审申请人的切身利益，有利于案件纠纷的化解。2. 一审和二审法院诉讼程序违法，拒绝当事人阅卷请求，相关证据未予质证，二审法院对再审申请人提出的调取证据申请未予答复。综上，请求：撤销一审和二审行政判决，确认再审被申请人不履行组织处理拆迁遗留问题的不作为行为违法，判令再审被申请人履行组织处理再审申请人拆迁遗留问题的职责，并承担本案一审、二审诉讼费用。

洪山区政府提交书面答辩意见称：1. 洪山区政府依法履行了法定职责，多次就再审申请人房屋拆迁补偿遗留问题组织协调，尽到了组织协调和督促处理拆迁遗留问题的义务。由于再审申请人不配合，与武汉紫崧公司对拆迁补偿分歧较大，问题没有得到最终解决。2. 根据《国有土地上房屋征收与补偿条例》第三十五条规定，拆迁责任主体是武汉紫崧公司，规划部门负有监督管理责任，洪山区政府负属地管理责任，再审申请人采取书信形式向洪山区政府负责人反映问题，是一般的信访行为，二审判决洪山区政府未履行法定职责，证据不足，以偏概全。综上，再审申请人的诉请没有事实和法律依据，请求予以驳回。

本院认为：再审申请人王幼华一审的诉讼请求是：确认洪山区政府不负责组织处理拆迁遗留问题的行为违法，判令洪山区政府依法履行组织处理其拆迁遗留问题的职责。据此，再审申请人提起的是履行法定职责之诉。《行政诉讼法》第七十二条规定："人民法院经过审理，查明被告不履行法定职责的，判决被告在一定期限内履行。"第七十四条第二款规定："行政行为有下列情形之一，不需要撤销或者判决履行的，人民法院判决确认违法……（三）被告不履行或者拖延履行法定职责，判决履行没有意义的。"《最高人民法院关于适用〈中华人民共和国行政诉讼法〉的解释》第九十一条规定："原告请求被告履行法定职责的理由成立，被告违法拒绝履行或者无正当理由逾期不予答复的，人民法院可以根据行政诉讼法第七十二条的规定，判决被告在一定期限内依法履行原告请求的法定职责；尚需被告调查或者裁量的，应当判决被告针对原告的请求重新作出处理。"由此可知，履行法定职责之诉具有"彻底裁判"的特点，只要所有事实和法律上的前提条件皆已具备，人民法院就应当直接判决行政机关履行原告所请求的法定职责；如果裁判时机尚未成熟，人民法院也应当作出答复判决；只有判决履行没有意义的情况下才适用“补充性”的确认违法判决。在原告的诉讼请求明确包括判决履行法定职责，且人民法院查明被告不履行法定职责、且不存在判决履行没有意义的情形下，仅仅判决确认违法，构成遗漏诉讼请求。本案中，湖北省高级人民法院一方面认为，“洪山区政府收到王幼华要求处理其房屋拆迁遗留问题的申请后，没有给予答复，也未提供其履行相关职责的证据，该不作为行为违法。王幼华房屋自被拆迁至今，未能得到安置补偿。洪山区政府作为该辖区政府应当履行相关职责，组织处理该房屋因被拆迁而遗留的安置补偿问题，以便早日妥善解决王幼华的安置补偿问题”；另一方面又仅仅作出确认违法判决，而不是如再审申请人所请求的那样作出一个履行法定职责的判决。而且，湖北省高级人民法院也没有对是否存在判决履行没有意义等情形作出任何说明。因此，再审申请人质疑二审法院“遗漏诉讼请求、适用法律错误”，并以此为由申请再审，理由成立，本案应当指令再审。湖北省高级人民法院应当在查明事实的基础上，重新作出相应裁判。

还需指出的是，所谓法定职责，应当是一种具体、特定的职责，多数情况下仅凭行政机关单方作出一个行政行为就能直接达到行政相对人所欲追求的法律效果；但在个别情况下，法律、法规规定行政机关应当就某一行政管理事项“组织处理”，这虽然也属法定职责，但行政法律效果能否实现尚需相关各方共同协力。

在后一种情况下，人民法院固然应当判决行政机关履行“组织处理”的法定职责，但在行政机关尽其所能“组织”之后，如果相关各方不予积极配合，不宜就此认定行政机关怠于履行法定职责。在本案，再审申请人要求再审被申请人履行的是组织协调和督促处理其与武汉紫崧公司拆迁遗留问题的义务，能否达成拆迁补偿协议，需要再审申请人与武汉紫崧公司务实而积极的配合。本院也希望再审申请人积极支持再审被申请人的协调工作，以使遗留问题最终得到解决。

综上，再审申请人王幼华的再审申请符合《中华人民共和国行政诉讼法》第九十一条第六项规定的情形。依照《中华人民共和国行政诉讼法》第九十二条第二款、《最高人民法院关于适用〈中华人民共和国行政诉讼法〉的解释》第一百一十八条第二款之规定，裁定如下：

一、本案指令湖北省高级人民法院再审；

二、再审期间，中止原判决的执行。

审 判 长　李广宇

审 判 员　阎　巍

审 判 员　仝　蕾

二〇一八年十一月二十六日

法官助理　骆芳菲

书 记 员　王昱力

事实行为与确认违法

刘国庆诉芮城县政府、运城市政府案

裁判要旨

判断行政行为是否合法，应当以行政行为作出时的法律、法规、规章为依据。本案房屋转移登记的时间是 2000 年 11 月，当时有效的规定是《城市房屋权属登记管理办法》；芮城县政府作出被诉撤销决定的时间是 2015 年 6 月，此时《城市房屋权属登记管理办法》已废止，《房屋登记办法》已施行。二审法院依据《城市房屋权属登记管理办法》判断刘国庆办理房屋转移登记是否符合当时的规定，芮城县政府依据《房屋登记办法》判断刘国庆的房屋转移登记是否符合撤销的条件，适用法律均无不当。

《行政诉讼法》第七十四条第二款第一项规定，“行政行为违法，但不具有可撤销内容的”，“人民法院判决确认违法”。该项所规定的确认违法判决，主要是针对违法的事实行为。所谓事实行为，是与法律行为相对的概念，是指一切并非以发生法律效果为目的，而以发生事实效果为目的的行政措施。事实行为不会对当事人的权利义务产生创设、变更或消灭的法律效果，因而不能成为撤销判决的对象，在其违法时只能适用确认判决。该项所规定的确认违法判决，还适用于在作出判决前行政行为已经了结，亦即已经执行完毕而无恢复原状可能或因其他事由而消灭的情形。因为该行政行为已无可撤销之效力，只能判决确认违法。

中华人民共和国最高人民法院
行政裁定书

（2017）最高法行申2930号

再审申请人（一审原告、二审上诉人）刘国庆，女，汉族，现住上海市徐汇区。

委托代理人柴小平，上海申邦律师事务所律师。

再审被申请人（一审被告、二审上诉人）山西省芮城县人民政府，住所地山西省芮城县大禹东街5号。

法定代表人张建军，该县人民政府县长。

委托代理人李明波，山西省芮城县房地产管理所所长。

委托代理人高奎行，山西龙飞律师事务所律师。

再审被申请人（一审被告、二审被上诉人）山西省运城市人民政府，住所地山西省运城市河东街248号。

法定代表人朱鹏，该市人民政府代市长。

委托代理人仇航宙，山西省运城市人民政府工作人员。

委托代理人王晓歌，山西省运城市人民政府工作人员。

原审第三人刘新民，男，汉族，住山西省芮城县。

委托代理人张宁，山西宁丰律师事务所律师。

委托代理人张强，山西宁丰律师事务所律师。

再审申请人刘国庆因诉山西省芮城县人民政府（以下简称芮城县政府）、山西省运城市人民政府（以下简称运城市政府）撤销房屋登记决定及行政复议一案，不服山西省高级人民法院（2016）晋行终475号行政判决，向本院申请再审。本院依法组成由审判员李广宇、审判员杨立初、审判员梅芳参加的合议庭，对本案进行了审查，现已审查终结。

山西省运城市中级人民法院一审查明：1997年9月15日，芮城县房屋产权登记发证工作领导组将涉诉房屋登记在刘国庆母亲李玉兰（已过世）名下。1998年1月31日，李玉兰、刘新民立下遗嘱："经与子女协商同意，刘国庆出了建房总额的一半，该房由刘国庆作为唯一的继承人。"2001年12月3日，该房屋转移登记至刘国庆名下。后该房屋产权证书遗失，刘新民于2011年7月1日对此书写了情况说明。2011年8月12日，芮城县政府为刘国庆补发了房屋所有权证。2014年涉诉房屋被拆除，刘国庆之夫柴小平向芮城县公安局报案称其房屋被毁坏。同年11月9日，刘新民向芮城县房地产管理所（以下简称芮城县房管所）以其仍健在为由提出申请，要求撤销刘国庆持有的房屋所有权证。同月12日，芮城县房管所以刘国庆申报不实，撤销了该房屋所有权证。刘国庆不服向芮城县政府申请复议。2015年3月12日，芮城县政府复议撤销了芮城县房管所的决定。2015年3月15日，刘新民以同样理由向芮城县政府申请撤销刘国庆持有的房屋所有权证。2015年4月15日，芮城县房管所向刘国庆发函，函告刘国庆可以就其“拟申请芮城县政府注销涉诉房屋所有权证”递交书面申辩材料。2015 年 4 月 30 日，刘国庆向芮城县房管所提出书面异议。芮城县政府于 2015 年 6 月 20 日作出芮政房撤字〔2015〕第 1 号行政决定，撤销了刘国庆的房屋转移登记。刘国庆不服，于 2015 年 8 月 20 日向运城市政府申请复议。运城市政府于 2015 年 8 月 25 日受理，同日向芮城县政府送达行政复议答复通知书。2015 年 9 月 11 日，运城市政府向刘新民送达参加行政复议通知书。2015 年 10 月 22 日，运城市政府将行政复议期限延期三十日。2015 年 11 月 21 日，运城市政府作出〔2015〕19 号行政复议决定，维持了芮城县政府的决定。刘国庆不服，提起行政诉讼，要求撤销芮城县政府行政决定及运城市政府的复议决定。

山西省运城市中级人民法院一审认为：刘国庆父母于 1998 年 1 月所立遗嘱，达成的家庭协议明确刘国庆为本案诉争房屋的唯一合法继承人。2000 年 11 月，刘国庆母亲李玉兰将该房屋过户给刘国庆，也是在达成家庭协议后，该房屋转移登记给刘国庆的行为应视为刘国庆父母对刘国庆的赠与。根据刘新民 2011 年 7 月 1 日书写的情况说明，可证实芮城县政府将涉诉房屋转移登记给刘国庆及为刘国庆补发房产证时，刘新民是明确知情的。故应认定刘国庆向芮城县政府申请转移登记时提交的申请材料，符合法律规定。芮城县政府主张刘国庆以隐瞒真实情况的非法手段获取登记，无事实根据。故芮城县政府作出的撤销决定认定事实不清，证据不足。芮城县政府在作出撤销决定时，并未听取刘国庆陈述、申辩，没有告知其应当享有的权利，属程序违法。芮城县政府没有证据证明刘国庆在办理房屋过户过程中违反了其所引用的《房屋登记办法》第八十一条的规定，适用法律错误。综上，芮城县政府所作的决定，主要证据不足，程序违法，适用法律错误，应予撤销。运城市政府的行政复议决定，亦随之撤销。鉴于本案涉及的房屋已被全部拆除，芮城县政府的行政行为不具有可撤销内容，依据《中华人民共和国行政诉讼法》（以下简称《行政诉讼法》）第七十四条第二款第一项、第七十九条之规定，作出（2015）运中行初字第118号行政判决：一、确认芮城县政府于2015年6月20日作出的芮政房撤字〔2015〕第1号撤销刘国庆房屋转移登记决定违法；二、确认运城市政府于2015年11月21日作出的〔2015〕19号行政复议决定违法。

刘国庆、芮城县政府、刘新民不服，提起上诉。

山西省高级人民法院二审查明的事实与一审查明的事实基本一致。

山西省高级人民法院二审认为：一、关于芮城县政府作出本案行政行为前是否履行了告知义务。本案行政行为属于房屋登记，不同于行政处罚，相应其作出程序不能完全适用行政处罚程序。但根据行政程序正当原则，行政机关在作出对相对人产生重大影响的行为时，应当履行相应的告知义务，听取相对人的陈述、申辩。本案中，芮城县政府在作出本案行政行为前，承办房产登记的具体事务部门芮城县房管所向刘国庆发送过公函，公函中明确告知“拟申请芮城县政府注销涉诉房屋登记”，芮城县房管所作为芮城县政府职能组成部门，依法履行房屋登记职责，其该发出公函行为应视为芮城县政府的告知行为。同时根据芮城县房管所收到刘国庆提交的异议书，证明芮城县政府在作出本案行政行为前，听取了刘国庆的申辩。故芮城县政府作出本案行政行为符合程序正当原则，刘国庆认为芮城县政府未履行告知义务的理由不能成立。二、关于芮城县政府作出本案行政行为认定事实是否清楚。本案房屋转移登记的时间为 2000 年 11 月，当时原建设部颁布的《城市房屋权属登记管理办法》第十七条规定：“因房屋买卖、交换、赠与、继承、划拨、转让、分割、合并、裁决等原因致使其权属发生转移的，当事人应当自事实发生之日起三十日内申请转移登记。申请转移登记，权利人应当提交房屋权属证书以及相关的合同、协议、证明等文件。”根据该条规定，申请人申请房屋权属转移登记时，需要向登记机关提交房屋权属发生转移的相关合同、协议、证明等文件。在本案登记原始档案中，刘国庆的登记申请书中记载房屋产权来源为继承，房屋产权来源说明书中同时在“继承”与“本人投资建造分家析产”两处作了标注。根据《城市房屋权属登记管理办法》规定，刘国庆应当向房屋登记机构提交与“继承”以及“本人投资建造分家析产”相应的证明文件。本案证据显示，涉诉房屋权属发生转移的协议为刘新民与李玉兰所立的遗嘱，但事实上芮城县政府为刘国庆办理房屋转移登记时，立遗嘱人刘新民、李玉兰仍健在，刘国庆继承该房屋的条件未成就，故申请人申请房屋转移登记时存在申报不实，隐瞒真实情况的情形。刘国庆认为上述“遗嘱”名为遗嘱，实为家庭协议，应视为其以“赠与”方式取得涉诉房屋，但该“赠与”又与其提交的申请书、房屋产权来源说明书记载的产权来源内容不一致，导致提供的登记材料形式要件不相统一，不符合《城市房屋权属登记管理办法》的相关规定，房产登记部门未尽到审查义务。关于刘国庆于 2000 年 11 月办理房屋转移登记时，房屋权属来源属于继承还是赠与，实质上是刘国庆与刘新民之间对涉诉房屋的权属问题产生的争议，该争议属于与本案行政行为相关的民事基础性行为，不属于人民法院行政诉讼审查范围。当事人可以通过民事诉讼途径加以解决。三、关于运城市政府的复议程序是否合法。运城市政府于 2015 年 8 月 24 日收到刘国庆的行政复议申请后，根据《中华人民共和国行政复议法》第二十三条以及《中华人民共和国行政复议法实施条例》第九条的规定，分别向被申请人芮城县政府和利害关系人刘新民发出行政复议答复通知书和参加行政复议通知。在审查过程中，运城市政府认为该案情况复杂，决定延期审理三十日，并将延期审理通知书送达各方当事人，最后于 2015 年 11 月 21 日作出行政复议决定，未超法定行政复议期限。故运城市政府作出的行政复议决定程序合法。综上，原判认定事实不清，适用法律错误，依法应予纠正。依据《行政诉讼法》第八十九条第一款第二项之规定，作出（2016）晋行终 475 号行政判决：一、撤销山西省运城市中级人民法院（2015）

运中行初字第 118 号行政判决；二、驳回刘国庆的诉讼请求。

刘国庆向本院申请再审称：一、一审法院认定事实清楚，但认定本案涉及的房屋已被全部拆除，芮城县政府的行政行为不具有可撤销内容，以此确认两再审被申请人的行政决定、复议决定违法，属适用法律不当。二、二审法院认定事实的主要证据不足，适用法律错误，审判人员有枉法裁判等违法行为。（1）芮城县政府未经调查程序，未告知刘国庆陈述和申辩，程序严重违法。芮城县房管所发出的公函并非芮城县政府的行为，不等于芮城县政府履行了告知和调查程序。二审法院却将该公函视为芮城县政府的告知行为，系故意违背事实枉法裁判。芮城县政府在行政复议决定未生效的情况下受理刘新民的再次申请，违反一事不再理的基本原则。根据《中华人民共和国物权法》的规定，对于产权有争议的，刘新民应当进行异议登记，并在十五日内起诉，在刘新民明显违反上述规定、申请注销刘国庆的产权证的情况下，芮城县政府受理并撤销房屋转移登记明显程序违法。（2）芮城县政府撤销涉案房屋转移登记主要证据不足。本案所涉的"遗嘱"明为遗嘱，实为家庭协议，该协议明确刘国庆系本案唯一的合法权利人。房屋来源说明书、登记申请书均系房屋原权利人李玉兰亲笔所写，办理登记系李玉兰所为，李玉兰与刘新民商议后自愿将该房产登记在刘国庆名下，系自行处分其权利的赠与行为，意思表示真实，从刘新民书写的《情况说明》可知其对此也是明确知情和同意的。虽然房屋产权来源说明书存在瑕疵，结合李玉兰亲自办理产权登记过户行为及遗嘱、刘新民亲笔书写的材料等证据，可以证实李玉兰和刘新民将该房屋产权赠与刘国庆。且产权转移登记历时十四年之久，刘新民也并未提出任何异议，其现申请撤销房屋转移登记明显于法无据，也超过了法定的二年诉讼时效。二审法院认定刘国庆申报不实，属歪曲事实，颠倒举证责任的分配。（3）《城市房屋权属登记管理办法》于2008年7月1日废止，二审法院适用已废止的部门规章作为依据，适用法律、法规错误。涉案房屋转移登记不属于《房屋登记办法》第八十一条规定的情形，芮城县政府依据该条规定撤销房屋转移登记，适用法律错误，系滥用职权。（4）运城市政府的复议流于形式，在芮城县政府行政决定明显违法的情况下，维持该行政决定的复议决定不合法。综上，依据《行政诉讼法》第九十条、第九十一条第三项、第四项、第八项之规定，提出再审申请，请求：撤销一审和二审行政判决；依法改判撤销芮城县政府2015年6月20日作出的芮政房撤字〔2015〕第1号决定及运城市政府2015年11月21日作出的〔2015〕19号行政复议决定。

芮城县政府提交答辩意见称：1. 涉案房屋转移登记是刘国庆单方申请的，登记申请书和房屋产权来源情况说明书中均明确填写“继承”，而此时作为房屋所有人的刘新民夫妻二人仍健在，且现今刘新民一再对转移登记提出撤销申请，这足以证明刘国庆申请时存在隐瞒真实情况的情形。且刘国庆以继承为由申请转移登记，仅提交了遗嘱，未提交被继承人死亡的相关证明文件，也是明显错误的。2. 因赠与发生房屋产权转移的登记，必须由赠与人与受赠人双方共同申请，并提供赠与人明确的赠与意思表示的相关协议等资料，而本案所涉转移登记资料中，却无一显示与“赠与”相关的资料。3. 不动产登记涉及专门场所、专业人员编配及档案管理等问题，都是由政府职能部门具体负责办理，不可能由县政府具体办理。在刘新民提出撤证申请后，芮城县房管所曾致函刘国庆明确说明相关情况，刘国庆也递交了异议书明确进行了陈述和申辩，故行政决定程序不存在对刘国庆的知情权及陈述申辩权构成损害的问题。

运城市政府提交答辩意见称：其作出的行政复议决定认定事实清楚，证据确凿，程序合法，适用依据正确，请求依法驳回刘国庆的再审申请。

刘新民提交答辩意见称：二审判决认定事实正确、适用法律正确、程序合法，刘国庆提出的再审申请于法无据且不合情理，请求依法驳回其再审申请。

本院认为：《行政诉讼法》第六条规定：“人民法院审理行政案件，对行政行为是否合法进行审查。”本案中，被诉行政行为是芮城县政府作出的撤销再审申请人刘国庆房屋转移登记的行政决定以及运城市政府作出的维持上述决定的行政复议决定。结合一审、二审裁判理由及刘国庆的再审申请理由，本案主要的争议焦点在于：第一，刘国庆办理房屋转移登记是否存在“申报不实”“隐瞒真实情况”的情形；第二，芮城县政府作出行政决定的程序是否合法；第三，二审法院及芮城县政府适用法律是否正确；第四，一审法院对于“芮城县政府的行政行为不具有可撤销内容”的认定是否正确。

关于焦点一。刘国庆主张，“结合李玉兰亲自办理产权登记过户行为及遗嘱、刘新民亲笔书写的材料等证据，可以证实李玉兰和刘新民将该房屋产权赠与刘国庆。”从本案证据来看，确实不排除刘国庆在办理房屋转移登记之时，其父母刘新民、李玉兰有将该房屋赠与刘国庆的意思表示。房屋权属可因赠与而发生转移，也可因买卖、继承等其他原因而发生转移，关键在于当事人申请房屋转移登记时是否提交了与房屋权属发生转移的原因相符的证明材料，这也是房屋登记机关对登记申请予以审查的基础。本案房屋转移登记发生于2000年11月，当时有效的规范依据是以原建设部令第57号发布、自1998年1月1日起施行的《城市房屋权属登记管理办法》，该办法第十七条第二款亦明确：“申请转移登记，权利人应当提交房屋权属证书以及相关的合同、协议、证明等文件。”第二十七条中还规定：“登记机关应当对权利人（申请人）的申请进行审查。凡权属清楚、产权来源资料齐全的，初始登记、转移登记、变更登记、他项权利登记应当在受理登记后的二个月内核准登记，并颁发房屋权属证书。”申请人应当依据上述规定提交相应申请材料，登记机关也应当依据上述规定对权属是否清楚、产权来源资料是否齐全进行审查。刘国庆虽主张系基于“赠与”而取得房屋产权，但从其申请房屋转移登记时提交的材料来看，却并无与“赠与”相关的材料。其提交的房屋权属发生转移的证明材料系刘新民与李玉兰于1998年所立的遗嘱，登记申请书中产权来源一栏填写为“继承”，房屋产权来源说明书中在“继承”“本人投资建造分家析产”两处作了勾选。结合刘国庆办理房屋转移登记之时刘新民、李玉兰仍健在，其继承该房屋的条件未成就这一事实，刘国庆办理房屋转移登记时申报的产权来源与事实不符是客观情况，芮城县政府认定“该转移登记明显申报不实，实属以隐瞒真实情况的非法手段获取房屋登记”，二审法院对此予以认可，并无不当。刘国庆主张以“赠与”方式取得房屋登记的理由不能成立。

关于焦点二。原审法院查明，芮城县政府在作出被诉行政行为前，其具体负责房屋登记工作的职能部门芮城县房管所曾向刘国庆发函，明确告知“拟申请县政府予以注销，如你对此注销行为有异议，可在接到本函之日起15日内向我们递交陈述申辩的书面材料”，刘国庆向该房管所递交了异议书，芮城县政府在被诉决定书中亦简要载明了刘国庆的陈述申辩意见。二审法院据此认为芮城县房管所发出公函的行为应视为芮城县政府的告知行为，芮城县政府听取了刘国庆的申辩，并无不当。刘国庆主张“芮城县房管所发出的公函并非芮城县政府的行为，不等于芮城县政府履行了告知和调查程序”的理由不能成立。芮城县政府于2015年3月12日作出的复议决定，系以芮城县房管所无权注销刘国庆的房屋所有权证为由，撤销了芮城县房管所作出的注销决定。

芮城县政府于2015年3月15日受理刘新民以相同的理由再次提出的注销申请，并不违反一事不再理原则。刘国庆主张“芮城县政府在行政复议决定未生效的情况下受理刘新民的再次申请，违反一事不再理的基本原则”，理由不能成立。《中华人民共和国物权法》规定的异议登记只是利害关系人认为不动产登记簿记载的事项错误而可以选择的一种救济方式，并非唯一的途径，刘国庆以刘新民未经异议登记即直接申请行政机关予以注销，行政机关予以受理系程序违法，该理由亦不能成立。

关于焦点三。判断行政行为是否合法，应当以行政行为作出时的法律、法规、规章为依据。本案房屋转移登记的时间是2000年11月，当时有效的规定是《城市房屋权属登记管理办法》；芮城县政府作出被诉撤销决定的时间是2015年6月，此时《城市房屋权属登记管理办法》已废止，《房屋登记办法》已施行。二审法院依据《城市房屋权属登记管理办法》判断刘国庆办理房屋转移登记是否符合当时的规定，芮城县政府依据《房屋登记办法》判断刘国庆的房屋转移登记是否符合撤销的条件，适用法律均无不当。《房屋登记办法》第八十一条规定：“司法机关、行政机关、仲裁委员会发生法律效力的文件证明当事人以隐瞒真实情况、提交虚假材料等非法手段获取房屋登记的，房屋登记机构可以撤销原房屋登记，收回房屋权属证书、登记证明或者公告作废，但房屋权利为他人善意取得的除外。”行政机关具有自我纠错的机能。芮城县政府根据查明的情况，认定刘国庆以隐瞒真实情况的非法手段获取房屋登记，从而依职权撤销其房屋转移登记，符合上述规章的规定。

关于焦点四。《行政诉讼法》第七十四条第二款第一项规定，“行政行为违法，但不具有可撤销内容的”，“人民法院判决确认违法”。该项所规定的确认违法判决，主要是针对违法的事实行为。所谓事实行为，是与法律行为相对的概念，是指一切并非以发生法律效果为目的，而以发生事实效果为目的的行政措施。事实行为不会对当事人的权利义务产生创设、变更或消灭的法律效果，因而不能成为撤销判决的对象，在其违法时只能适用确认判决。该项所规定的确认违法判决，还适用于在作出判决前行政行为已经了结，亦即已经执行完毕而无恢复原状可能或因其他事由而消灭的情形。因为该行政行为已无可撤销之效力，只能判决确认违法。而本案被诉行政行为是芮城县政府作出的撤销刘国庆房屋转移登记的行政决定以及运城市政府作出的行政复议决定，均系法律行为。一审法院以“本案涉及的房屋已被全部拆除，芮城县政府的行政行为不具有可撤销内容”为由判决确认行政行为违法，属于混淆了撤销判决的对象。二审法院予以纠正，并无不妥。

此外，刘国庆主张二审法院存在枉法裁判等情形，因未提供证据予以证明，本院不予支持。

综上，再审申请人刘国庆的再审申请不符合《中华人民共和国行政诉讼法》第九十一条规定的情形。依照《最高人民法院关

于适用〈中华人民共和国行政诉讼法〉的解释》第一百一十六条第二款之规定，裁定如下：

驳回再审申请人刘国庆的再审申请。

审 判 长　李广宇
审 判 员　杨立初
审 判 员　梅　芳
二〇一八年四月十七日
法官助理　骆芳菲
书 记 员　张　兰

继续确认的利益与诉由消失

张远凤等诉丹江口市政府案

裁判要旨

《行政诉讼法》第七十四条第二款第三项规定的具体内容是："行政行为有下列情形之一，不需要撤销或者判决履行的，人民法院判决确认违法……（三）被告不履行或者拖延履行法定职责，判决履行没有意义的。"这里规定的是履行法定职责之诉终结后的继续确认之诉。所谓继续确认之诉，并不是一个独立的诉讼种类，它是在初始诉讼终结之后，为使那些随诉讼终结被弃置不顾的法律问题继续得以澄清而提供的一种具有"事后确认"性质的诉讼。所谓"终结"，是指诉讼标的终结。例如，原告提起一个旨在撤销一个行政行为的撤销之诉，但在诉讼期间被诉行政行为在法律上或者由于事实原因已经终结，这时，初始的撤销之诉就告终结，因为人民法院不需要甚至无法对一个已经终结的行政行为再一次判决撤销。履行法定职责之诉中也会出现诉讼终结的情形，例如，在原告提起诉讼之后行政机关履行了法定职责，从而使原告的请求获得了满足；或者在人民法院作出裁判时法律上或者事实上的客观状况使得判决行政机关履行法定职责变得不可能或者没有意义。继续确认之诉的本义，就是允许原告在初始诉讼终结之后请求继续原来的诉讼，以对已经终结的行政行为以及不履行或者拖延履行法定职责的违法性进行事后确认。

正如一般确认之诉需要具备确认的利益一样，要求继续确认也要具备某种特殊的确认利益。这些特殊的确认利益包括，存在重复危险、存在恢复名誉的利益、存在进一步请求赔偿的可能，等等。

每个法律规范都是统一的法律整体的一部分，也是某一法律部门的一部分，它的功能的发挥是与其他规范相互配合为条件的。因此，为正确理解和适用某一个法律规范，就必须同其他法律规范联系起来，通过解释前后法律条文和法律的内在价值与目的，来明晰这个具体法律规范的含义。法律规范作为一个体系，就好比一个森林，是由好多棵树木组成。只见一棵树木，难窥森林全貌。

《行政诉讼法》第六十九条规定的内容是："行政行为证据确凿，适用法律、法规正确，符合法定程序的，或者原告申请被告履行法定职责或者给付义务理由不成立的，人民法院判决驳回原告的诉讼请求。"该条所说的"原告申请被告履行法定职责或者给付义务理由不成立"，既包括被告根本不存在不履行法定职责或者给付义务，也包括原告申请被告履行法定职责或者给付义务的诉由消失。所谓诉由消失，是指在诉讼过程中原告已经获得了通过本案支持其主张的判决所能获得的一切，在争议已经解决或已不存在的情况下，法院不可能责令行政机关再去做他们已经做完了的事情。通常情况下，在履行法定职责之诉中，如果在诉讼中被告履行了法定职责，就属于诉由消失，因为原告提起诉讼的目的已经达到。在此情况下，人民法院应当依照《行政诉讼法》第六十九条的规定，判决驳回原告的诉讼请求。只有在确实存在特殊确认利益的情况下，经原告申请，人民法院才提供继续确认之诉，并依照《行政诉讼法》第七十四条第二款第三项的规定，对行政机关不履行或者拖延履行法定职责的违法性作出事后确认。因此，《行政诉讼法》第六十九条与第七十四条第二款第三项之间，是一种一般与特殊的关系，在不存在特殊确认利益的情况下，可以优先适用一般性规范，判决驳回原告的诉讼请求。

中华人民共和国最高人民法院
行政裁定书

（2018）最高法行申9422号

再审申请人暨诉讼代表人（一审原告、二审上诉人）张远凤，女，汉族，住湖北省丹江口市。

委托代理人陈训德，男，汉族，住湖北省丹江口市。系张远凤之夫。

再审申请人暨诉讼代表人（一审原告、二审上诉人）谭文云，男，汉族，住湖北省丹江口市。

再审申请人（一审原告、二审上诉人）武胜义，男，汉族，住湖北省丹江口市。

再审申请人（一审原告、二审上诉人）谭文保，男，汉族，住湖北省丹江口市。

再审申请人（一审原告、二审上诉人）王勇，男，汉族，住湖北省丹江口市。

再审申请人（一审原告、二审上诉人）付德荣，女，汉族，住湖北省丹江口市。

再审申请人（一审原告、二审上诉人）姜家兰，女，汉族，住湖北省丹江口市。

再审申请人（一审原告、二审上诉人）陈保全，男，汉族，住湖北省丹江口市。

再审申请人（一审原告、二审上诉人）付桂林，男，汉族，住湖北省丹江口市。

再审申请人（一审原告、二审上诉人）马运六，男，汉族，住湖北省丹江口市。

再审申请人（一审原告、二审上诉人）石磊，男，汉族，住湖北省丹江口市。

再审被申请人（一审被告、二审被上诉人）丹江口市人民政府，住所地湖北省丹江口市人民路16号。

法定代表人李翔，该市人民政府市长。

再审申请人张远凤、谭文云、武胜义、谭文保、王勇、付德荣、姜家兰、陈保全、付桂林、马运六、石磊（以下称张远凤等）因诉丹江口市人民政府（以下简称丹江口市政府）不履行行政复议法定职责一案，不服湖北省高级人民法院（2018）鄂行终492号行政判决，向本院申请再审。本院依法组成由审判员李广宇、审判员阎巍、审判员仝蕾参加的合议庭，对本案进行了审查，现已审查终结。

张远凤等向湖北省十堰市中级人民法院起诉称：其通过邮政快递方式，请求丹江口市新港经济开发管理处公开政府信息，该处在法定期限内未作任何处理和答复。其依法向丹江口市政府申请复议，丹江口市政府收到相关复议申请后至今未作任何处理。

故请求判决丹江口市政府作出行政复议决定，限期责令新港经济开发管理处公开相关信息。

湖北省十堰市中级人民法院一审查明：张远凤等于2017年6月13日向丹江口市政府邮寄了行政复议申请书。丹江口市政府于2017年6月15日收到复议申请，于2017年6月21日立案受理，于2017年8月12日作出行政复议决定书。该复议决定责令丹江口市新港经济开发管理处在收到该决定三十日内以书面形式对张远凤等提出的信息公开申请予以答复。该复议决定于2017年9月2日邮寄送达，张远凤等次日收到。张远凤等对丹江口市政府的行政复议决定实体处理结果满意。

湖北省十堰市中级人民法院一审认为：鉴于张远凤等对丹江口市政府行政复议决定满意，故本案争议的焦点仅为丹江口市政府是否在法定期限内作出行政复议决定。根据《中华人民共和国行政复议法》（以下简称《行政复议法》）第三十一条的规定，丹江口市政府在六十日内作出了行政复议决定，但存在送达不及时问题，至本案起诉时该决定对张远凤等尚未生效。丹江口市政府应与当事人加强沟通，提高行政效率，避免不必要的诉讼。综上，送达不及时的轻微程序性瑕疵，不影响行政复议实体处理，张远凤等申请丹江口市政府履行法定职责的理由不成立。依照《中华人民共和国行政诉讼法》（以下简称《行政诉讼法》）第六十九条规定，作出（2017）鄂03行初20号行政判决，驳回张远凤等的诉讼请求。

张远凤等不服，提起上诉。

湖北省高级人民法院二审认为：张远凤等因丹江口市政府未在法定期限内作出行政复议决定而提起本案之诉，要求丹江口市政府在一定期限内履行行政复议法定职责。联系本案查明事实，丹江口市政府在受理复议申请之日起六十日内作出了行政复议决定，但并未在该期限内及时向申请人送达决定书，导致当事人提起行政诉讼。原审法院于2017年8月29日立案，张远凤等于2017年9月3日收到了丹江口市政府邮寄送达的行政复议决定书，张远凤等虽对复议结果表示满意，但认为复议决定未在法定期限内作出、送达，应确认该行为违法。根据《行政复议法》第三十一条的规定，行政复议机关应在法律规定的期限内作出行政复议决定，并应当制作行政复议决定书送达给当事人。本案中，丹江口市政府虽在法定期限内作出复议决定，却未向当事人及时送达复议决定书，行政复议行为存在一定瑕疵，但尚不足以因此对该行为的合法性作出否定性评价。一审判决认定事实清楚，适用法律正确，审判程序合法。需要指出的是，丹江口市政府应规范行政行为，提高行政效率，避免让当事人产生不必要的诉累，及时依法行政，消除当事人的顾虑。综上，张远凤等的上诉理由不成立，其上诉请求不予支持。据此判决驳回上诉，维持原判。

张远凤等向本院申请再审称：再审申请人的诉讼请求是要求再审被申请人履行法定职责，再审被申请人在审理过程中，虽然作出了行政复议决定，但再审申请人并未撤回起诉，人民法院应当根据《行政诉讼法》第七十四条第二款的规定，依法确认再审被申请人未依法履行行政复议法定职责的行为违法。一审和二审判决认定事实及适用法律错误。请求：撤销一审和二审行政判决，依法确认再审被申请人未依法履行行政复议法定职责的行为违法。

本院认为：再审申请人张远凤等提起本案诉讼，是因为其在法定期限内没有收到再审被申请人丹江口市政府的行政复议决定，因而请求人民法院判决再审被申请人限期责令丹江口市新港经济开发管理处公开相关信息并作出行政复议决定。在一审诉讼过程中，再审申请人收到丹江口市政府邮寄送达的行政复议决定，该决定责令丹江口市新港经济开发管理处在收到该决定三十日内以书面形式对再审申请人提出的信息公开申请予以答复，该决定的作出时间也是在法定期限之内。一审法院认为，再审被申请人于2017年8月12日作出行政复议决定，虽然是在六十日内作出，但于2017年9月2日邮寄送达，“存在送达不及时问题，致本案起诉时该决定对张远凤等尚未生效。丹江口市政府应与当事人加强沟通，提高行政效率，避免不必要的诉讼”。但一审法院同时认为，“送达不及时的轻微程序性瑕疵，不影响行政复议实体处理”，据此判决驳回再审申请人的诉讼请求。二审法院经审理认为，虽然“行政复议行为存在一定瑕疵，但尚不足以因此对该行为的合法性作出否定性评价”，据此判决驳回上诉，维持原判。

再审申请人对复议决定的内容并未表示异议，其向本院申请再审，主要是认为，“再审申请人的诉讼请求是要求再审被申请人履行法定职责，再审被申请人在审理过程中，虽然作出了行政复议决定，但再审申请人并未撤回起诉，人民法院应当根据《行政诉讼法》第七十四条第二款的规定，依法确认再审被申请人未依法履行行政复议法定职责的行为违法”。这就涉及对《行政诉讼法》第七十四条第二款规定的理解与适用问题。

《行政诉讼法》第七十四条第二款规定的是“不需要撤销或者判决履行的，人民法院判决确认违法”的具体情形，其中第三项是：“被告不履行或者拖延履行法定职责，判决履行没有意义的。”这里规定的是履行法定职责之诉终结后的继续确认之诉。所谓继续确认之诉，并不是一个独立的诉讼种类，它是在初始诉讼终结之后，为使那些随诉讼终结被弃置不顾的法律问题继续得以澄清而提供的一种具有“事后确认”性质的诉讼。所谓“终结”，是指诉讼标的终结。例如，原告提起一个旨在撤销一个行政行为的撤销之诉，但在诉讼期间被诉行政行为在法律上或者由于事实原因已经终结，这时，初始的撤销之诉就告终结，因为人民法院不需要、甚至无法对一个已经终结的行政行为再一次判决撤销。履行法定职责之诉中也会出现诉讼终结的情形，例如，在原告提起诉讼之后行政机关履行了法定职责，从而使原告的请求获得了满足；或者在人民法院作出裁判时法律上或者事实上的客观状况使得判决行政机关履行法定职责变得不可能或者没有意义。继续确认之诉的本义，就是允许原告在初始诉讼终结之后请求继续原来的诉讼，以对已经终结的行政行为以及不履行或者拖延履行法定职责的违法性进行事后确认。但是，正如一般确认之诉需要具备确认的利益一样，要求继续确认也要具备某种特殊的确认利益。这些特殊的确认利益包括，存在重复危险、存在恢复名誉的利益、存在进一步请求赔偿的可能，等等。就本案来讲，行政机关在诉讼过程中作出了行政复议决定，再审申请人所提起的履行法定职责之诉已告终结。行政机关固然存在送达不及时的问题，但在复议决定支持了其请求的情况下，仅以这种轻微程序性瑕疵就进行继续确认诉讼，显然欠缺确认利益。

我们理解，再审申请人之所以执意申请再审，在于他们认为，按照《行政诉讼法》第七十四条第二款第三项的规定，对于在诉讼过程中履行了法定职责的，如果不需要判决履行，就必然应当确认当初不履行或者拖延履行法定职责违法。仅仅从字面上理解，这一见解难说错误。但是，每个法律规范都是统一的法律整体的一部分，也是某一法律部门的一部分，它的功能的发挥是以与其他规范相互配合为条件的。因此，为正确理解和适用某一个法律规范，就必须同其他法律规范联系起来，通过解释前后法律条文和法律的内在价值与目的，来明晰这个具体法律规范的含义。法律规范作为一个体系，就好比一个森林，是由好多棵树木组成。只见一棵树木，难窥森林全貌。在本案，一审法院的裁判依据是《行政诉讼法》第六十九条，该条规定的内容是：“行政行为证据确凿，适用法律、法规正确，符合法定程序的，或者原告申请被告履行法定职责或者给付义务理由不成立的，人民法院判决驳回原告的诉讼请求。”该条所说的“原告申请被告履行法定职责或者给付义务理由不成立”，既包括被告根本不存在不履行法定职责或者给付义务，也包括原告申请被告履行法定职责或者给付义务的诉由消失。所谓诉由消失，是指在诉讼过程中原告已经获得了通过本案支持其主张的判决所能获得的一切，在争议已经解决或已不存在的情况下，法院不可能责令行政机关再去做他们已经做完了的事情。通常情况下，在履行法定职责之诉中，如果在诉讼中被告履行了法定职责，就属于诉由消失，因为原告提起诉讼的目的已经达到。在此情况下，人民法院应当依照《行政诉讼法》第六十九条的规定，判决驳回原告的诉讼请求。只有在确实存在特殊确认利益的情况下，经原告申请，人民法院才提供继续确认之诉，并依照《行政诉讼法》第七十四条第二款第三项的规定，对行政机关不履行或者拖延履行法定职责的违法性作出事后确认。因此，《行政诉讼法》第六十九条与第七十四条第二款第三项之间，是一种一般与特殊的关系，在不存在特殊确认利益的情况下，可以优先适用一般性规范，判决驳回原告的诉讼请求。在本案，一审法院正是依照《行政诉讼法》第六十九条的规定，作出了这样的处理。

综上，再审申请人张远凤等的再审理由不能成立，其再审申请不符合《中华人民共和国行政诉讼法》第九十一条规定的情形。依照《最高人民法院关于适用〈中华人民共和国行政诉讼法〉的解释》第一百一十六条第二款之规定，裁定如下：

驳回再审申请人张远凤、谭文云、武胜义、谭文保、王勇、付德荣、姜家兰、陈保全、付桂林、马运六、石磊的再审申请。

审 判 长　李广宇

审 判 员　阎　巍

审 判 员　仝　蕾

二〇一八年十一月二十六日

法官助理　骆芳菲

书 记 员　王昱力

确认无效之诉的转换

魏修娥诉利川市政府、利川市
国土资源局案

裁判要旨

在行政行为虽然存在一定程度的违法但并未达到“重大且明显违法”的情况下，人民法院也不是一概会转而作出撤销判决或者确认违法判决，其前提必须是在其提起确认无效之诉时尚没有超过撤销之诉的法定起诉期限。否则，提起确认无效之诉就会成为规避撤销之诉起诉期限的“武器”。《最高人民法院关于适用〈中华人民共和国行政诉讼法〉的解释》第九十四条第二款关于“原告请求撤销行政行为但超过法定起诉期限的，裁定驳回起诉”的规定，说的就是这个问题。

原审法院虽然没有就起诉期限问题作出认定，但上级人民法院针对一个已经发生法律效力的判决、裁定决定提审或者指令再审，必然要对包括起诉期限在内的各种起诉条件是否具备进行审查。

中华人民共和国最高人民法院
行政裁定书

（2018）最高法行申4773号

再审申请人（一审原告、二审上诉人）魏修娥，女，汉族，住湖北省利川市。

委托代理人张天增，天津益农律师事务所律师。

再审被申请人（一审被告、二审被上诉人）利川市人民政府，住所地湖北省利川市龙船大道51号。

法定代表人张涛，该市人民政府市长。

再审被申请人（一审被告、二审被上诉人）利川市国土资源局，住所地湖北省利川市滨江路。

法定代表人秦性兵，该局局长。

原审第三人利川简雅置业有限公司，住所地湖北省利川市榨木社区龙洞巷15号。

法定代表人黄继业，该公司董事长。

再审申请人魏修娥因诉利川市人民政府、利川市国土资源局土地行政征收一案，不服湖北省高级人民法院（2017）鄂行终955号行政判决，向本院申请再审。本院依法组成由审判员李广宇、审判员阎巍、审判员仝蕾参加的合议庭，对本案进行了审查，现已审查终结。

湖北省恩施土家族苗族自治州中级人民法院一审查明：2013年4月26日，湖北省人民政府作出《关于批准利川市2012年度第10批次建设用地的批复》（鄂政土批〔2013〕568号），同意利川市呈报的《农用地转用方案》、《补充耕地方案》和《征收土地方案》，同意将利川市都亭办事处木栈村、普庵村、榨木村集体农用地29.3779公顷（其中耕地26.7537公顷）转为建设用地并办理征地手续，另征收集体建设用地3.00012公顷，共计批准建设用地32.3791公顷。2015年4月22日，利川市人民政府发布《利川市人民政府征收土地公告》，决定征收利川市都亭街道办事处木栈社区、普庵社区、榨木社区征地红线图范围内的集体土地32.3791公顷。魏修娥的土地在征收红线范围内。2015年5月8日，利川市国土资源局发布《利川市国土资源局土地及房屋征收补偿安置方案公告》（利土资发〔2015〕40号），就《征收补偿安置方案》的内容即相关事项予以公告。2015年6月8日，利川市都亭街道办事处普庵社区居委会向利川市国土资源局报送《关于2012年底10批次建设用地土地房屋征收补偿安置方案公告发布后相关情况的报告》，指出"社区居委会于5月9日在普庵社区居委会张贴了该公告，截至2015年6月8日，相关居民对土地房屋征收补偿安置方案无异议，无一人口头或者书面要求举行听证会。"2015年7月23日，《土地及房屋征收补偿安置方案》经利川市人民政府批准后，利川市国土资源局发布《关于实施〈土地及房屋征收补偿安置方案〉的通知》，要求相关居民办理土地补偿登记等相关事宜。2016 年 9 月 13 日，利川市土地储备交易中心向魏修娥发出《关于限期办理被征收土地补偿事宜的通知》，要求魏修娥及时办理土地测绘、评估、补偿等事宜。2016 年 10 月，经利川市国土资源局委托，湖北利川博宇科技有限公司对魏修娥被征土地进行现场测量。经测绘，魏修娥被征土地有三块，面积合计 2.5875 亩，经测算，其应得补偿合计 134 550.50 元。2016 年 10 月 20 日、2016 年 12 月 1 日，利川市国土资源局先后向魏修娥发出《利川市国土资源局关于魏修娥被征收土地面积、附着物补偿结果的通知》《关于限期领取征地补偿款的通知》，但魏修娥并未领取该补偿款。2016 年 12 月 23 日，利川市国土资源局先后向魏修娥发出《责令交出土地决定书》。2016 年 12 月 28 日，利川市土地储备交易中心、村组干部在普庵社区就 2015 年中核项目征地问题向魏修娥一对一进行政策解释。2017 年 3 月 17 日，利川市国土资源局又向魏修娥发出《履行〈责令交出土地决定书〉催告书》，但魏修娥未予配合。魏修娥因不服利川市人民政府、利川市国土资源局的土地征收行为，提起行政诉讼，请求确认利川市人民政府、利川市国土资源局组织实施征地行为无效。另查明，2016 年 11 月 30 日、2017 年 3 月 7 日，利川市国土资源局与利川简雅置业有限公司签订 HT（2016）31、HT（2016）39 号《国有建设用地使用权出让合同》，利川简雅置业有限公司取得宗地编号为 G（2016）31、G（2016）39 国有建设用地使用权。

湖北省恩施土家族苗族自治州中级人民法院一审认为：根据《中华人民共和国土地管理法》第四十六条第一款、《中华人民共和国土地管理法实施条例》第二十五条之规定，利川市人民政府、利川市国土资源局是本案适格被告。本案中，湖北省人民政府作出鄂政土批〔2013〕568号批复的时间是2013年4月26日，利川市人民政府发布征收土地公告的时间为2015年4月22日，即利川市人民政府在湖北省人民政府鄂政土批〔2013〕568号批复作出后的两年内实施了具体的征地行为，该批复并未自动失效。魏修娥关于该批复已经失效、二被告的土地征收行为缺乏依据的诉讼理由不能成立。《征收土地公告办法》第四条规定，被征收土地所在地的市、县人民政府应当在收到征收土地方案批准文件之日起10个工作日内进行征收土地公告。利川市人民政府在收到湖北省人民政府鄂政土批〔2013〕568号批复后，将近两年才发布征收土地公告，与上述规定不符。本案证据显示，利川市国土资源局先后向魏修娥留置送达了《关于限期办理被征收土地补偿事宜的通知》《利川市国土资源局关于魏修娥被征收土地面积、附着物补偿结果的通知》《关于限期领取征地补偿款的通知》《责令交出土地决定书》《履行〈责令交出土地决定书〉催告书》等文书，并于2016年12月28日向魏修娥就征地问题一对一进行政策解释。可见，魏修娥关于二被告未告知征地相关事宜、未给予征地补偿款的诉讼理由缺乏事实根据。综上，根据《中华人民共和国行政诉讼法》第七十五条的规定，行政行为有实施主体不具有行政主体资格或者没有依据等重大且明显违法情形，原告申请确认行政行为无效的，人民法院判决确认无效。利川市人民政府、利川市国土资源局具有征收土地的主体资格，且有依据，虽然在征收土地行为中有瑕疵，但尚未达到重大且明显违法情形，魏修娥诉请确认利川市人民政府、利川市国土资源局的土地征收行为无效，于法无据，不予支持。依照《中华人民共和国行政诉讼法》第六十九条之规定，作出（2017）鄂28行初58号行政判决，驳回魏修娥的诉讼请求。

魏修娥不服，提起上诉。

湖北省高级人民法院二审认为：根据《中华人民共和国土地管理法》第四十六条第一款和《中华人民共和国土地管理法实施条例》第二十五条之规定，利川市人民政府、利川市国土资源局是本案适格被告。湖北省人民政府于2013年4月26日作出鄂政土批〔2013〕568号批复，2015年4月22日，利川市人民政府发布《利川市人民政府征收土地公告》，在两年内实施了具体的征地行为，湖北省人民政府的上述批复并未失效。虽然利川市人民政府发布征收土地公告时间不符合《征用土地公告办法》第四条的规定，征收土地行为存在瑕疵，但尚未达到重大且明显违法情形。魏修娥请求确认利川市人民政府、利川市国土资源局土地征收行为无效的上诉理由不能成立，不予支持。原审判决认定事实清楚，适用法律、行政法规正确，驳回魏修娥的诉讼请求并无不当。据此判决驳回上诉，维持原判。

魏修娥向本院申请再审称：再审被申请人组织实施征收土地所依据的征收土地批复已经自动失效，其组织实施征收土地是没有依据的行政行为，且其组织实施征收土地过程中存在重大且明显的违法行为。根据最高人民法院（2016）最高法行申 2720 号行政裁定书，即使再审申请人起诉的是确认征收土地行为无效，人民法院也应当对案件进行全面审理，若未达到重大且明显违法情形的，也应当依法判决确认组织实施征地行为违法，而不能直接驳回诉讼请求。故原审法院适用法律错误，请求撤销一审和二审判决，改判再审被申请人组织实施征收土地行为无效，或全面审查判决确认再审被申请人组织实施征收土地行为违法。

本院认为：再审申请人魏修娥提起本案诉讼，是请求确认再审被申请人利川市人民政府、利川市国土资源局组织实施征地行为无效。一审法院认为，利川市人民政府、利川市国土资源局具有征收土地的主体资格，且有依据，虽然在征收土地行为中有瑕疵，但尚未达到重大且明显违法情形，据此判决驳回再审申请人的诉讼请求。二审法院以同样理由判决驳回上诉，维持原判。再审申请人向本院申请再审，除了坚持认为利川市人民政府、利川市国土资源局组织实施征地行为无效，还援引本院（2016）最高法行申 2720 号行政裁定书，主张“即使再审申请人起诉的是确认征收土地行为无效，人民法院也应当对案件进行全面审理，若未达到重大且明显违法情形的，也应当依法判决确认组织实施征地行为违法，而不能直接驳回诉讼请求”。

由于确认行政行为无效与撤销行政行为或者确认行政行为违法一样，都是基于对被诉行政行为合法性的审查，因此的确存在一种可转换的关系。正因如此，本院在（2016）最高法行申 2720 号行政裁定书中曾经指出："实践中，真正的无效确认之诉，主要出现于辅助请求中，或者它是遵照法院的释明采取的一种转换形式。换句话说，即使原告的请求仅是撤销，法院经审理认为达到自始无效的程度，也会判决确认无效；反之，如果原告请求的是确认无效，法院经审理认为仅仅属于一般违法，也会转而作出撤销判决。因此，无论原告的诉讼请求是确认无效，还是请求撤销（或确认违法），法院通常都会对是否违法以及违法的程度作出全面的审查和评价。"嗣后于 2018 年 2 月 8 日起施行的《最高人民法院关于适用〈中华人民共和国行政诉讼法〉的解释》第九十四条对此进行了明确，该条第一款规定："公民、法人或者其他组织起诉请求撤销行政行为，人民法院经审查认为行政行为无效的，应当作出确认无效的判决。"第二款中规定："公民、法人或者其他组织起诉请求确认行政行为无效，人民法院审查认为行政行为不属于无效情形，经释明，原告请求撤销行政行为的，应当继续审理并依法作出相应判决。"本案一审裁判作出时，虽然上述司法解释尚未施行，但依据法理和先前最高人民法院的裁判观点，亦应行使相应的释明权。就这一点而言，再审申请人的再审理由不无道理。不过，在行政行为虽然存在一定程度的违法但并未达到"重大且明显违法"的情况下，人民法院也不是一概会转而作出撤销判决或者确认违法判决，其前提必须是在其提起确认无效之诉时尚没有超过撤销之诉的法定起诉期限。否则，提起确认无效之诉就会成为规避撤销之诉起诉期限的“武器”。《最高人民法院关于适用〈中华人民共和国行政诉讼法〉的解释》第九十四条第二款关于“原告请求撤销行政行为但超过法定起诉期限的，裁定驳回起诉”的规定，说的就是这个问题。

原审法院虽然没有就起诉期限问题作出认定，但本院针对一个已经发生法律效力的判决、裁定决定提审或者指令再审，必然要对包括起诉期限在内的各种起诉条件是否具备进行审查。根据原审法院认定的事实，2015 年 4 月 22 日，利川市人民政府就发布了《利川市人民政府征收土地公告》，2015 年 5 月 8 日，利川市国土资源局又发布了《利川市国土资源局土地及房屋征收补偿安置方案公告》，截至 2015 年 6 月 8 日，相关居民对土地房屋征收补偿安置方案无异议，无一人口头或者书面要求举行听证会。再审申请人迟至 2017 年 6 月 12 日提起行政诉讼，显然已经超过《最高人民法院关于执行〈中华人民共和国行政诉讼法〉若干问题的解释》第四十一条规定的两年的起诉期限。在此情况下，原审法院不予作出确认违法判决，并无不当。其认定被诉行政行为“尚未达到重大且明显违法情形”，亦无不妥。

综上，再审申请人魏修娥的再审申请不符合《中华人民共和国行政诉讼法》第九十一条规定的情形。依照《最高人民法院关于适用〈中华人民共和国行政诉讼法〉的解释》第一百一十六条

第二款之规定，裁定如下：

驳回再审申请人魏修娥的再审申请。

审 判 长　李广宇

审 判 员　阎　巍

审 判 员　仝　蕾

二〇一八年十一月三十日

法官助理　骆芳菲

书 记 员　王昱力

情势判决与一般给付之诉

周士贵诉荆州市荆州区政府案

裁判要旨

所谓"情势判决"，虽然也确认行政行为违法，但严格讲并不属于确认之诉的判决方式，而是撤销之诉的一种例外情形。其含义是指，在针对一个行政行为提起的撤销之诉中，虽然行政行为违法且依法应当撤销，但在撤销该行政行为会给国家利益、社会公共利益造成重大损害的情况下，人民法院只确认该行政行为违法，但不撤销行政行为。可见，适用《行政诉讼法》第七十四条第一款第一项规定的"情势判决"，其前提必须是针对一个行政行为，该行政行为应当撤销且具有可撤销内容。

《最高人民法院关于适用〈中华人民共和国行政诉讼法〉的解释》第六十八条第一款第二项规定："行政诉讼法第四十九条第三项规定的'有具体的诉讼请求'"，包括"请求判决行政机关履行特定法定职责或者给付义务"。这里所说的"请求判决行政机关履行特定给付义务"，就是指一般给付之诉。与"请求判决行政机关履行特定法定职责"相同，它们都属于给付之诉，所不同的是，后者是要求判决行政机关作出特定行政行为，前者则是要求判决行政机关作出除行政行为以外的其他各种行为，在许多情况下，这种诉讼涉及的都是事实行为。一般给付之诉被称为"诉讼上的多用途武器"，当事人不仅可以行使金钱给付和事实行为请求权，也可以行使不当得利返还和后果消除请求权。这些请求权既可能出自行政法律、法规的规定，也可能出自行政行为、行政承诺、行政协议，还可能出自对于民法规范的类推适用。

诉讼种类的误用，不仅会造成与诉讼请求的不对应，也会使行政争议的有效解决大打折扣。由于诉讼类型选择错误，导致对案件的审理有所偏差，未能准确回应诉讼请求的，应当依法提起再审。

中华人民共和国最高人民法院
行政裁定书

（2018）最高法行申7470号

再审申请人（一审原告、二审上诉人）周士贵，男，汉族，住湖北省荆州市荆州区。

委托代理人黄艳，北京正山律师事务所律师。

再审被申请人（一审被告、二审被上诉人）荆州市荆州区人民政府，住所地湖北省荆州市荆州区荆州中路80号。

法定代表人夏光宏，该区人民政府区长。

再审申请人周士贵因诉荆州市荆州区人民政府（以下简称荆州区政府）行政侵权一案，不服湖北省高级人民法院（2018）鄂行终471号行政判决，向本院申请再审。本院依法组成由审判员李广宇、审判员阎巍、审判员仝蕾参加的合议庭，对本案进行了审查，现已审查终结。

湖北省荆州市中级人民法院一审查明：周士贵属非农业家庭户籍，在荆州市荆州区荆北村二组有一处房屋，取得了《土地使用证》《房屋所有权证》。因该房屋紧邻318国道，周士贵将其出租作为商铺使用。荆州区政府为了推进荆州区城北快速路建设项目，需对包括周士贵房屋在内的荆北村沿318国道一线房屋进行征收。经协商，该路段的被征收户绝大多数已经签约，还有包括周士贵在内的少数被征收户正在洽谈中。2017 年 8 月，荆州区政府在周士贵房屋前沿线搭建起围墙，并在围墙的两端预留了可供通行的通道。另查明，征收部门拟将周士贵的房屋认定为非住宅经营户。周士贵提起本案诉讼，请求依法判令荆州区政府立即拆除其在原告房屋旁边搭建的围墙，停止妨碍对商铺的正常经营使用。

湖北省荆州市中级人民法院一审认为：荆州区政府搭建围墙与荆州区城北快速路项目建设房屋征收相关，是荆州区政府行使行政管理而产生的行为，属于行政诉讼的受案范围。《城市市容和环境卫生管理条例》第十四条规定："任何单位和个人都不得在街道两侧和公共场地堆放物料，搭建建筑物、构筑物或者其他设施。因建设等特殊需要，在街道两侧和公共场地临时堆放物料，搭建非永久性建筑物、构筑物或者其他设施的，必须征得城市人民政府市容环境卫生行政主管部门同意后，按照有关规定办理审批手续。"依据上述规定，荆州区政府应提交证据证明其在沿 318 国道一线周士贵房屋前搭建围墙征得了市容环境卫生行政主管部门的同意、审批，但荆州区政府未提交相应证据。因此，在未征得市容环境卫生行政主管部门的同意、审批的情况下，荆州区政府在周士贵房屋前搭建围墙的行政行为违法。尽管荆州区政府在周士贵房屋前搭建围墙的行政行为违法，但其在周士贵房屋门前搭建的围墙边留有供行人进出的通道，该通道可保障周士贵及周边群众的正常通行。关于周士贵认为荆州区政府搭建围墙的行为侵犯了其宅基地使用权、严重影响了其房屋的正常经营使用的观点，因涉案土地的所有权人是荆州区郢城镇荆北村农民集体，而周士贵土地使用证的土地用途一栏记载已超标22.8平方米，并且周士贵未提交相应的证据加以证明，故对周士贵该观点，不予支持。退而言之，即使荆州区政府在周士贵房屋前搭建围墙的行为对周士贵房屋作为商铺经营造成一定的影响，但由于周士贵的房屋已被纳入征收范围，对其经营损失将按照征收补偿方案的规定予以补偿。周士贵与荆州区政府之间的纠纷实质是征收法律关系，周士贵请求荆州区政府承担物权侵权责任，缺乏法律依据。鉴于周士贵房屋所在的荆北村征收片区的绝大多数被征收户已经签约，荆州区政府所搭建的围墙能够从施工安全和环境保护方面保障房屋拆除工作的顺利进行，符合社会公共利益。根据《中华人民共和国行政诉讼法》（以下简称《行政诉讼法》）第七十四条第一款第一项之规定，行政行为依法应当撤销，但撤销会给国家利益、社会公共利益造成重大损害的，人民法院判决确认违法，但不撤销行政行为。因此，周士贵要求荆州区政府立即拆除在其房屋旁搭建围墙的诉讼请求，不予支持。综上，依据《城市市容和环境卫生管理条例》第十四条、《行政诉讼法》第七十四条第一款第一项、《最高人民法院关于执行〈中华人民共和国行政诉讼法〉若干问题的解释》第五十六条第四项规定，作出（2017）鄂10行初34号行政判决：一、确认荆州区政府在周士贵房屋前搭建围墙的行政行为违法；二、驳回周士贵的其他诉讼请求。

周士贵不服，提起上诉。

湖北省高级人民法院二审认为：根据《城市市容和环境卫生管理条例》第十四条规定："任何单位和个人都不得在街道两侧和公共场地堆放物料，搭建建筑物、构筑物或者其他设施。因建设等特殊需要，在街道两侧和公共场地临时堆放物料，搭建非永久性建筑物、构筑物或者其他设施的，必须征得城市人民政府市容环境卫生行政主管部门同意后，按照有关规定办理审批手续。"荆州区政府未提交证据证明其搭建涉案围墙经过当地市容环境卫生行政主管部门审批，原审法院判决确认其搭建涉案围墙的行政行为违法正确。荆州区政府因集体土地上的房屋征收而修建围墙，是为保障建筑物周边的公共交通及施工安全。周士贵认为荆州区政府搭建围墙的行为侵犯了其宅基地使用权，但其未提交证据证明其诉讼理由。周士贵出租经营的房屋在荆州区政府征收房屋的范围内，其经营损失可按照征收补偿方案的规定予以补偿，其合法权益并未因此受到损害。原审判决认定事实清楚，适用法律正确，审判程序合法。周士贵的上诉理由不能成立，其上诉请求不予支持。据此判决驳回上诉，维持原判。

周士贵向本院申请再审称：原审法院关于"符合社会公共利益"的认定严重依据不足。根据有关规定，前述"公共利益"应当以合法有效的征收项目即将施工为前提，但根据再审被申请人一审举证，荆州区城北快速路项目目前仅取得了立项批文，并未取得其他批准文件，依法不得开工。再审申请人部分宅基地被圈进围墙，一审法官在未尽到审查义务的情况下，认定再审被申请人未侵占再审申请人的宅基地，属事实认定错误。另根据再审申请人开庭后取得并补充提交给一审法院的荆州市国土资源执法监察局所作《关于周世贵等人信访事项的回复》，城北快速路项目尚未实施征地，荆州市国土资源执法监察局明确要求该项目在未批准前不得实施占用土地行为，一审法院关于“公共利益”的认定明显缺乏事实依据。根据再审申请人一审提交的录音证据，再审被申请人建立围墙的行为并非出于公共利益，而是为了让尚未搬迁的申请人无法正常经营而不得不早日搬迁，简言之，即为了“逼迁”。综上，请求：1. 依法撤销二审行政判决；2. 将本案发回重审或改判支持再审申请人的如下诉讼请求：判令再审被申请人立即拆除其在再审申请人房屋旁边搭建的围挡，停止妨碍对商铺的正常经营使用。

本院认为：本案的争议，是由一堵围墙所引发。再审申请人周士贵在荆州区 318 国道边拥有一处房屋，出租作为商铺使用。2017 年 8 月，荆州区政府在周士贵房屋前沿线搭建起围墙，据称是与荆州区城北快速路项目建设房屋征收相关，为了对该路段的 318 国道进行拓宽改造，故对包括周士贵房屋在内的荆北村沿 318 国道一线房屋进行征收。此时，周士贵并未与荆州区政府就征收补偿问题达成协议。周士贵认为荆州区政府搭建的围墙严重影响了其房屋作为商铺的正常经营使用，提起本案诉讼，请求依法判令荆州区政府立即拆除其在原告房屋旁边搭建的围墙，停止妨碍对商铺的正常经营使用。

一审和二审法院尽管对荆州区政府搭建围墙的行为确认为违法，但却对判令荆州区政府立即拆除其在原告房屋旁边搭建的围墙的诉讼请求不予支持。两级法院的裁判依据是《行政诉讼法》第七十四条第一款第一项。该项规定："行政行为有下列情形之一的，人民法院判决确认违法，但不撤销行政行为：（一）行政行为依法应当撤销，但撤销会给国家利益、社会公共利益造成重大损害的。"很显然，该项所规定的判决方式系"情势判决"。所谓"情势判决"，虽然也确认行政行为违法，但严格讲并不属于确认之诉的判决方式，而是撤销之诉的一种例外情形。其含义是指，在针对一个行政行为提起的撤销之诉中，虽然行政行为违法且依法应当撤销，但在撤销该行政行为会给国家利益、社会公共利益造成重大损害的情况下，人民法院只确认该行政行为违法，但不撤销行政行为。可见，适用《行政诉讼法》第七十四条第一款第一项规定的"情势判决"，其前提必须是针对一个行政行为，该行政行为应当撤销且具有可撤销内容。在本案，被诉的搭建围墙的行为显然不是一个具有可撤销内容的行政行为，当事人也没有提出撤销一个行政行为的诉讼请求，一审和二审法院适用"情势判决"，显然误用了诉讼种类。

诉讼种类的误用，不仅会造成与诉讼请求的不对应，也会使行政争议的有效解决大打折扣。在本案，再审申请人的诉讼请求是，依法判令荆州区政府立即拆除其在原告房屋旁边搭建的围墙，停止妨碍对商铺的正常经营使用。从当事人的诉讼请求来看，他是提起一个要求停止侵害、排除妨碍的一般给付之诉。《最高人民法院关于适用〈中华人民共和国行政诉讼法〉的解释》第六十八条第一款第二项规定："行政诉讼法第四十九条第三项规定的'有具体的诉讼请求'"，包括"请求判决行政机关履行特定法定职责或者给付义务"。这里所说的"请求判决行政机关履行特定给付义务"，就是指一般给付之诉。与"请求判决行政机关履行特定法定职责"相同，它们都属于给付之诉，所不同的是，后者是要求判决行政机关作出特定行政行为，前者则是要求判决行政机关作出除行政行为以外的其他各种行为，在许多情况下，这种诉讼涉及的都是事实行为。一般给付之诉被称为"诉讼上的多用途武器"，当事人不仅可以行使金钱给付和事实行为请求权，也可以行使不当得利返还和后果消除请求权。这些请求权既可能出自行政法律、法规的规定，也可能出自行政行为、行政承诺、行政协议，还可能出自对于民法规范的类推适用。

就本案而言，《中华人民共和国物权法》第三十五条关于"妨害物权或者可能妨害物权的，权利人可以请求排除妨害或者消除危险"的规定，可以类推适用为再审申请人"请求依法判令荆州区政府立即拆除其在原告房屋旁边搭建的围墙，停止妨碍对商铺的正常经营使用"的请求权基础。再审申请人认为，"根据再审被申请人一审举证，荆州区城北快速路项目目前仅取得了立项批文，并未取得其他批准文件，依法不得开工。另根据再审申请人开庭后取得并补充提交给一审法院的荆州市国土资源执法监察局所作《关于周世贵等人信访事项的回复》，城北快速路项目尚未实施征地，荆州市国土资源执法监察局明确要求该项目在未批准前不得实施占用土地行为，一审法院关于'公共利益'的认定明显缺乏事实依据。”虽然一审和二审法院均认定“周士贵的房屋已被纳入征收范围”，但从一审判决所载明的再审被申请人提交的证据来看，其并未提交征地批复、征地公告等证明涉案集体土地已被依法征收的相关证据，亦未提交在搭建围墙前已与再审申请人达成征收补偿协议或者已依法对再审申请人进行补偿的证据。在此情况下，再审被申请人在再审申请人的房屋前搭建围墙，是否具有正当性，是否妨碍了涉案房屋作为经营性用房的正常使用，是否应当判令荆州区政府立即拆除，均应当认真审理并依法裁判。一审和二审法院由于诉讼类型选择错误，导致对本案的审理有所偏差，未能准确回应再审申请人的诉讼请求，本应依法提起再审。但在再审审查过程中，本院从再审申请人那里了解到，其所诉称的被围墙妨碍正常经营使用的房屋已于2018年4月16日被拆除，房屋前的围墙亦已被拆除，如此一来，通过再审判令拆除围墙已无实际意义。鉴于原审法院已确认再审被申请人搭建围墙的行为违法，再审申请人如认为在其房屋存续期间，该围墙造成其经营损失或其他损失，可以依法另行通过行政赔偿或者补偿程序予以主张。

综上，依照《最高人民法院关于适用〈中华人民共和国行政诉讼法〉的解释》第一百一十六条第二款之规定，裁定如下：

驳回再审申请人周士贵的再审申请。

审 判 长　李广宇

审 判 员　阎　巍

审 判 员　仝　蕾

二〇一八年九月二十九日

法官助理　骆芳菲

书 记 员　王昱力

后果清除之诉

陈丙兰诉郑州港区管委会案

裁判要旨

县级人民政府民政部门在最低生活保障家庭的人口状况、收入状况、财产状况发生变化时，应当及时决定增发、减发或者停发最低生活保障金。但是，是否有权撤销一个自己此前作出的行政行为是一回事，是否依法作出这样一个撤销行为是另一回事。撤销和废止不仅针对行政行为，而且其自身也是行政行为，因此，必须遵守行政行为的规则，必须符合法律、法规规定的实体和程序方面的各种要求。

一般给付之诉中的后果清除之诉，原告的请求权依据是所谓后果清除请求权，或称恢复请求权，其目标是通过消除违法行政活动的后果，以恢复原始的状态。行政机关有权自行撤销一个行政行为，但违法的撤销决定也可以被诉请撤销。撤销一个违法的撤销决定的后果是原行政行为“复活”，准确地说，是视为原行政行为自始没有被撤销。

人民法院经审理如果认为停发最低生活保障金的决定并不符合法律规定的条件，应当直接撤销这个停发决定，并按照原告的请求判决行政机关恢复发放。是否符合获得最低生活保障的条件，既是一个事实问题，更是一个法律问题，人民法院完全可以依照法律法规的规定作出认定。撤销一个违法撤销行政行为的决定，既不涉及行政机关的首次判断权，也无须行政机关再次履行审核程序，更不涉及人民法院对于具体支付金额的计算，因此，没有作出一个笼统地责令行政机关作出处理的答复判决的必要。

中华人民共和国最高人民法院
行政裁定书

（2018）最高法行申7472号

再审申请人（一审原告、二审上诉人）陈丙兰，男，汉族，住河南省新郑市。

委托代理人陈全喜，男，汉族，住河南省新郑市，系陈丙兰之子。

再审被申请人（一审被告、二审被上诉人）郑州航空港经济综合实验区管理委员会，住所地河南省郑州市新郑机场迎宾大道北侧。

法定代表人张俊峰，该管理委员会主任。

委托代理人刘立强，郑州航空港经济综合实验区滨河办事处副主任。

委托代理人马慧君，河南国基律师事务所律师。

再审申请人陈丙兰因诉郑州航空港经济综合实验区管理委员会（以下简称郑州港区管委会）支付最低生活保障金一案，不服河南省高级人民法院（2018）豫行终344号行政判决，向本院申请再审。本院依法组成由审判员李广宇、审判员阎巍、审判员仝蕾参加的合议庭，对本案进行了审查，现已审查终结。

河南省郑州市中级人民法院一审查明：陈丙兰自2011年1月18日至2015年12月22日期间发放有最低生活保障金。陈丙兰认为其享受的系郑州港区管委会审批的城市低保；郑州港区管委会认为陈丙兰享受的是农村低保，不清楚经何部门审批。陈丙兰认为自2016年1月起被无故停发，请求恢复发放。

河南省郑州市中级人民法院一审认为：国务院《社会救助暂行办法》第五条规定，县级以上人民政府应当将社会救助纳入国民经济和社会发展规划，建立健全政府领导、民政部门牵头、有关部门配合、社会力量参与的社会救助工作协调机制，完善社会救助资金、物资保障机制，将政府安排的社会救助资金和社会救助工作经费纳入财政预算。第十条规定，最低生活保障家庭收入状况、财产状况的认定办法，由省、自治区、直辖市或者设区的市级人民政府按照国家有关规定制定。第十三条规定，最低生活保障家庭的人口状况、收入状况、财产状况发生变化的，县级人民政府民政部门应当及时决定增发、减发或者停发最低生活保障金；决定停发最低生活保障金的，应当书面说明理由。《国务院关于进一步加强和改进最低生活保障工作的意见》（国发〔2012〕45号）第四条第二项规定，最低生活保障工作实行地方各级人民政府负责制。郑州航空港经济综合实验区民政处系内设机构，相应行政责任应由郑州港区管委会承担。陈丙兰原享受低保待遇，郑州港区管委会也予以认可，郑州港区管委会未提交证据证明其对陈丙兰作出停发决定并书面说明理由，故陈丙兰当前是否符合低保条件不是本案审查范围，对双方围绕陈丙兰是否符合低保条件所提交的相应证据不予评价。郑州港区管委会应当履行法定职责，依法对陈丙兰的低保待遇作出处理。综上，依据《中华人民共和国行政诉讼法》第七十二条之规定，作出（2017）豫01行初618号行政判决，责令郑州港区管委会于本判决生效之日起30日内对陈丙兰的低保待遇作出处理。

陈丙兰不服，提起上诉。

河南省高级人民法院查明的事实与一审查明的事实一致。

河南省高级人民法院二审认为：陈丙兰基于房屋被行政征收而获得的财产利益属于安置补偿性质，该情形下其家庭财产状况的变化，不属于其原低收入状态的根本性改变。（一）陈丙兰获得的安置补偿权益，不属于营利性收入。其原有的一套房屋因征收获得安置房屋一套，虽然该安置房屋的市场价值大于原房屋，但作为陈丙兰基本生活居住的性质没有改变；安置补偿费中的过渡费和搬迁费等款项，属于专项用途和必要支出的补偿款，不应视为家庭财产增加；（二）郑州港区管委会以陈丙兰因房屋征收补偿安置获得的权益属家庭财产状况发生重大改变，认定其不符合享受低保待遇的证据不足。改变享受低保待遇的情形，现行法规并没有详尽的列举，本案中，陈丙兰已84岁，随其子生活的陈全喜亦存在残疾且没有固定工作和工资收入，其家庭劳动能力和收入没有发生根本性改变，还处于无长期或稳定的劳动收入的状况，没有其他固定资产收益，不符合其家庭财产状况和收入发生重大变化的情形；（三）关于最低保障待遇属于行政审批事项，应当履行行政审核程序，故陈丙兰主张由法院直接判决支付具体金额的理由，没有法律依据，不予支持。综上，一审判决认定事实清楚，程序合法，适用法律正确。据此判决驳回上诉，维持一审判决。

陈丙兰向本院申请再审称：原审判决错误，原审法院认为再审申请人基于房屋被征收而获得的利益属于安置补偿性质，并不属于其低收入状态的根本性改变，却未对再审申请人是否符合低保条件进行审查。原审判决遗漏诉讼请求，且存在判项不明确，导致无法执行的问题。综上，请求纠正原审判决的错误部分，判令再审被申请人支付再审申请人自2016年1月1日起至人口状况、财产状况、收入状况发生变化为止的最低生活保障金。

郑州港区管委会答辩称：再审申请人所提申请超出了其诉讼请求范围，对再审申请人是否应享受低保以及该享受何种低保的问题，并非是司法权直接判令的事项，应当履行相应的行政审批程序。且原审判决生效后，再审被申请人已经积极履行了判决义务。故请求驳回再审申请人的再审申请。

本院认为：根据《社会救助暂行办法》（国务院令第649号）第九条的规定，“国家对共同生活的家庭成员人均收入低于当地最低生活保障标准，且符合当地最低生活保障家庭财产状况规定的家庭，给予最低生活保障。”本案再审申请人陈丙兰就曾获得最低生活保障。根据一审法院查明的事实，他自2011年1月18

日至2015年12月22日期间，一直获发最低生活保障金。但是，自2016年1月起，他的最低生活保障金被停发。

再审被申请人郑州港区管委会承认其停发陈丙兰最低生活保障金的事实。其在2018年6月28日致陈丙兰的《关于对陈丙兰低保待遇的处理回复》中说，因为陈丙兰“自2015年以来的家庭收入和家庭财产状况不符合郑政〔2014〕28号文关于最低生活保障对象的认定条件，故于2015年底依法撤销低保资格，不予发放最低生活保障金。”应当承认，再审被申请人具有决定停发最低生活保障金的职权，因为根据《社会救助暂行办法》第十三条第三款的规定，县级人民政府民政部门在最低生活保障家庭的人口状况、收入状况、财产状况发生变化时，应当及时决定增发、减发或者停发最低生活保障金。这也是社会救助制度“托底线、救急难、可持续”以及“应保尽保，应退尽退”原则的具体体现。

但是，是否有权撤销一个自己此前作出的行政行为是一回事，是否依法作出这样一个撤销行为是另一回事。撤销和废止不仅针对行政行为，而且其自身也是行政行为，因此，必须遵守行政行为的规则，必须符合法律、法规规定的实体和程序方面的各种要求。根据《社会救助暂行办法》第十三条第三款规定，“决定停发最低生活保障金的，应当书面说明理由。”经一审法院查明，再审被申请人并未提交证据证明其向陈丙兰送达了停发决定并书面说明理由，因此，程序的违法性显而易见。

就实体内容而言，按照《社会救助暂行办法》第十三条第三款的规定，决定增发、减发或者停发最低生活保障金应当以“最低生活保障家庭的人口状况、收入状况、财产状况发生变化”为前提。虽然再审被申请人认定，再审申请人因“2014年以来先后获得政府发放的拆迁安置、征地补偿款”，而使家庭收入和家庭财产状况发生变化，不再符合最低生活保障对象的认定条件，但再审申请人对此持有异议，并由此提起本案诉讼。因此，“陈丙兰当前是否符合低保条件”正是本案实体审理的重点，而非一审法院所认为的“不是本案审查范围”。一审法院的裁判也因此构成《中华人民共和国行政诉讼法》第九十一条第三项规定的“原判决、裁定认定事实的主要证据不足”的情形。

二审法院虽然对上述重点问题进行了审理，并认定再审申请人“不符合其家庭财产状况和收入发生重大变化的情形”，但却认为，“关于最低保障待遇属于行政审批事项，应当履行行政审核程序，故陈丙兰主张由法院直接判决支付具体金额的理由，没有法律依据，不予支持”，据此，判决维持了“责令郑州港区管委会于判决生效之日起30日内对陈丙兰的低保待遇作出处理”的一审判决。这一认定和判决结果恐有不妥。

在本案，再审申请人的诉讼请求是，请求法院判令被告恢复发放自2016年1月起的最低生活保障金。这在诉讼类型上属于一般给付之诉中的后果清除之诉。原告的请求权依据是所谓后果清除请求权，或称恢复请求权，其目标是通过消除违法行政活动的后果，以恢复原始的状态。如前所述，行政机关有权自行撤销一个行政行为，但违法的撤销决定也可以被诉请撤销。撤销一个违法的撤销决定的后果是原行政行为“复活”，准确地说，是视为原行政行为自始没有被撤销。具体到本案，再审被申请人尽管没有向再审申请人送达一个书面决定，但其已决定停发再审申请人的最低生活保障金却是一个不争的事实，并且已经发生了停发的法律效果。人民法院经审理如果认为停发决定并不符合法律规定的条件，应当直接撤销这个停发决定，并按照原告的请求判决行政机关恢复发放。是否符合获得最低生活保障的条件，既是一个事实问题，更是一个法律问题，人民法院完全可以依照法律法规的规定作出认定。撤销一个违法撤销行政行为的决定，既不涉及行政机关的首次判断权，也无须行政机关再次履行审核程序，更不涉及人民法院对于具体支付金额的计算，因此，没有作出一个笼统地责令行政机关作出处理的答复判决的必要。再审申请人认为原审判决“判项不明确，导致无法执行”的再审理由，本院予以采纳。

综上，再审申请人陈丙兰的再审申请符合《中华人民共和国行政诉讼法》第九十一条第三项、第四项规定的情形。依照《中华人民共和国行政诉讼法》第九十二条第二款、《最高人民法院关于适用〈中华人民共和国行政诉讼法〉的解释》第一百一十八条第二款之规定，裁定如下：

一、本案指令河南省高级人民法院再审；

二、再审期间，中止原判决的执行。

审 判 长　李广宇

审 判 员　阎　巍

审 判 员　仝　蕾

二〇一八年十二月二十七日

法官助理　骆芳菲

书 记 员　王昱力

规范性文件的一并审查

章新宝诉池州市贵池区政府案

裁判要旨

根据《最高人民法院关于适用〈中华人民共和国行政诉讼法〉的解释》第一百四十八条第二款的规定，“有下列情形之一的，属于行政诉讼法第六十四条规定的‘规范性文件不合法’：（一）超越制定机关的法定职权或者超越法律、法规、规章的授权范围的；（二）与法律、法规、规章等上位法的规定相抵触的；（三）没有法律、法规、规章依据，违法增加公民、法人和其他组织义务或者减损公民、法人和其他组织合法权益的；（四）未履行法定批准程序、公开发布程序，严重违反制定程序的；（五）其他违反法律、法规以及规章规定的情形。”根据上述规定，对规范性文件合法性的审查，主要集中在职权依据、文件内容和制定程序等方面。

人民法院审查针对规范性文件合法性的再审申请，根据再审理由和案件实际情况，可以针对规范性文件合法性的所有方面进行审查，也可以主要针对再审申请人质疑的方面进行审查。

《最高人民法院关于适用〈中华人民共和国行政诉讼法〉的解释》第一百四十七条第一款规定：“人民法院在对规范性文件审查过程中，发现规范性文件可能不合法的，应当听取规范性文件制定机关的意见。”这里所说的“规范性文件制定机关”，既包括被请求审查的规范性文件的制定机关，也包括更高等级的规范性文件的制定机关。

人民法院在审查规范性文件是否存在“与法律、法规、规章等上位法的规定相抵触”的情形时，应当注意听取上位法制定机关的意见。在上位法制定机关对规范性文件的合法性予以认可，并且不存在与更上一级法律、法规、规章等上位法的规定相抵触的情况下，应当尊重上级机关的意见。

所谓下位法与上位法相抵触，必须是针对同一事项或对象。在不是针对同一事项或对象时，不能适用上位法优于下位法的规则。

中华人民共和国最高人民法院
行政裁定书

（2018）最高法行申3312号

再审申请人（一审原告、二审上诉人）章新宝，男，汉族，住安徽省池州市贵池区。

委托代理人吴岳峰，男，汉族，住安徽省池州市贵池区，系章新宝女婿。

再审被申请人（一审被告、二审被上诉人）池州市贵池区人民政府，住所地安徽省池州市贵池区政务新区。

法定代表人马胜利，该区人民政府区长。

委托代理人喻贵平，该区人民政府法制办公室副主任。

委托代理人王传高，安徽安贵律师事务所律师。

再审被申请人（一审被告、二审被上诉人）池州市贵池区人民政府清溪街道办事处，住所地安徽省池州市永明路1号。

法定代表人丁莉莉，该办事处主任。

委托代理人何坤，安徽天贵律师事务所律师。

再审申请人章新宝因诉池州市贵池区人民政府（以下简称贵池区政府）、池州市贵池区人民政府清溪街道办事处（以下简称清溪街道办）行政管理一案，不服安徽省高级人民法院（2017）

皖行终679号行政判决，向本院申请再审。本院依法组成由审判员李广宇、审判员阎巍、审判员仝蕾参加的合议庭，对本案进行了审查，现已审查终结。

安徽省池州市中级人民法院一审查明：2010年11月，贵池区政府制定贵政〔2010〕16号文件《池州市贵池区农村集体土地征地补偿安置及被征地农民自愿参加补充养老保险实施办法》(以下简称贵政〔2010〕16号文件)，第一条第二项土地补偿款分配办法规定“从农用地、建设用地及未利用地征地补偿款的土地补偿费中提取30%作为被征地农民养老保险统筹基金，由区财政直接拨至村委会集体账户，再由村委会缴至区财政专户，专项用于失地农民养老保障”。2013年，清溪街道办联盟社区新丰组的集体土地被征收，章新宝系联盟社区新丰组村民。清溪街道办联盟社区新丰组分别于2013年9月25日、2014年12月2日、2016年6月28日向农户发放了征地补偿款的70%，扣缴了征地补偿款的30%作为养老保险统筹基金，章新宝领取了上述款项，并在天堂湖新区征地补偿款及应缴养老保险统筹基金情况表上签字确认。2016年8月、11月，章新宝分别向贵池区政府、清溪街道办提出信息公开申请，获取章新宝户依据贵政〔2010〕16号文件提取的被征地农民养老保险统筹基金数额为65 387.69元等相关信息。2016年12月，章新宝以贵政〔2010〕16号文件制定违法，清溪街道办扣缴养老保险统筹基金违法为由向法院提起诉讼，请求对贵政〔2010〕16号文件的合法性进行审查，退还其被扣缴的

30% 土地补偿款共计 65 387.69 元并支付相关利息。

安徽省池州市中级人民法院一审认为：《中华人民共和国土地管理法》第十条规定，农民集体所有的土地依法属于村农民集体所有的，由村集体经济组织或者村民委员会经营、管理。《中华人民共和国土地管理法实施条例》第二十六条规定，土地补偿费归农村集体经济组织所有。贵池区政府依据《国务院关于深化改革严格土地管理的决定》（国发〔2004〕28 号）、《国务院办公厅转发劳动保障部关于做好被征地农民就业培训和社会保障工作指导意见的通知》（国办发〔2006〕29 号）、《国务院关于加强土地调控有关问题的通知》（国发〔2006〕31 号）等行政法规的规定，制定贵政〔2010〕16 号文件符合法律规定，其中由村委会提取部分土地补偿款作为被征地农民养老保险统筹基金的条款符合《中华人民共和国土地管理法》及以上行政法规的规定，章新宝关于被征地农民养老保险统筹资金应当依据“谁征地，谁负责”，由各级财政负担的诉讼理由系对法律文件的理解错误，其关于贵政〔2010〕16 号文件制定的程序和内容违法的诉讼请求与理由不能成立，不予支持。从清溪街道办提供的证据来看，联盟社区居委会系联盟社区征地补偿款的发放单位和应缴养老保险统筹基金的扣缴单位，章新宝关于清溪街道办违法扣缴其土地补偿款 65 387.69 元的诉讼理由无事实与法律依据，不予支持。综上，依据《中华人民共和国行政诉讼法》第六十九条的规定，作出（2016）皖 17 行初 28 号行政判决，驳回章新宝的诉讼请求。

章新宝不服，提起上诉。

安徽省高级人民法院二审认为：建立和完善被征地农民社会保障制度，为被征地农民提供稳定的生活来源和可靠的基本生活保障，有利于解决被征地农民的长远生计问题和后顾之忧，对于切实维护被征地农民的基本权益有着重要的意义。《中华人民共和国土地管理法》第十条规定，农民集体所有的土地依法属于村农民集体所有的，由村集体经济组织或者村民委员会经营、管理。《中华人民共和国土地管理法实施条例》第二十六条规定，土地补偿费归农村集体经济组织所有。国务院办公厅国办发〔2006〕29号文件明确了被征地农民社会保障资金筹集办法，由各省、自治区、直辖市人民政府制定；安徽省人民政府皖政〔2005〕63号《关于做好被征地农民就业和社会保障工作的指导意见》明确规定了在安徽省内被征地农民养老保险资金的筹集办法，即“被征地农民养老保险资金由当地政府、村（组）集体和个人共同出资筹集，政府出资部分从土地出让收入等国有土地有偿使用收入中列支，村（组）集体出资部分从土地补偿费、集体经济组织经营收入、村（组）集体其他收益中列支”。据此，贵池区政府制定的贵政〔2010〕16号文件符合法律法规的规定和规范性文件要求。本案中，章新宝所在的清溪街道办联盟社区新丰组的集体土地被征收，清溪街道办联盟社区在发放征地补偿款时，根据贵池区政府规范性文件要求，扣缴了农户征地补偿款的30%作为养老保险统筹基金，其余70%直接发放给农户，符合上述法律、法规的规定以及国务院和省政府相关规范性文件精神。章新宝关于确定清溪街道办以缴纳失地养老保险统筹基金为由代扣缴每户30%的土地补偿款的行政行为违法无效，依法判令清溪街道办退还扣缴章新宝30%的土地补偿款共65 387.69元并支付相应的利息的请求无事实根据和法律依据，不予支持。据此判决驳回上诉，维持原判。

章新宝向本院申请再审称：1.再审申请人有新证据足以推翻原判决。其中，安徽省国土资源厅厅长信箱关于对被征地农民30%土地补偿费的归属权、支配权解释为，对征地补偿费中支付给农村集体经济组织的部分，由村民集体讨论决定；另提交数份材料证明被征地农民养老保险资金是按照“谁征地、谁负责”的原则，由财政资金全额负担，30%土地补偿费不属于财政资金，贵池区政府扣30%土地补偿费作为被征地农民基本养老金资金的筹集来源不合法。2.贵政〔2010〕16号文件的制定无法律依据，违法无效。池州市人民政府制定的池政〔2007〕123号《池州市主城区被征地农民就业培训和社会保障工作暂行办法》（以下简称池政〔2007〕123号文件）才是合法有效的规范性文件。3.二审法院不开庭审理本案，不依法对再审申请人的新证据举证、质证，程序违法，影响本案实体公正。综上，请求：1.撤销一审和二审判决，再审本案，依法改判；2.确认贵池区政府制定的贵政〔2010〕16号文件中以缴纳失地养老保险统筹基金为由扣缴30%土地补偿款的行为违法；3.判令清溪街道办退还其依据贵池区政府贵政〔2010〕16 号文件代扣缴 30% 的土地补偿款共计 65 387.69 元，并支付利息；或者判令清溪街道办将 30% 土地补偿费支付到本村集体经济组织账户，由村民会议依法决定该款项的支配使用；4. 一审和二审诉讼费用均由再审被申请人承担。

本院认为：《中华人民共和国行政诉讼法》第五十三条第一款规定："公民、法人或者其他组织认为行政行为所依据的国务院部门和地方人民政府及其部门制定的规范性文件不合法，在对行政行为提起诉讼时，可以一并请求对该规范性文件进行审查。"在本案，再审申请人章新宝就是在对清溪街道办扣缴养老保险统筹基金的行为提起诉讼时，一并请求对该扣缴行为所依据的规范性文件贵政〔2010〕16 号文件的合法性进行审查。再审申请人申请再审，也主要针对原审法院对于规范性文件合法性的审查认定。

围绕再审申请人的再审理由，本院进行了审查。根据《最高人民法院关于适用〈中华人民共和国行政诉讼法〉的解释》第一百四十八条第二款的规定，"有下列情形之一的，属于行政诉讼法第六十四条规定的'规范性文件不合法'：（一）超越制定机关的法定职权或者超越法律、法规、规章的授权范围的；（二）与法律、法规、规章等上位法的规定相抵触的；（三）没有法律、法规、规章依据，违法增加公民、法人和其他组织义务或者减损公民、法人和其他组织合法权益的；（四）未履行法定批准程序、公开发布程序，严重违反制定程序的；（五）其他违反法律、法规以及规章规定的情形。”根据上述规定，对规范性文件合法性的审查，主要集中在职权依据、文件内容和制定程序等方面。一审和二审法院正是围绕这几个方面对贵政〔2010〕16号文件的合法性进行了审查，认为该文件符合法律规定，其中由村委会提取部分土地补偿款作为被征地农民养老保险统筹基金的条款符合《中华人民共和国土地管理法》及其他行政法规的规定。

人民法院审查针对规范性文件合法性的再审申请，根据再审理由和案件实际情况，可以针对规范性文件合法性的所有方面进行审查，也可以主要针对再审申请人质疑的方面进行审查。本案中，再审申请人对贵政〔2010〕16号文件的合法性提出质疑的主要理由，是“贵政〔2010〕16号文件的制定无法律依据，违法无效。池州市人民政府制定的池政〔2007〕123号文件才是合法有效的规范性文件”。在此情况下，本院的审查也主要集中于贵政〔2010〕16号文件是否违反池政〔2007〕123号文件的规定。

《最高人民法院关于适用〈中华人民共和国行政诉讼法〉的解释》第一百四十七条第一款规定：“人民法院在对规范性文件审查过程中，发现规范性文件可能不合法的，应当听取规范性文件制定机关的意见。”这里所说的“规范性文件制定机关’，既包括被请求审查的规范性文件的制定机关，也包括更高等级的规范性文件的制定机关。因此，本院专门举行听证会，邀请贵政

〔2010〕16号文件的制定机关贵池区政府以及池政〔2007〕123号文件的制定机关池州市人民政府到庭发表意见。经审查查明，贵池区政府制定的贵政〔2010〕16号文件中关于提取部分土地补偿费的规定是解决养老保险资金的筹集问题，而池州市人民政府制定的池政〔2007〕123号文件第九项是解决养老保险金的发放问题，并非针对资金的筹集问题。池州市人民政府在听证程序中也说明，两个规范性文件解决的不是同一事项，不存在冲突问题，再审申请人关于违反上位法规定的再审理由，是对规范性文件的错误理解。对此本院认为，人民法院在审查规范性文件是否存在“与法律、法规、规章等上位法的规定相抵触”的情形时，应当注意听取上位法制定机关的意见。在上位法制定机关对规范性文件的合法性予以认可，并且不存在与更上一级法律、法规、规章等上位法的规定相抵触的情况下，应当尊重上级机关的意见。并且，所谓下位法与上位法相抵触，必须是针对同一事项或对象。在不是针对同一事项或对象时，不能适用上位法优于下位法的规则。据此，对于再审申请人的该项再审理由，本院不予采纳。

此外，再审申请人所说的“新证据”，不足以推翻原判决。其提出的二审不开庭审理等问题，亦不构成严重违反法定诉讼程序。

综上，再审申请人章新宝的再审申请不符合《中华人民共和国行政诉讼法》第九十一条规定的情形。依照《最高人民法院关

于适用〈中华人民共和国行政诉讼法〉的解释》第一百一十六条第二款之规定，裁定如下：

驳回再审申请人章新宝的再审申请。

审 判 长　李广宇

审 判 员　阎　巍

审 判 员　仝　蕾

二〇一八年十二月二十七日

法官助理　骆芳菲

书 记 员　王昱力

规范颁布之诉与任意规范

庞贵红诉湖北省政府案

裁判要旨

修改后的《行政诉讼法》虽然用“行政行为”取代了“具体行政行为”的概念，同时也引入了规范性文件一并审查制度，但这并不是说抽象行政行为就此纳入了受案范围。根据该法第十三条第二项的规定，直接针对“行政法规、规章或者行政机关制定、发布的具有普遍约束力的决定、命令”提起的诉讼，人民法院仍然不予受理。在《行政复议法》未作修改的情况下，行政复议的范围也是如此。

不予受理针对具有普遍约束力的决定、命令提起的诉讼，既包括不予受理请求撤销、确认违法或者无效的起诉，也包括不予受理请求判令行政机关制定、发布一个具有普遍约束力的决定、命令的起诉。这是因为，请求行政机关履行的法定职责，必须属于一个针对特定对象、特定事件的具体、个别的调整。通俗地讲，正如请求撤销的行为必须是一个具体行政行为，请求行政机关作出的行为也必须是一个具体行政行为。

行政诉讼所保护的必须是公民、法人或者其他组织自身的合法权益。提起一个规范性文件的制定、发布之诉，虽然也会给原告自己带来一定利益，但这种利益仅属于反射利益，因为行政机关制定或者不制定具有普遍约束力的决定、命令，增加或者减损的只能是不确定的公众的利益，并不会对原告个人产生有别于公众的特殊影响。

《道路交通事故处理程序规定》第四十六条第三款规定：“省级公安机关可以根据有关法律、法规制定具体的道路交通事故责任确定细则或者标准。”据此可知，省级公安机关制定具体的道路交通事故责任确定细则或者标准，属于一个任意规范，而不是强制规范。在法律规定属于任意规范，也就是行政机关是否采取某一个行动存在裁量余地的情况下，不能简单地将其定性为一个必须履行的法定职责。

中华人民共和国最高人民法院
行政裁定书

（2018）最高法行申535号

再审申请人（一审原告、二审上诉人）庞贵红，女，汉族，住湖北省襄樊市襄城区。

委托代理人王胜芝，女，汉族，住湖北省襄樊市襄城区。

委托代理人王义成，男，汉族，住湖北省襄樊市襄城区。

再审被申请人（一审被告、二审被上诉人）湖北省人民政府，住所地湖北省武汉市武昌区洪山路7号。

法定代表人王晓东，该省人民政府省长。

再审申请人庞贵红因诉湖北省人民政府行政复议一案，不服湖北省高级人民法院（2017）鄂行终314号行政裁定，向本院申请再审。本院依法组成由审判员李广宇、审判员阎巍、审判员仝蕾参加的合议庭，对本案进行了审查，现已审查终结。

庞贵红向湖北省武汉市中级人民法院起诉称：庞贵红骑电动自行车发生交通事故受伤，交管部门认定庞贵红逆行负全责，庞贵红不服，认为《中华人民共和国道路交通安全法》第三十五条的“机动车、非机动车实行右侧通行”之规定过于模糊，根据《道路交通事故处理程序规定》第四十六条的规定，省级公安机关可以依据有关法律法规制定具体的道路交通事故责任确定细则或者标准，遂向湖北省公安厅提出申请，要求湖北省公安厅履行制定上述规则的职责，湖北省公安厅收到上述申请后未予处理。庞贵红不服，向湖北省人民政府申请行政复议，湖北省人民政府认为不属于行政复议受案范围不予受理。庞贵红故请求法院判令湖北省人民政府履行行政复议职责。

湖北省武汉市中级人民法院一审认为：提起行政诉讼，应当符合法定的受理条件。本案中，庞贵红向湖北省公安厅提出申请，要求该厅依照《道路交通事故处理程序规定》第四十六条的规定，制定具体的道路交通事故责任确定细则或者标准属抽象行政行为，不属于行政诉讼受案范围，湖北省人民政府行政复议未予受理对庞贵红的合法权益明显不产生实际影响。依据《最高人民法院关于适用〈中华人民共和国行政诉讼法〉若干问题的解释》第三条第一款第八项、第二款之规定，作出（2016）鄂01行初570号行政裁定，驳回庞贵红的起诉。

庞贵红不服，提起上诉。

湖北省高级人民法院二审认为：根据《最高人民法院关于适用〈中华人民共和国行政诉讼法〉若干问题的解释》第三条第一款第八项之规定，行政行为对其合法权益明显不产生实际影响的，应当裁定驳回起诉。本案中，庞贵红向湖北省公安厅提出申请，要求该厅依照《道路交通事故处理程序规定》第四十六条的规定，制定具体的道路交通事故责任确定细则或者标准属抽象行政行为，不属于行政复议和行政诉讼受案范围，湖北省人民政府作出不予受理的行政复议决定，对庞贵红的合法权益明显不产生实际影响。一审裁定驳回起诉，适用法律正确。庞贵红的上诉理由不能成立，其上诉请求不予支持。据此裁定驳回上诉，维持原裁定。

庞贵红向本院申请再审称：《道路交通事故处理程序规定》第四十六条明文规定，“省级公安机关可以依据有关法律法规制定具体的道路交通事故责任确定细则或者标准”，这是法律赋予湖北省公安厅的权力和义务。再审申请人向湖北省公安厅提出请求，湖北省公安厅应作出相应的具体行政行为。湖北省公安厅不履行其职责，导致交警部门对交通事故处理的自由裁量权没有尺度，侵害社会管理秩序，再审申请人合法权益的保护也没有依据。再审申请人提起的诉讼属公益诉讼，一审和二审法院驳回再审申请人的起诉，属认定事实错误、适用法律错误。湖北省人民政府为省级人民政府，武汉市中级人民法院审理此案不利于司法公平、公正，属违反法定程序审理。综上，请求依法撤销一审和二审行政裁定，并给予立案再审，判令再审被申请人履行复议职责。

本院认为：再审申请人庞贵红提起本案诉讼，根本目的是要求湖北省公安厅依据《道路交通事故处理程序规定》第四十六条的规定，制定具体的道路交通事故责任确定细则或者标准。她向湖北省公安厅提出过申请，后者未予处理，湖北省人民政府也以不属于行政复议受案范围为由不予受理她要求湖北省公安厅履行上述职责的复议申请。一审法院认为，制定具体的道路交通事故责任确定细则或者标准属于抽象行政行为，不属于行政诉讼受案范围，并驳回再审申请人的起诉。二审法院也以不予受理的复议决定对再审申请人合法权益明显不产生实际影响为由，裁定驳回上诉，维持原裁定。这些处理符合法律规定，理由如下：

第一，从法律规定来看。修改后的《中华人民共和国行政诉讼法》虽然用“行政行为”取代了“具体行政行为”的概念，同时也引入了规范性文件一并审查制度，但这并不是说抽象行政行为就此纳入了受案范围。根据该法第十三条第二项的规定，直接针对“行政法规、规章或者行政机关制定、发布的具有普遍约束力的决定、命令”提起的诉讼，人民法院仍然不予受理。在《中华人民共和国行政复议法》未作修改的情况下，行政复议的范围也是如此。

第二，从诉讼类型来看。不予受理针对具有普遍约束力的决定、命令提起的诉讼，既包括不予受理请求撤销、确认违法或者无效的起诉，也包括不予受理请求判令行政机关制定、发布一个具有普遍约束力的决定、命令的起诉。这是因为，请求行政机关履行的法定职责，必须属于一个针对特定对象、特定事件的具体、个别的调整。通俗地讲，正如请求撤销的行为必须是一个具体行政行为，请求行政机关作出的行为也必须是一个具体行政行为。

第三，从原告资格来看。行政诉讼所保护的必须是公民、法人或者其他组织自身的合法权益。提起一个规范性文件的制定、发布之诉，虽然也会给原告自己带来一定利益，但这种利益仅属于反射利益，因为行政机关制定或者不制定具有普遍约束力的决定、命令，增加或者减损的只能是不确定的公众的利益，并不会对原告个人产生有别于公众的特殊影响。再审申请人也承认，“交通事故处理的自由裁量权没有尺度，侵害社会管理秩序”。她还主张自己提起的是公益诉讼，但法律并没有赋予个人提起一个公益诉讼的权利。

第四，从规范刚度来看。《道路交通事故处理程序规定》第四十六条第三款规定：“省级公安机关可以根据有关法律、法规制定具体的道路交通事故责任确定细则或者标准。”据此可知，省级公安机关制定具体的道路交通事故责任确定细则或者标准，属于一个任意规范，而不是强制规范。在法律规定属于任意规范，也就是行政机关是否采取某一个行动存在裁量余地的情况下，不能简单地将其定性为一个必须履行的法定职责。

此外，再审申请人还主张，“湖北省人民政府为省级人民政府，武汉市中级人民法院审理此案不利于司法公平、公正”。根据《中华人民共和国行政诉讼法》第十五条的规定，中级人民法院管辖的第一审行政案件，包括“对国务院部门或者县级以上地方人民政府所作的行政行为提起诉讼的案件”，因此，武汉市中级人民法院作为一审法院，受理省级人民政府为被告的案件，并不违反级别管辖规定。

综上，再审申请人庞贵红的再审申请不符合《中华人民共和国行政诉讼法》第九十一条规定的情形。依照《最高人民法院关

于适用〈中华人民共和国行政诉讼法〉的解释》第一百一十六条第二款之规定，裁定如下：

驳回再审申请人庞贵红的再审申请。

审 判 长　李广宇

审 判 员　阎　巍

审 判 员　仝　蕾

二〇一八年四月二十五日

法官助理　骆芳菲

书 记 员　王昱力

行政协议的形式

姜家娜诉蚌埠高新区管委会案

裁判要旨

根据相关司法解释的规定，人民法院审查行政机关是否依法履行、按照约定履行协议或者单方变更、解除协议是否合法，在适用行政法律规范的同时，可以适用不违反行政法和行政诉讼法强制性规定的民事法律规范。但这种适用属于补充适用，如果行政法律、法规规定某项行政协议必须以书面形式订立，应当优先适用特别规定。在没有相反规定的情况下，可以适用《合同法》对于合同形式的相关规定。

固然，《合同法》第十条第一款规定，“当事人订立合同，有书面形式、口头形式和其他形式”，但在实践中，口头形式的合同一般也只适用于标的数额不大、内容不复杂而且能即时清结的合同关系。这是因为，尽管口头形式的合同具有简便易行、直接迅速的特点，但因缺乏文字证据，一旦发生纠纷，将会难以举证，不易分清责任。当对是否存在一个口头协议产生争执时，主张方应当对口头协议确实存在承担举证责任。

中华人民共和国最高人民法院
行政裁定书

（2018）最高法行申2032号

再审申请人（一审原告、二审上诉人）姜家娜，女，汉族，住安徽省蚌埠市高新区。

委托代理人梁敬华，男，汉族，住安徽省蚌埠市高新区，系姜家娜丈夫。

再审被申请人（一审被告、二审被上诉人）蚌埠高新技术产业开发区管理委员会，住所地安徽省蚌埠市燕山路1599号。

法定代表人汤春义，该管理委员会主任。

委托代理人刘海涛，该管理委员会工作人员。

委托代理人段琼，安徽易润律师事务所律师。

再审申请人姜家娜因诉蚌埠高新技术产业开发区管理委员会(以下简称蚌埠高新区管委会)行政协议一案，不服安徽省高级人民法院（2016）皖行终560号行政裁定，向本院申请再审。本院依法组成由审判员李广宇、审判员阎巍、审判员仝蕾参加的合议庭，对本案进行了审查，现已审查终结。

姜家娜向安徽省蚌埠市中级人民法院起诉称：2013年蚌埠高新区管委会委托蚌埠高新土地整理开发有限公司(以下简称蚌埠

高新土地公司）征用耕地，姜家娜的磬云奇石盆景园在征迁范围内。蚌埠高新土地公司董事长徐廷队与姜家娜丈夫梁敬华达成口头约定：蚌埠高新土地公司一次性买断盆景及树木，给予奇石搬迁费，买断及搬迁费用金额由评估公司评估确定。蚌埠高新土地公司和姜家娜共同指定天源公司评估，天源公司于 2014 年 7 月 8 日出具了估价结果为 97 437 元的评估报告。姜家娜认为该报告估价过低，遂自己找了一家评估公司（中衡保险公估有限公司），该公司出具的盆景及树木买断价格评估报告载明的估价结果为 1 421 100 元。由于两份评估报告估价数额差距大，双方多次协商未果。故请求：1. 确认口头协议有效，并继续履行协议，蚌埠高新区管委会支付姜家娜奇石搬运费 83 100 元、盆景买断费 1 421 100 元，共计 1 504 200 元；2. 诉讼费用由蚌埠高新区管委会承担。

安徽省蚌埠市中级人民法院一审认为：根据《中华人民共和国行政诉讼法》（以下简称《行政诉讼法》）第四十九条第三项的规定，提起行政诉讼应当有具体的诉讼请求和事实根据。同时，《最高人民法院关于执行〈中华人民共和国行政诉讼法〉若干问题的解释》第二十七条第一项规定，原告对起诉符合法定条件承担举证责任。故本案中，姜家娜对其所主张的口头协议的确实存在负有举证义务。姜家娜主张与蚌埠高新土地公司就其所经营的磬云奇石盆景园内盆景、树木及奇石的拆迁补偿达成口头协议，内容为："蚌埠高新土地公司一次性买断盆景及树木，给予奇石搬迁费，买断及搬迁费用金额由评估公司评估确定。”但姜家娜所提交的证据中除证据 7 中有原蚌埠高新土地公司董事长徐廷队明确表示买断及搬迁费的具体金额由评估决定外，其他证据均未提及对其盆景、树木买断费用和奇石的搬迁费用金额由评估公司评估确定。并且根据《最高人民法院关于民事诉讼证据的若干规定》第六十七条的规定，在诉讼中，当事人为达成调解协议或者和解的目的作出妥协所涉及的对案件事实的认可，不得在其后的诉讼中作为对其不利的证据。姜家娜提供的证据 7 为民事调解笔录，故该份证据中徐廷队的表述无法作为支持其主张的口头协议存在的证据。综上，姜家娜提供的证据不足以证明其所主张的口头协议确实存在，因此姜家娜起诉要求确认该口头协议有效并判令蚌埠高新区管委会依法履行该协议缺乏事实依据，应予驳回。根据《行政诉讼法》第四十九条第三项、《最高人民法院关于适用〈中华人民共和国行政诉讼法〉若干问题的解释》第三条第一款第一项的规定，作出（2016）皖 03 行初 6 号行政裁定，驳回姜家娜的起诉。

姜家娜不服，提起上诉。

安徽省高级人民法院二审认为：《行政诉讼法》上的行政协议应当是要式行政行为，即协议当事人的意思表示必须具备法定方式才产生法律效果，而这种法定方式原则上应当是书面形式。本案中，姜家娜要求确认有效并继续履行的行政协议系口头协议，缺乏法定载体，不符合行政协议的形式要件。因此，姜家娜起诉要求确认口头协议有效并判令蚌埠高新区管委会履行该协议缺乏事实根据和法律依据。另，姜家娜与蚌埠高新区管委会的纠纷实质系因土地行政征收引发的补偿安置争议，对此，姜家娜可依法定途径寻求救济。综上，一审裁定驳回姜家娜的起诉并无不当。姜家娜的上诉理由不能成立，不予支持。据此裁定驳回上诉，维持原裁定。

姜家娜向本院申请再审称：1. 一审和二审法院适用法律错误。根据相关司法解释的规定，人民法院审查行政机关是否依法履行、按照约定履行协议或者单方变更、解除协议是否合法，在适用行政法律规范的同时，可以适用不违反行政法和行政诉讼法强制性规定的民事法律规范。而民事法律规范中，合同不仅有书面的，也存在口头协议，故再审申请人请求确认口头协议有效是有法律依据的。二审裁定认定行政协议是要式行政行为，应当是书面的协议，系适用法律错误。本案应适用《中华人民共和国合同法》(以下简称《合同法》)对口头协议进行审理。2. 一审程序违法。一审法院按照民事诉讼收费标准计算本案诉讼费用错误。3. 因涉案土地被征收，蚌埠高新土地公司与姜家娜达成共识，双方口头约定，蚌埠高新土地公司一次性买断盆景及树木，给予奇石搬迁费，买断及搬迁费用金额由评估公司评估。上述事实存在并有证据证实。据此请求：1. 撤销二审裁定。2. 确认口头协议有效，并继续履行协议，由再审被申请人支付再审申请人奇石搬运费 83 100 元，盆景买断费 1 421 100 元，共计人民币 1 504 200 元。3. 由再审被申请人承担再审诉讼费。

蚌埠高新区管委会答辩称：首先，再审被申请人与再审申请人从未达成过口头协议，再审申请人提供的证据仅能证明双方多次针对该问题进行协商，但双方针对补偿始终未达成一致意见，且再审申请人所提供的调解笔录明确显示双方未达成一致意见。其次，行政协议属要式行为，应具有书面的形式，再审申请人所诉口头协议不符合行政协议的要式条件。再次，二审法院已经明确告知再审申请人其纠纷系补偿安置争议，可另寻法律途径救济。综上，再审申请人的再审理由不能成立，应予驳回。

本院认为：本案的争议焦点，在于行政协议能否以口头协议的方式订立以及再审申请人所称的口头协议是否存在。正如再审申请人所说，根据相关司法解释的规定，人民法院审查行政机关是否依法履行、按照约定履行协议或者单方变更、解除协议是否合法，在适用行政法律规范的同时，可以适用不违反行政法和行政诉讼法强制性规定的民事法律规范。但这种适用属于补充适用，如果行政法律、法规规定某项行政协议必须以书面形式订立，应当优先适用特别规定。在没有相反规定的情况下，可以适用《合同法》对于合同形式的相关规定。固然，《合同法》第十条第一款规定，“当事人订立合同，有书面形式、口头形式和其他形式”，但在实践中，口头形式的合同一般也只适用于标的数额不大、内容不复杂而且能即时清结的合同关系。这是因为，尽管口头形式的合同具有简便易行、直接迅速的特点，但因缺乏文字证据，一旦发生纠纷，将会难以举证，不易分清责任。在本案，再审申请人所称的口头协议标的数额高达150万元之巨，似乎就不宜以口头形式订立。事实上，也的确对于是否存在这样一个协议产生了争执。当对是否存在一个口头协议产生争执时，主张方应当对口头协议确实存在承担举证责任。据一审法院查明，再审申请人提供的证据不足以证明其所主张的口头协议确实存在。因此再审申请人起诉要求确认该口头协议有效并判令再审被申请人履行该口头协议缺乏事实根据。一审法院裁定驳回起诉、二审法院驳回上诉维持原裁定，均无不当。再审申请人主张“本案应适用《合同法》对口头协议进行审理”的理由不能成立。

再审申请人还认为，“一审法院按照民事诉讼收费标准计算本案诉讼费用错误”。根据当时生效施行的《最高人民法院关于适用〈中华人民共和国行政诉讼法〉若干问题的解释》第十六条的规定，“对行政机关不依法履行、未按照约定履行协议提起诉讼的，诉讼费用准用民事案件交纳标准”。因此，一审法院对于案件受理费的收取并无不妥，后因裁定驳回起诉而退还原告，亦符合法律规定。

综上，再审申请人姜家娜的再审申请不符合《中华人民共和国行政诉讼法》第九十一条规定的情形。依照《最高人民法院关于适用〈中华人民共和国行政诉讼法〉的解释》第一百一十六条第二款之规定，裁定如下：

驳回再审申请人姜家娜的再审申请。

审 判 长　李广宇

审 判 员　阎　巍

审 判 员　仝　蕾

二〇一八年十二月二十七日

法官助理　骆芳菲

书 记 员　王昱力

违法行政协议的单方解除

王小伏等诉郑州市金水区政府案

裁判要旨

虽然行政协议是行政机关与公民、法人或者其他组织协商一致作出，但在特殊情况下行政机关可以单方变更、解除协议。作出单方变更、解除协议的决定，通常是为了更好地实现公共利益或者行政管理目标，而对合同的履行作出单方调整；有时，也是基于协议存在某种违法的情形。依法行政原则要求行政行为保持合法的状态，撤销一切违法的行政行为。这一原则在行政协议领域同样应当遵守。行政协议的违法性包括通过恶意欺诈、胁迫或者通过对重要问题的不正确、不完整的陈述而促成行政协议的订立。

中华人民共和国最高人民法院
行政裁定书

（2018）最高法行申9010号

再审申请人（一审原告、二审上诉人）王小伏，女，汉族，住河南省郑州市金水区。

再审申请人（一审原告、二审上诉人）李梦凡，女，汉族，住河南省郑州市金水区。

共同委托代理人苗永顺，河南昊广律师事务所律师。

再审被申请人（一审被告、二审被上诉人）郑州市金水区人民政府，住所地河南省郑州市金水区东风路16号。

法定代表人魏东，该区人民政府区长。

再审申请人王小伏、李梦凡因诉郑州市金水区人民政府（以下简称金水区政府）解除协议决定一案，不服河南省高级人民法院（2017）豫行终1698号行政判决，向本院申请再审。本院依法组成由审判员李广宇、审判员阎巍、审判员仝蕾参加的合议庭，对本案进行了审查，现已审查终结。

郑州铁路运输中级法院一审查明：王小伏与李全兴（已去世）为夫妻关系，李梦凡为二人之女。李全兴在金水区大铺村有宅基地一处。1994年11月，李全兴作为甲方与乙方郑州市黄河园林艺术建筑公司签订联合建房协议，约定：甲方投入宅基地 300 平方米，并持有土地证；乙方投入全部建房资金，其他费用由甲方支付；房子建成后，乙方子女享有继承权；房子计划六层，甲方占 1.5 层（一层全部，二层的 50%），乙方为二层的 50% 以及三至六层的全部；如遇国家政策性拆迁，国家补偿的分配，按照甲乙双方所占面积比例进行分成；建房协议，甲方必须征得本村民组的同意；甲方违约，除赔偿乙方投资外，另付违约金 30 万元，乙方违约，产权全部归甲方所有。房子建成后，李全兴家人实际使用一层半，其余房屋由郑州市黄河园林艺术建筑公司分配给其单位职工居住使用直至大铺村连片改造时。1996 年 10 月，郑州市金水区城乡建设环境保护局为涉案房屋的居住者办理了《建筑许可证》。在金水区大铺村进行连片改造时，金水区大铺村连片改造项目指挥部与王小伏、李茂林签订了搬迁补偿安置协议。2015 年 6 月 9 日，金水区政府以“该宅基地建筑物系 1994 年郑州市黄河园林艺术建筑公司与李全兴、李长丽联合所建，连片改造指挥部与王小伏、李茂林签订的编号为 0123 的《金水区大铺村（白庙村第三、四、十村民组）连片改造项目搬迁补偿安置协议书》不当”为由，作出解除协议决定书。2016 年 7 月 28 日，金水区政府将解除协议决定书送达给王小伏。王小伏、李梦凡对该行为不服，诉至法院，请求撤销金水区政府于 2015 年 6 月 9 日作出的解除协议决定书。

郑州铁路运输中级法院一审认为：根据《最高人民法院关于

适用〈中华人民共和国行政诉讼法〉若干问题的解释》的规定，行政机关为实现公共利益或者行政管理目标，在法定职责范围内，具有与公民、法人或者其他组织协商订立行政协议的职权。同时，行政机关因公共利益需要或者其他法定理由，可以单方变更、解除协议。本案中，金水区政府在金水区大铺村（白庙村第三、四、十村民组）连片改造过程中，王小伏隐瞒涉案房屋系联合建造以及与他人共同使用的事实，金水区政府在未认真核实涉案宅基地上房屋系联合建造以及房屋的使用人等相关事实情况下，与涉案宅基地的使用权人的家属王小伏、李茂林签订了编号为0123的搬迁补偿安置协议。该协议签订后，金水区政府接涉案宅基地上房屋的实际使用人反映，在调查核实的基础上，作出了解除协议决定书。该解除协议决定在实体上符合行政法的基本原则，未违背相关法律规范禁止性的规定。虽然《中华人民共和国行政诉讼法》（以下简称《行政诉讼法》）对于行政机关行使解除权在程序上并没有明确规定，但该权力的行使应当符合程序正当的原则。因解除协议决定涉及王小伏的权益，金水区政府在作出该决定之前，应听取当事人的陈述与申辩，并进行告知、说明理由及依据，但金水区政府未提交证明其程序合法的证据，且该解除协议决定书并未告知相对人的诉讼权利。解除协议决定书2015年6月9日作出后，直至2016年7月28日才送达给王小伏。故金水区政府作出的解除协议决定书程序违法。根据《行政诉讼法》第七十四条第一款第一项之规定，作出（2016）豫71行初904

号行政判决：一、确认金水区政府2015年6月9日作出的解除协议决定书违法；二、驳回王小伏、李梦凡要求撤销金水区政府2015年6月9日作出的解除协议决定书的诉讼请求。

王小伏、李梦凡不服，提起上诉。

河南省高级人民法院二审认为：首先，金水区政府在获知涉案土地上房屋权属之后作出解除协议决定并不违反法律法规的强制性规定；其次，虽然王小伏、李梦凡认为金水区政府在其仍享有涉案土地的权益的情况下，仅有变更行政协议的权力，但搬迁补偿安置协议是协议双方协商一致的结果，法院对该直接变更的请求无司法审查权。综上，王小伏、李梦凡的上诉理由不能成立，其上诉请求依法不予支持。据此判决驳回上诉，维持一审判决。

王小伏、李梦凡向本院申请再审称：1. 相关司法解释虽然规定了行政机关享有单方变更、解除行政协议的权力，但还规定了该权力的行使条件。不具备相应的法定事由，是不能擅自行使该项权力的。原审法院认定再审被申请人解除行为违法，却未纠正该行为，属适用法律错误。2. 即使再审被申请人一审中所主张的部分事实成立，两再审申请人仍享有搬迁补偿安置协议中的大部分权益，并非全部权益应被抹去。所以，再审被申请人仅有变更行政协议部分内容的权力，而并不具有解除该补偿协议的权力。一审和二审判决本应撤销该解除协议决定，却只确认违法，显失公正。综上，请求：撤销二审判决和一审判决第二项，改判支持再审申请人的诉讼请求或者将本案发回重审；判令再审被申请人依法变更《金水区大铺村（白庙村第三、四、十村民组）连片改造项目搬迁补偿安置协议书》并承担本案全部诉讼费用。

本院认为：作为对具体事件的单方面处理，行政行为是典型的、实践中最常用的法律形式。但是，行政机关可以选择协商式的处理方式，与公民、法人或者其他组织签订设立、变更或终止行政法律关系的协议。虽然行政协议是行政机关与公民、法人或者其他组织协商一致作出，但在特殊情况下，行政机关可以单方变更、解除协议。作出单方变更、解除协议的决定，通常是为了更好地实现公共利益或者行政管理目标，而对合同的履行作出单方调整；有时，也是基于协议存在某种违法的情形。依法行政原则要求行政行为保持合法的状态，撤销一切违法的行政行为。这一原则在行政协议领域同样应当遵守。行政协议的违法性包括通过恶意欺诈、胁迫或者通过对重要问题的不正确、不完整的陈述而促成行政协议的订立。

在本案，金水区大铺村连片改造项目指挥部与再审申请人签订了《金水区大铺村（白庙村第三、四、十村民组）连片改造项目搬迁补偿安置协议书》，但金水区大铺村连片改造项目指挥部调查核实，再审申请人刻意隐瞒了与他人合作建房的事实，若此协议履行必将损害其他二十二户居民的合法权益，再审被申请人金水区政府乃作出被诉解除协议决定书。该解除协议决定书在实体上符合行政法的基本原则，以及在程序上存在违法情形，已为一审和二审裁判所认定，兹不赘述。

再审申请人向本院申请再审，主要主张行政机关仅有变更行政协议部分内容的权力，并不具有解除协议的权力，因为其仍享有搬迁补偿安置协议中的大部分权益，并非全部权益应被抹去。本院经审查认为，无论是金水区政府的解除协议决定书，还是一审和二审判决，均没有否认再审申请人在搬迁安置补偿中所应享有的合法权益。金水区政府之所以解除协议，而不是变更其中的部分内容，是因为原搬迁补偿安置协议书的主体发生错误，必须解除之后另行与持有该宅基地上建筑物《建筑许可证》的各户居民分别签订搬迁安置补偿协议。解除协议决定书的第二项正是明确重新签订协议的问题。因此，本案当中对于协议的解除，并非彻底的解除，而是解除之后分户重新签订，其实质更像是变更。对于这样一个解除协议决定书，并不存在撤销的必要。再审申请人所享有的合法权益完全可以在重新签订搬迁补偿安置协议中实现。再审被申请人也有义务以正当程序与再审申请人协商一致后及时作出处理。

综上，再审申请人王小伏、李梦凡的再审理由不能成立，其再审申请不符合《中华人民共和国行政诉讼法》第九十一条规定的情形。依照《最高人民法院关于适用〈中华人民共和国行政诉讼法〉的解释》第一百一十六条第二款之规定，裁定如下：

驳回再审申请人王小伏、李梦凡的再审申请。

审 判 长　李广宇

审 判 员　阎　巍

审 判 员　仝　蕾

二〇一八年十二月二十七日

法官助理　骆芳菲

书 记 员　王昱力

政府信息的重复申请

杨喜凤诉新密市政府案

裁判要旨

在已经获取相关信息的情况下仍然提出公开申请，在性质上属于“重复申请”，至少在效果上相当于“重复申请”。要求行政机关在其已经掌握的政府信息上加盖公章、签上经办人姓名、注明日期等，并非《政府信息公开条例》所规定的政府信息公开的方式和形式，甚至不属于政府信息公开范畴。行政机关对此予以拒绝，不构成不履行政府信息公开法定职责。

对于明显缺乏权利侵害事实的起诉，人民法院没有必要仅以行政行为说明理由不当为由判决撤销。可以要求行政机关进行瑕疵补正，或者在裁判文书中予以释明之后判决驳回原告的诉讼请求。

中华人民共和国最高人民法院
行政裁定书

（2018）最高法行申 1579 号

再审申请人（一审原告、二审上诉人）杨喜凤，女，汉族，住河南省新密市。

委托代理人米战江，男，汉族，住河南省新密市。系杨喜凤之夫。

再审被申请人（一审被告、二审被上诉人）新密市人民政府，住所地河南省新密市青屏大街 86 号。

法定代表人张红伟，该市人民政府市长。

再审申请人杨喜凤因诉新密市人民政府（以下简称新密市政府）政府信息公开一案，不服河南省高级人民法院（2017）豫行终 2259 号行政判决，向本院申请再审。本院依法组成由审判员李广宇、审判员阎巍、审判员仝蕾参加的合议庭，对本案进行了审查，现已审查终结。

河南省郑州市中级人民法院一审查明：2016 年 6 月 30 日，杨喜凤向新密市政府邮寄《政府信息公开申请书》，请求提供 2013 年 11 月 19 日新密政复决字〔2013〕3 号行政复议决定审批表，加盖新密市政府公章，签上经办人的姓名，并注明日期。2016 年

7月14日，新密市政府作出本案被诉《政府信息公开申请答复书》，主要内容为：一、申请人申请公开的政府信息，系市政府在行政复议过程中制作、记录、保存的信息，依据《中华人民共和国政府信息公开条例》（以下简称《政府信息公开条例》）第九条、第十条、第十一条的规定，不属于政府主动公开的范围。二、新密政复决字〔2013〕3号审批表，是在白战国不服新密市国土资源局新密国土资罚〔2013〕第44号行政决定书提起的行政复议一案审理过程中，对行政复议决定的审批过程中形成的。该行政复议案件当事人为白战国和新密市国土资源局，与申请人自身的生产、生活、科研等特殊需求无关，不符合《政府信息公开条例》第十三条的规定，不属于依申请公开的范围。依据《国务院办公厅关于施行〈中华人民共和国政府信息公开条例〉若干问题的意见》(国办〔2008〕36号)第十四条规定，行政机关对申请人申请公开与本人生产、生活、科研等特殊需要无关的政府信息，可以不予提供。三、新密政复决字〔2013〕3号审批表属于市政府在审理复议案件中，处于讨论、研究或者审查中的过程性信息，依据《国务院办公厅关于做好政府信息依申请公开工作的意见》(国办发〔2010〕5号)第二条之规定，该审批表不属于《政府信息公开条例》所指应公开的政府信息。2016年7月18日，杨喜凤代理人米战江签收该答复书。杨喜凤不服，提起行政诉讼，请求撤销2016年7月14日新密市政府法制办公室给杨喜凤的《政府信息公开申请答复书》，继续讨要2013年11月19日新密政复决字〔2013〕3号新密市政府行政复议决定审批表，签上“情况属实”，注明日期，并加盖新密市政府红色公章。

河南省郑州市中级人民法院另查明，2014年4月15日，杨喜凤针对新密政复决字〔2013〕3号行政复议决定，以新密市政府为被告向河南省郑州市中级人民法院提起行政诉讼。在诉讼中，新密市政府向法院提交了该行政复议案件卷宗，杨喜凤在本案起诉状中认可“2014年在郑州市中级人民法院开庭审理该案时，被告新密市政府的委托代理人主动公开交给原告代理人”。该诉讼案件经河南省郑州市中级人民法院及河南省高级人民法院一二审裁判，以杨喜凤与相关行政复议案件没有法律上利害关系，其不具有原告主体资格为由，驳回杨喜凤起诉。在本案审理过程中，杨喜凤和新密市政府均向法庭提交有新密政复决字〔2013〕3号行政复议决定审批表，其中杨喜凤提交的该审批表加盖有河南省高级人民法院档案资料专用章。

河南省郑州市中级人民法院一审认为：一、杨喜凤申请内容是否与其生产、生活、科研需要无关的问题。本案被诉《政府信息公开申请答复书》以杨喜凤非相关行政复议案件当事人，因而杨喜凤要求公开该行政复议案件复议决定审批表与其生产、生活、科研需要无关。新密市政府的相关意见实际上是对政府信息公开“三需要”规定的误解。二、杨喜凤申请内容是否属于处于讨论、研究或者审查中的过程性信息及杨喜凤申请内容是否应当公开的问题。首先，杨喜凤申请公开的新密政复决字〔2013〕3号行政复议决定审批表是相关行政复议决定的前置审批文件，属于服务于相关行政复议行为的程序性信息，杨喜凤向新密市政府申请公开之时，相关行政复议决定早已作出，因此杨喜凤申请内容不宜认定为过程性信息。其次，杨喜凤申请内容为审批信息，公开相关信息既不会造成公众误解或影响决策效率，也不会侵犯相关人员权利，新密市政府将该复议决定审批表作为证据在行政复议相关案件及本案中作为证据出示并接受公开质证可以佐证这一点。因此，本案被诉《政府信息公开申请答复书》将杨喜凤申请内容认定为过程性信息并不予公开，明显不当。三、关于杨喜凤是否构成重复申请、重复公开问题。从本案查明的事实看，杨喜凤早在 2014 年其诉新密市政府行政复议决定一案审理过程中就已通过诉讼案卷查阅复制方式取得其本案申请公开的新密政复决字〔2013〕3 号行政复议决定审批表，而其于 2016 年 6 月 30 日，向新密市政府提出政府信息公开申请，要求公开该审批表，在客观上已经构成重复申请。对于该申请，新密市政府可以不重复公开。至于杨喜凤在其政府信息公开申请及本案诉讼请求中要新密市政府公开审批表的同时需再加盖新密市政府公章、签上“情况属实”、签上经办人姓名、注明日期等要求，已经超越了政府信息公开的形式要求。而且杨喜凤通过前述诉讼案卷查阅复制方式取得的新密政复决字〔2013〕3 号行政复议决定审批表，为人民法院终审认定的案件证据，并加盖有河南省高级人民法院档案资料专用章，从内容和形式上均具有确定该审批表真实性的效力，无须通过政府重复公开并加盖公章、签经办人姓名、注明“情况属实”及日期等方式予以确定。杨喜凤在已经取得相关政府信息的前提下，向新密市政府重复申请公开，其要求公开政府信息的请求不能得到支持。但是，本案为撤销之诉，在本案被诉《政府信息公开申请答复书》中并未将杨喜凤重复申请问题作为拒绝公开相关信息的理由，因此，虽然杨喜凤的公开请求不能成立，也并不影响法院对本案被诉《政府信息公开申请答复书》合法性问题的评价。综上，本案被诉《政府信息公开申请答复书》拒绝公开相关政府信息的理由混淆了相关法律概念，适用法律错误，依法应予撤销。杨喜凤政府信息公开申请构成重复申请，其关于“在审批表上签上‘情况属实’，注明日期，并加盖新密市政府红色公章”的诉讼请求不予支持。根据《中华人民共和国行政诉讼法》第六十九条、第七十条第二项的规定，作出（2016）豫01行初541号行政判决，撤销本案被诉《政府信息公开申请答复书》；驳回杨喜凤其他诉讼请求。

杨喜凤不服，提起上诉。

河南省高级人民法院二审认为：一、关于新密市政府所作的本案被诉信息公开答复是否合法的问题。杨喜凤申请公开的行政复议决定审批表不属于《政府信息公开条例》规定的行政机关应主动公开的政府信息，但是新密市政府认为该审批表与杨喜凤自身的生产、生活、科研等特殊需要无关，不属于《政府信息公开条例》第十三条规定的依申请公开的范围，以及该审批表系过程性信息，不属于应公开的政府信息，属适用法律错误。杨喜凤虽然不是新密政复决字〔2013〕3号行政复议案件的当事人，但是杨喜凤认为该行政复议案件侵犯其参与权而要求公开该审批表，可以认为杨喜凤向新密市政府申请公开行政复议决定审批表符合《政府信息公开条例》第十三条的规定。另外，行政复议决定审批表是新密市政府在办理行政复议案件过程中制作的信息，属于《政府信息公开条例》第二条规定的政府信息。因此，一审判决以适用法律错误为由撤销被诉信息公开答复正确。二、关于杨喜凤要求新密市政府提供新密政复决字〔2013〕3号行政复议决定审批表，并要求加盖新密市政府公章，签上经办人姓名、注明日期，该诉讼请求是否应当支持的问题。根据一审时杨喜凤提交的证据可以得知，杨喜凤已经从河南省高级人民法院档案室获取了新密政复决字〔2013〕3号行政复议决定审批表，并加盖了该院档案资料专用章，其已经掌握了所申请公开的政府信息，虽然不属于重复申请，但其请求判决新密市政府向其提供该审批表已无必要，同时，杨喜凤要求在审批表上加盖新密市政府公章，签上经办人姓名、注明日期，这样的要求也不属于法律规定的信息公开形式要求。故一审判决驳回杨喜凤其他诉讼请求并无不当。三、关于杨喜凤在上诉中请求将有关材料移送最高人民检察院提起公诉，控告追究相关人员法律责任等问题。杨喜凤的这些请求事项不属于行政诉讼审查范围，不予审理。综上，杨喜凤的上诉理由不能成立，其上诉请求不予支持。一审判决正确，依法应予维持。据此判决驳回上诉，维持原判。

杨喜凤向本院申请再审称：1. 新密市政府在行政复议活动中有情节严重的失职行为，违反法律规定，拒绝杨喜凤作为第三人参加行政复议，越权办案。新密政复决字〔2013〕3 号行政复议决定审批表侵犯了杨喜凤的合法权益，可以依法提起诉讼的诉权被驳回，伤害了杨喜凤打工得不到报酬的自尊心，造成杨喜凤数额特别巨大的经济损失。二审审判人员在审理该案时有徇私舞弊行为，是包庇审批表的决策人。2. 二审审判人员有枉法裁判行为，如传票把杨喜凤写成被告，开庭时才给答辩状，开庭时不开摄像机，审判人员不回避，未对一审判决和有关文件进行全面审查，等等。综上，杨喜凤的再审申请符合《中华人民共和国行政诉讼法》第九十一条第八项的规定，请求：撤销河南省高级人民法院（2017）豫行终 2259 号行政判决，核查二审审判人员在审理案件时有徇私舞弊、枉法裁判的行为。

本院认为：公民、法人或者其他组织向行政机关提出政府信息公开申请、向人民法院提起政府信息公开诉讼，目的通常是为了获取有关政府信息。但在本案中，根据一审法院查明的事实，再审申请人杨喜凤早在 2014 年其诉新密市政府行政复议决定一案审理过程中就已通过诉讼案卷查阅复制方式取得其在本案中所要求公开的行政复议决定审批表。在已经获取相关信息的情况下仍然提出公开申请，在性质上属于“重复申请”，至少在效果上相当于“重复申请”。要求行政机关在其已经掌握的政府信息上加盖公章、签上经办人姓名、注明日期等，并非《政府信息公开条例》所规定的政府信息公开的方式和形式，甚至不属于政府信息公开范畴。行政机关对此予以拒绝，不构成不履行政府信息公开法定职责。在本案，虽然行政机关的答复说明理由不当，但不予提供政府信息的结果并无不当，且该处理结果对申请人的合法权益并不构成侵害。对于明显缺乏权利侵害事实的起诉，人民法院没有必要仅以行政行为说明理由不当为由判决撤销。可以要求行政机关进行瑕疵补正，或者在裁判文书中予以释明之后判决驳回原告的诉讼请求。考虑到再审申请人的再审理由不能成立，生效裁判撤销政府信息公开答复的判决结果亦不对再审申请人的合法权益有所影响，因此决定不对本案提起再审。

综上，再审申请人杨喜凤的再审申请不符合《中华人民共和国行政诉讼法》第九十一条规定的情形。依照《最高人民法院关于适用〈中华人民共和国行政诉讼法〉的解释》第一百一十六条第二款之规定，裁定如下：

驳回再审申请人杨喜凤的再审申请。

审 判 长　李广宇

审 判 员　阎　巍

审 判 员　仝　蕾

二〇一八年六月二十九日

法官助理　骆芳菲

书 记 员　王昱力

能否要求“公告”政府信息

解恒顺诉孟州市政府案

裁判要旨

所谓“政府信息公开工作中的具体行政行为”，一般是指行政机关针对政府信息公开申请进行答复处理的行为。通常情况下，一些政府信息往往与某个具体行政行为有所关联，例如行政处罚决定书之于行政处罚行为、征地补偿安置方案之于征地补偿行为，但后者并不属于“政府信息公开工作中的具体行政行为”。对与政府信息相关联的其他具体行政行为的合法性进行审查，并不是政府信息公开诉讼的任务。政府信息公开诉讼所要解决的，只是政府信息是否应当公开、应当如何公开的问题。

通常情况下，政府信息公开诉讼的原告不仅会要求撤销一个拒绝公开的决定，同时还会请求人民法院责令行政机关公开他所申请的政府信息，这个诉讼就属于履行法定职责之诉，而不是撤销诉讼。人民法院不仅要审查拒绝公开决定的合法性，还要对是否应当公开原告所申请的政府信息作出判断。如果各方面的法律和事实条件都齐备，更要判决行政机关在一定期限内公开原告所申请的政府信息。

法律规定公民、法人或者其他组织可以向行政机关提出政府信息公开申请，目的是保障申请人自己获取政府信息的权利。法律和司法解释要求尽可能按照法律、法规规定的适当形式提供政府信息，所指也是向申请人本人提供政府信息的形式。向不特定公众“公告”政府信息，可能是主动公开政府信息的形式，却不是依申请公开政府信息的形式。政府信息公开申请人要求行政机关“公告”政府信息，超出了自己需要的范围，实质是要求行政机关向不特定公众主动公开政府信息。公民、法人或者其他组织在政府信息公开诉讼中提出这样的诉求，实质是主张不特定公众的权利。这样的诉求不仅与《行政诉讼法》的立法宗旨不符，而且也被《最高人民法院关于审理政府信息公开行政案件若干问题的规定》第三条所明确禁止。

再审只是对已经发生法律效力的判决、裁定、调解书的一个特殊纠错程序，再审请求通常只需包含两种请求——撤销已经发生法律效力的判决、裁定、调解书；对案件再次审理。即使人民法院启动再审程序，诉讼标的也仅限于已经发生法律效力的判决、裁定、调解书的诉讼标的，再审申请人不能在再审申请中提出新的诉讼请求。

中华人民共和国最高人民法院
行政裁定书

（2018）最高法行申3922号

再审申请人（一审原告、二审上诉人）解恒顺，男，汉族，住河南省孟州市。

再审被申请人（一审被告、二审被上诉人）孟州市人民政府，住所地河南省孟州市大定路中段。

法定代表人吕沛，该市人民政府市长。

再审申请人解恒顺因诉孟州市人民政府（以下简称孟州市政府）政府信息公开一案，不服河南省高级人民法院（2017）豫行终3203号行政判决，向本院申请再审。本院依法组成由审判员李广宇、审判员阎巍、审判员仝蕾参加的合议庭，对本案进行了审查，现已审查终结。

河南省焦作市中级人民法院一审查明：2017年4月28日，解恒顺向孟州市政府提出政府信息公开申请，申请公开太澳高速公路孟州段建设用地批准文件和征地补偿安置方案。2017年5月15日，孟州市政府办公室作出《非本机关政府信息告知书》，载明：经查，解恒顺申请获取的政府信息不属于本机关的掌握范围，根据《中华人民共和国政府信息公开条例》（以下简称《政府信息公开条例》）第二十一条规定，建议向国土资源局咨询。孟州市政府于 2017 年 5 月 17 日向解恒顺邮寄送达上述告知书。解恒顺收到该告知书后不服，于2017年5月25日向法院提起行政诉讼，请求：撤销孟州市政府 2017 年 5 月 15 日的《非本机关政府信息告知书》；判令其依法公开（公告）太澳高速公路孟州段建设用地批准文件和征地补偿方案。

河南省焦作市中级人民法院一审认为：解恒顺向孟州市政府申请公开的政府信息为太澳高速公路孟州段建设用地批准文件和征地补偿安置方案，本案的争议焦点是解恒顺申请公开的政府信息孟州市政府应否公开。1. 关于太澳高速公路孟州段建设用地批准文件。《中华人民共和国土地管理法实施条例》（以下简称《土地管理法实施条例》）第二十五条第一款规定，征收土地方案经依法批准后，由被征收土地所在地的市、县人民政府组织实施，并将批准征地机关、批准文号、征收土地的用途、范围、面积以及征地补偿标准、农业人员安置办法和办理征地补偿的期限等，在被征收土地所在地的乡（镇）、村予以公告。《政府信息公开条例》第十一条第三项规定，设区的市级人民政府、县级人民政府及其部门重点公开的政府信息还应当包括下列内容：征收或者征用土地、房屋拆迁及其补偿、补助费用的发放、使用情况。根据以上规定，太澳高速公路孟州段建设用地批准文件即使由国务院制作，因属于孟州市政府主动公开的范围，解恒顺申请公开的，孟州市政府亦应公开。孟州市政府称解恒顺申请公开的建设用地批准文件系由国务院制作其并不掌握的理由不能成立，不予支持。2. 关于征地补偿安置方案。《土地管理法实施条例》第二十五条第三款规定，市、县人民政府土地行政主管部门根据经批准的征收土地方案，会同有关部门拟订征地补偿、安置方案，在被征收土地所在地的乡（镇）、村予以公告，听取被征收土地的农村集体经济组织和农民的意见……《政府信息公开条例》第十七条规定，行政机关制作的政府信息，由制作该政府信息的行政机关负责公开……根据以上规定，征地补偿安置方案的制作机关是孟州市土地管理部门，不论孟州市政府是否保存征地补偿安置方案的信息，公开该信息的义务机关仍是作为制作机关的孟州市土地管理部门，故孟州市政府称不是征地补偿安置方案的制作主体的理由成立，解恒顺要求孟州市政府公开该政府信息的请求不应支持。综上所述，孟州市政府办公室于 2017 年 5 月 15 日作出的《非本机关政府信息告知书》中对解恒顺申请公开太澳高速公路孟州段建设用地批准文件部分的告知适用法律错误，但对解恒顺申请公开征地补偿安置方案的部分告知正确，故对该告知书应予部分撤销。同时应指出，解恒顺是向孟州市政府申请政府信息公开，但孟州市政府以其办公室的名义作出告知不当，以后应予改正。解恒顺要求撤销《非本机关政府信息告知书》中太澳高速公路孟州段建设用地批准文件部分的告知及要求孟州市政府公开太澳高速公路孟州段建设用地批准文件的请求成立，应予支持；解恒顺要求撤销《非本机关政府信息告知书》中征地补偿安置方案的部分及要求孟州市政府公开征地补偿安置方案的请求不能成立，不予支持。依照《最高人民法院关于审理政府信息公开行政案件若干问题的规定》第九条第一款、第十二条第一项之规定，作出（2017）豫 08 行初 78 号行政判决：一、撤销孟州市政府办公室于 2017 年 5 月 15 日作出的《非本机关政府信息告知书》中对解恒顺申请公开太澳高速公路孟州段建设用地批准文件部分的告知；二、责令孟州市政府于判决生效之日起十五个工作日内向解恒顺公开太澳高速公路孟州段建设用地批准文件；三、驳回解恒顺要求撤销孟州市政府办公室于 2017 年 5 月 15 日作出的《非本机关政府信息告知书》中征地补偿安置方案部分的告知及要求孟州市政府公开征地补偿安置方案的诉讼请求。

解恒顺不服，提起上诉。

河南省高级人民法院二审认为：本案系因解恒顺对焦作市政府未予公开政府信息不服提起的行政诉讼，故人民法院依法审查的内容应为焦作市政府未予公开解恒顺请求公开的有关政府信息的行为是否合法，并不能对有关政府信息中涉及的行政行为进行合法性审查，因此解恒顺上诉称“焦作市中级人民法院未对本案进行依法审理，导致未对批准用地行政行为是否合法进行审查，致使事实不清”的理由不能成立。《政府信息公开条例》第十七条规定，行政机关制作的政府信息，由制作该政府信息的行政机关负责公开。《土地管理法实施条例》第二十五条第三款规定，市、县人民政府土地行政主管部门根据经批准的征收土地方案，会同有关部门拟订征地补偿、安置方案，在被征收土地所在地的乡（镇）、村予以公告，听取被征收土地的农村集体经济组织和农民的意见。根据以上规定，涉案征地补偿安置方案的制作机关是孟州市土地管理部门，因此公开该信息的义务机关应为孟州市土地管理部门，解恒顺要求孟州市政府公开征地补偿安置方案缺乏依据，不能成立，原审判决据此未支持解恒顺的该项诉讼请求正确，不存在篡改其诉讼请求的情况。另外，原审判决鉴于支持了解恒顺的部分诉讼请求，从而判决解恒顺负担本案一半的诉讼费用符合法律规定，并无不当。综上，解恒顺的上诉请求缺乏事实和法律依据，不能成立。原审判决认定事实清楚，适用法律正确，处理适当，依法应予维持。据此判决驳回上诉，维持原判。

解恒顺向本院申请再审称：1. 原审法院没有根据《中华人民共和国行政诉讼法》（以下简称《行政诉讼法》）第六条的规定对被诉行政行为的合法性进行审查。2. 原审法院只是判令公开，没有判令公告，是篡改了他的诉讼请求，违反了《最高人民法院关于审理政府信息公开行政案件若干问题的规定》第九条第二款的规定。3. 二审判决对于事实的叙述调换了被上诉人，将孟州市政府表述为焦作市政府。4. 一审判决后，孟州市政府虽然向其提供了太澳高速公路孟州段建设用地批准文件，但告知书中只有文件标题，并无文件内容，二审判决属于虚假叙述。综上，请求：1. 撤销一审和二审判决，重新审理本案；2. 认定太澳高速公路孟州段建设用地被申请人是未批先占、非法占地行为；3 判令被申请人重新依法征收太澳高速公路孟州段建设所占用的土地；4. 责令被申请人依法公开公告太澳高速公路孟州段建设用地批准方案和征地补偿安置方案；5. 责令被申请人承担非法占地的法定过错责任，赔偿申请人因此造成的经济损失；6. 责令被申请人承担本案原审、终审诉讼费。

本院认为：《政府信息公开条例》第三十三条第二款规定："公民、法人或者其他组织认为行政机关在政府信息公开工作中的具体行政行为侵犯其合法权益的，可以依法申请行政复议或者提起行政诉讼。"这是公民、法人或者其他组织就政府信息公开事项申请行政复议或者提起行政诉讼的法律依据。按照《最高人民法院关于审理政府信息公开行政案件若干问题的规定》第一条第一款的规定，所谓"政府信息公开工作中的具体行政行为"，一般是指行政机关针对政府信息公开申请进行答复处理的行为，包括：向行政机关申请获取政府信息，行政机关拒绝提供或者逾期不予答复的；认为行政机关提供的政府信息不符合其在申请中要求的内容或者法律、法规规定的适当形式的；认为行政机关主动公开或者依他人申请公开政府信息侵犯其商业秘密、个人隐私的；认为行政机关提供的与其自身相关的政府信息记录不准确，要求该行政机关予以更正，该行政机关拒绝更正、逾期不予答复或者不予转送有权机关处理的；认为行政机关在政府信息公开工作中的其他具体行政行为侵犯其合法权益的。通常情况下，一些政府信息往往与某个具体行政行为有所关联，例如行政处罚决定书之于行政处罚行为、征地补偿安置方案之于征地补偿行为，但后者并不属于“政府信息公开工作中的具体行政行为”。政府信息公开诉讼所要解决的，只是政府信息是否应当公开、应当如何公开的问题；被诉的具体行政行为通常是指行政机关拒绝公开的答复或者不予答复的行为，对与政府信息相关联的其他具体行政行为的合法性进行审查，并不是政府信息公开诉讼的任务。

在本案中，解恒顺的诉讼请求是：撤销孟州市政府2017年5月15日的《非本机关政府信息告知书》；判令其依法公开（公告）太澳高速公路孟州段建设用地批准文件和征地补偿方案。很显然，本案被诉的具体行政行为是孟州市政府作出的《非本机关政府信息告知书》，审理对象应当是该告知书的合法性以及孟州市政府是否应当向解恒顺公开其所申请公开的太澳高速公路孟州段建设用地批准文件和征地补偿方案。原审法院不仅对被诉《非本机关政府信息告知书》的合法性进行了审查，并且判决撤销了其中对解恒顺申请公开太澳高速公路孟州段建设用地批准文件部分的告知。再审申请人解恒顺认为原审法院没有根据《行政诉讼法》第六条的规定对被诉行政行为的合法性进行审查，但他所说的行政行为指向的却是征地和补偿安置行为，显然对政府信息公开诉讼中的被诉行政行为和审理对象存在误解。

通常情况下，政府信息公开诉讼的原告不仅会要求撤销一个拒绝公开的决定，同时还会请求人民法院责令行政机关公开他所申请的政府信息，这个诉讼就属于履行法定职责之诉，而不是撤销诉讼。人民法院不仅要审查拒绝公开决定的合法性，还要对是否应当公开原告所申请的政府信息作出判断。如果各方面的法律和事实条件都齐备，更要判决行政机关在一定期限内公开原告所申请的政府信息。在本案，解恒顺的诉讼请求正是这样——首先是要求撤销孟州市政府作出的《非本机关政府信息告知书》，然后是要求判令被告依法公开（公告）太澳高速公路孟州段建设用地批准文件和征地补偿方案。原审法院在撤销对解恒顺申请公开太澳高速公路孟州段建设用地批准文件部分的告知的同时，还责令孟州市政府于判决生效之日起十五个工作日内向解恒顺公开太澳高速公路孟州段建设用地批准文件。对于征地补偿方案，则因为制作机关是孟州市土地管理部门，并非孟州市政府，依照《政府信息公开条例》第十七条规定的“谁制作，谁公开”的原则，驳回了解恒顺的该项诉讼请求。原审法院的裁判符合《行政诉讼法》和《政府信息公开条例》的相关规定。解恒顺认为，原审法院只是判令公开，没有判令公告，是篡改了他的诉讼请求，违反了《最高人民法院关于审理政府信息公开行政案件若干问题的规定》第九条第二款的规定。这也是对于法律制度和司法解释的误解。法律规定公民、法人或者其他组织可以向行政机关提出政府信息公开申请，目的是保障申请人自己获取政府信息的权利，法律和司法解释要求尽可能按照法律、法规规定的适当形式提供政府信息，所指也是向申请人本人提供政府信息的形式。向不特定公众“公告”政府信息，可能是主动公开政府信息的形式，却不是依申请公开政府信息的形式。政府信息公开申请人要求行政机关“公告”政府信息，超出了自己需要的范围，实质是要求行政机关向不特定公众主动公开政府信息。公民、法人或者其他组织在政府信息公开诉讼中提出这样的诉求，实质是主张不特定公众的权利。这样的诉求不仅与《行政诉讼法》的立法宗旨不符，而且也被《最高人民法院关于审理政府信息公开行政案件若干问题的规定》第三条所明确禁止。

再审申请人解恒顺还认为，二审判决对于事实的叙述调换了被上诉人，将孟州市政府表述为焦作市政府，经查这属于笔误，而且有失裁判文书的严肃，但这一笔误对判决主文并无影响，并不构成法定的再审事由。解恒顺还强调，一审判决后，孟州市政府虽然向其提供了太澳高速公路孟州段建设用地批准文件，但告知书中只有文件标题，并无文件内容，二审判决属于虚假叙述。本院对此进行了核实，孟州市政府称在向解恒顺送达《政府信息公开申请告知书》的同时，一并送达了告知书中所列两份文件。鉴于该问题属于裁判的履行问题，并不构成生效裁判本身引起再审的法定事由，本院对此再审理由不予采纳。

在再审申请书中，解恒顺列举了一系列请求事项，例如，认定太澳高速公路孟州段建设用地被申请人是未批先占、非法占地行为；判令被申请人重新依法征收太澳高速公路孟州段建设所占用的土地；责令被申请人承担非法占地的法定过错责任，赔偿申请人因此造成的经济损失。这些请求既不是政府信息公开诉讼所要解决的问题，也超出了其在一审起诉状中列明的诉讼请求的范围。再审只是对已经发生法律效力的判决、裁定、调解书的一个特殊纠错程序，再审请求通常只需包含两种请求——撤销已经发生法律效力的判决、裁定、调解书；对案件再次审理。即使人民法院启动再审程序，诉讼标的也仅限于已经发生法律效力的判决、裁定、调解书的诉讼标的，再审申请人不能在再审申请中提出新的诉讼请求。

综上，再审申请人解恒顺的再审申请不符合《中华人民共和国行政诉讼法》第九十一条规定的情形。依照《最高人民法院关于适用〈中华人民共和国行政诉讼法〉的解释》第一百一十六条第二款之规定，裁定如下：

驳回再审申请人解恒顺的再审申请。

审 判 长　李广宇

审 判 员　阎　巍

审 判 员　仝　蕾

二〇一八年六月二十九日

法官助理　骆芳菲

书 记 员　王昱力

信访信息优先适用特别法规定

罗梅英诉湖北省政府案

裁判要旨

信访程序中记录或者保存的信息是行政机关在履行信访处理职责过程中制作或获取的，并以一定形式记录、保存的信息，符合政府信息的构成要件。在法律、法规对政府信息公开的权限作出特别规定的情况下，应当优先适用特别法的规定。因此，公民、法人或者其他组织申请获取行政机关在信访处理过程中的相关信息，应当按照作为调整信访领域相关行为的特别法——《信访条例》的相关规定办理。亦即，应当依照《信访条例》规定的途径进行查询，而不应通过申请政府信息公开的方式。

中华人民共和国最高人民法院
行政裁定书

（2018）最高法行申 3684 号

再审申请人（一审原告、二审上诉人）罗梅英，女，汉族，住湖北省钟祥市。

再审申请人（原审第三人）北京德生缘益才文化传播有限公司，住所地北京市丰台区。

法定代表人王益才。

再审被申请人（一审被告、二审被上诉人）湖北省人民政府，住所地湖北省武汉市武昌区洪山路 7 号。

法定代表人王晓东，该省人民政府省长。

再审申请人罗梅英、北京德生缘益才文化传播有限公司（以下简称德生缘益才公司）因罗梅英诉湖北省人民政府（以下简称湖北省政府）政府信息公开一案，不服湖北省高级人民法院（2017）鄂行终 927 号行政判决，向本院申请再审。本院依法组成由审判员李广宇、审判员阎巍、审判员仝蕾参加的合议庭，对本案进行了审查，现已审查终结。

湖北省武汉市中级人民法院一审查明：罗梅英因丈夫去世后的抚恤待遇问题多次到多地的多个部门信访，要求为其补发丈夫因工死亡的经济补偿费。2016 年 6 月 6 日，湖北省信访局向罗梅英作出《信访事项不再受理告知书》，告知其反映的信访事项已于 2011 年以“鄂终备报〔2011〕486 号”三级终结。罗梅英对此不服，便和德生缘益才公司作为共同申请人，于 2017 年 1 月 7 日以邮寄的方式向湖北省政府申请政府信息公开，申请内容为：一、鄂终备报〔2011〕486 号三级终结资料；二、信访法定程序的书面答复意见、复查意见、复核意见、听证意见及依法送达回证。同年 1 月 10 日，湖北省政府收到该申请，同月 24 日，湖北省政府作出鄂政办公开字〔2017〕3 号《政府信息公开申请答复书》，答复称：你申请公开的信息属信访处理程序中的相关信息，应依照《信访条例》第十二条的规定，到省信访工作机构查询，本机关不负有适用《中华人民共和国政府信息公开条例》（以下简称《政府信息公开条例》）公开此类信息的法定职责。罗梅英收到此答复书后不服，遂诉至法院，请求确认鄂政办公开字〔2017〕3 号《政府信息公开申请答复书》不履行政府信息公开义务违法；责令湖北省政府提供“鄂终备报〔2011〕486 号”三级终结资料（文书），法定信访程序的书面答复意见、复查意见、复核意见、听证意见及依法送达回证，履行法定职责。

湖北省武汉市中级人民法院一审认为：本案罗梅英及德生缘益才公司向湖北省政府申请公开的政府信息，属于信访程序中记录或保存的信息。而《信访条例》是规范信访行为和程序的专门制度，罗梅英应当根据《信访条例》规定的程序办理，向法定的信访机构提出申请而非湖北省政府。因此，湖北省政府根据《政府信息公开条例》第二十一条第三项的规定，作出的鄂政办公开字〔2017〕3号《政府信息公开申请答复书》事实清楚，适用法律正确，答复程序合法正当，罗梅英的诉讼请求不予支持。依据《中华人民共和国行政诉讼法》第六十九条的规定，作出（2017）鄂01行初160号行政判决，驳回罗梅英的诉讼请求。

罗梅英不服，提起上诉。

湖北省高级人民法院二审认为：《政府信息公开条例》第二条规定，政府信息，是指行政机关在履行职责过程中制作或者获取的，以一定形式记录、保存的信息。本案中，罗梅英及德生缘益才公司向湖北省政府申请公开的政府信息，属于信访程序中记录或保存的信息，应向法定的信访机构提出申请。湖北省政府作出的鄂政办公开字〔2017〕3号《政府信息公开申请答复书》符合相关法律规定。一审认定事实清楚，适用法律正确，驳回罗梅英的诉讼请求并无不当。罗梅英的上诉理由不成立，其上诉请求不予支持。据此作出（2017）鄂行终927号行政判决，驳回上诉，维持原判决。

罗梅英、德生缘益才公司向本院申请再审称：1.再审申请人有新的证据，足以推翻原判决。再审申请人依据一审和二审判决书中所释明的“应向法定的信访机构提出申请”，于2018年3月10日向湖北省信访局申请公开诉求事项。湖北省信访局于2018年4月18日作出《政府信息公开答复意见书》，称：“你要求获取的信息属于信访事项处理程序中的信息，不属于《政府信息公开条例》规定的信息公开范围。”推诿扯皮乱作为的行为违反了相关法律规定。2. 二审判决存在错误，事实不清：法律文书标题载明为“行政判决书”，第三页却载明为“裁定如下”；第三人北京德生缘益才文化传播有限公司在“本院认为”部分载明为“德生益才公司”；遗漏上诉费由谁负担。综上，请求：撤销一审和二审行政判决；依法再审改判确认鄂政办公开字〔2017〕3 号《政府信息公开申请答复书》不履行政府信息公开义务违法；提供“鄂终备报〔2011〕486 号”三级终结资料（文书），法定信访程序的书面答复意见、复查意见、复核意见、听证意见及依法送达回证，履行法定职责；本案一审和二审案件受理费共计 100 元由再审被申请人承担。

本院认为：再审申请人向再审被申请人申请公开的信息是：鄂终备报〔2011〕486 号三级终结资料；信访法定程序的书面答复意见、复查意见、复核意见、听证意见及依法送达回证。对于此类在信访处理过程中形成的相关信息，是应当通过政府信息公开的途径予以获取，还是应当依照《信访条例》规定的程序予以查询，是本案的争议焦点。

一、信访处理过程中形成的信息是否属于政府信息

《政府信息公开条例》第二条规定：“本条例所称政府信息，是指行政机关在履行职责过程中制作或者获取的，以一定形式记录、保存的信息。”《信访条例》第三条第一款规定：“各级人

民政府、县级以上人民政府工作部门应当做好信访工作，认真处理来信、接待来访，倾听人民群众的意见、建议和要求，接受人民群众的监督，努力为人民群众服务。”第三十二条规定：“对信访事项有权处理的行政机关经调查核实，应当依照有关法律、法规、规章及其他有关规定，分别作出以下处理，并书面答复信访人……”据此，信访程序中记录或者保存的信息是行政机关在履行信访处理职责过程中制作或获取的，并以一定形式记录、保存的信息，符合政府信息的构成要件。

二、信访处理过程中形成的信息能否通过申请政府信息公开的途径获取

《政府信息公开条例》第十七条规定：“行政机关制作的政府信息，由制作该政府信息的行政机关负责公开；行政机关从公民、法人或者其他组织获取的政府信息，由保存该政府信息的行政机关负责公开。法律、法规对政府信息公开的权限另有规定的，从其规定。”根据该条规定，在法律、法规对政府信息公开的权限作出特别规定的情况下，应当优先适用特别法的规定。《信访条例》第十二条规定：“县级以上各级人民政府的信访工作机构或者有关工作部门应当及时将信访人的投诉请求输入信访信息系统，信访人可以持行政机关出具的投诉请求受理凭证到当地人民政府的信访工作机构或者有关工作部门的接待场所查询其所提出的投诉请求的办理情况。具体实施办法和步骤由省、自治区、直辖市人民政府规定。”该条明确规定了信访人对信访事项处理过

程中相关信息的查询方式。因此，公民、法人或者其他组织申请获取行政机关在信访处理过程中的相关信息，应当按照作为调整信访领域相关行为的特别法——《信访条例》的相关规定办理。

具体到本案，再审申请人要求获取的鄂终备报〔2011〕486号三级终结资料（文书），信访法定程序的书面答复意见、复查意见、复核意见、听证意见及依法送达回证为相关信访工作机构在处理罗梅英信访事项中制作并保存的信息，应当属于政府信息的范畴。但再审申请人应当依照《信访条例》规定的途径进行查询，而不应通过申请政府信息公开的方式。因此，再审被申请人告知再审申请人应依照《信访条例》第十二条的规定到湖北省信访工作机构查询，并无不当。原审判决驳回再审申请人罗梅英的诉讼请求，亦无不妥。

关于再审申请人提交湖北省信访局于2018年4月13日作出的《政府信息公开答复意见书》，以此主张一审和二审判决错误的理由。该答复意见书内容为，“你要求获取的信息属于信访事项处理程序中的信息，不属于《政府信息公开条例》规定的信息公开范围”。可见，并非一审和二审判决理由有误，而只是再审申请人并未依照《信访条例》第十二条规定的查询途径予以办理。故该答复意见书并不足以推翻原判决。至于再审申请人在再审申请书中提及的二审判决中存在的文字错误等疏漏，经查证基本属实，确实值得警醒。由于不影响案件处理结果，本院在此予以指正，希望湖北省高级人民法院采取相应补正措施，并切实引以为戒。

综上，再审申请人罗梅英、德生缘益才公司的再审申请理由不能成立，其再审申请不符合《中华人民共和国行政诉讼法》第九十一条规定的情形。依照《最高人民法院关于适用〈中华人民共和国行政诉讼法〉的解释》第一百一十六条第二款之规定，裁定如下：

驳回再审申请人罗梅英、北京德生缘益才文化传播有限公司的再审申请。

审 判 长　李广宇

审 判 员　阎　巍

审 判 员　仝　蕾

二〇一八年六月二十九日

法官助理　骆芳菲

书 记 员　王昱力

政府信息公开与信访事项

刘书平诉郑州市政府案

裁判要旨

判断一个申请到底属于政府信息公开，还是属于信访事项，不能仅凭申请人的声称，也不能仅凭申请人自己贴上一个什么样的标签，而应通过将特定申请与制度宗旨进行比对，对其实质作出认定。信访制度的一个特点是“对下和对外”，即信访人可以针对行政机关及其工作人员，法律、法规授权的具有管理公共事务职能的组织及其工作人员，提供公共服务的企业、事业单位及其工作人员，社会团体或者其他企业、事业单位中由国家行政机关任命、派出的人员以及村民委员会、居民委员会及其成员的职务行为，向受理信访的有关行政机关反映情况，提出建议、意见。而政府信息公开则只具有“对己和对内”的特点，即申请人只能向行政机关申请公开由本机关制作或者保存的政府信息。并且，这些政府信息只能是现有的、以一定形式记录、保存的信息，行政机关一般不承担为申请人汇总、加工或重新制作政府信息，以及向其他行政机关和公民、法人或者其他组织搜集信息的义务。

中华人民共和国最高人民法院
行政裁定书

（2018）最高法行申 3687 号

再审申请人（一审原告、二审上诉人）刘书平，男，汉族，住河南省中牟县。

再审被申请人（一审被告、二审被上诉人）郑州市人民政府，住所地河南省郑州市中原路 233 号。

法定代表人王跃华，该市人民政府常务副市长。

再审申请人刘书平因诉郑州市人民政府（以下简称郑州市政府）政府信息公开一案，不服河南省高级人民法院（2017）豫行终 3183 号行政裁定，向本院申请再审。本院依法组成由审判员李广宇、审判员阎巍、审判员仝蕾参加的合议庭，对本案进行了审查，现已审查终结。

河南省新乡市中级人民法院一审查明：刘书平于 2017 年 2 月 24 日以邮寄方式向郑州市政府提出政府信息公开申请，要求依法调查公开河南省郑州市郑东新区杨桥办事处杨桥村 1993 年、1996 年、1999 年、2002 年、2005 年、2008 年、2011 年、2014 年 1 至 8 届村班子换届选举的原始选票，请求鉴定原始选票笔迹，调查拉票贿选、破坏选举的犯罪嫌疑人，并将调查结果公开。郑州市政府收到该申请后，于2017年3月6日作出信息公开答复书并邮寄刘书平，告知刘书平申请公开的信息不属于政府信息，刘书平可向该村所在地的乡、民族乡、镇的人民代表大会和人民政府或者县级人民代表大会常务委员会和人民政府及其有关部门了解咨询。刘书平对郑州市政府作出的答复不服，提起诉讼，请求依法确认郑州市政府作出的信息公开答复书违法，并按照刘书平的申请重新作出信息公开答复。

河南省新乡市中级人民法院一审认为：《中华人民共和国政府信息公开条例》（以下简称《政府信息公开条例》）第二条规定："本条例所称政府信息，是指行政机关在履行职责过程中制作或者获取的，以一定形式记录、保存的信息。"据此，该条例所指的政府信息，应当是现有的，以一定形式记录、保存的信息。为准确把握政府信息的适用范畴，《国务院办公厅关于做好政府信息依申请公开工作的意见》（国办发〔2010〕5号）第二条明确规定："行政机关向申请人提供的政府信息，应该是现有的，一般不需要行政机关汇总、加工或者重新制作（作区分处理的除外）。"本案中，刘书平是申请郑州市政府就杨桥村村班子换届选举的问题进行调查，并对调查的有关材料和结果予以公开，而非申请公开"现有的，且以一定形式记录、保存的"政府信息，该申请在性质上属于举报，不属于《政府信息公开条例》调整的范畴。据此，刘书平以政府信息公开的名义提起行政诉讼缺乏法律依据，对其起诉依法应予驳回。依照《最高人民法院关于适用〈中华人民共和国行政诉讼法〉若干问题的解释》第三条第一款第十项之规定，作出（2017）豫07行初47号行政裁定，驳回刘书平的起诉。

刘书平不服，提起上诉。

河南省高级人民法院二审认为：本案刘书平申请的主要内容是要求郑州市政府对破坏当地村民委员会换届选举的相关情况进行调查，并公布调查材料和调查结果。而根据《中华人民共和国村民委员会组织法》第十七条第二款“对以暴力、威胁、欺骗、贿赂、伪造选票、虚报选举票数等不正当手段，妨害村民行使选举权、被选举权，破坏村民委员会选举的行为，村民有权向乡、民族乡、镇的人民代表大会和人民政府或者县级人民代表大会常务委员会和人民政府及其有关主管部门举报，由乡级或者县级人民政府负责调查并依法处理”的规定，郑州市政府对刘书平反映事项没有直接调查处理职权，刘书平的申请实质上是一种信访举报。郑州市政府对此申请所作答复为信访处置行为，属于信访制度调整范畴，不属于可诉的行政行为。刘书平不服提起行政诉讼，不符合行政案件受理条件，其起诉应予驳回。一审裁定认定事实清楚，适用法律正确，依法应予维持。据此裁定驳回上诉，维持原裁定。

刘书平向本院申请再审称：1. 在本案中评价信访事项并驳回其诉讼请求错误，信访事项和政府信息公开行政案件混为一谈是错误的、违法的。2. 一审和二审法院存在卷宗造假、虚假审理、证据造假、事实造假等严重违法问题，影响公正审判，损害当事人的利益。请求：撤销一审和二审行政裁定并改判；确认郑州市政府信息公开答复书内容违法，答复程序违法。

本院认为：再审申请人刘书平申请再审的主要理由，是他认为生效裁判以其提出的政府信息公开申请属于信访事项为由驳回起诉是错误的。他主张，不能把“信访事项和政府信息公开行政案件混为一谈”。那么我们就有必要对信访和政府信息公开这两项制度作一番比较。所谓信访，按照《信访条例》第二条第一款的规定，“是指公民、法人或者其他组织采用书信、电子邮件、传真、电话、走访等形式，向各级人民政府、县级以上人民政府工作部门反映情况，提出建议、意见或者投诉请求，依法由有关行政机关处理的活动。”而政府信息公开则不涉及对于任何实体诉求的处理，按照《政府信息公开条例》第一条的规定，这项制度的主要功能在于保障公民、法人和其他组织依法获取政府信息。信访制度的一个特点是“对下和对外”，即信访人可以针对行政机关及其工作人员，法律、法规授权的具有管理公共事务职能的组织及其工作人员，提供公共服务的企业、事业单位及其工作人员，社会团体或者其他企业、事业单位中由国家行政机关任命、派出的人员以及村民委员会、居民委员会及其成员的职务行为，向受理信访的有关行政机关反映情况，提出建议、意见。而政府信息公开则只具有“对己和对内”的特点，即申请人只能向行政机关申请公开由本机关制作或者保存的政府信息。并且，这些政府信息只能是现有的、以一定形式记录、保存的信息，行政机关一般不承担为申请人汇总、加工或重新制作政府信息，以及向其他行政机关和公民、法人或者其他组织搜集信息的义务。

判断一个申请到底属于政府信息公开，还是属于信访事项，不能仅凭申请人的声称，也不能仅凭申请人自己贴上一个什么样的标签，而应通过将特定申请与制度宗旨进行比对，对其实质作出认定。在本案，再审申请人刘书平向郑州市政府提出政府信息公开申请，主要内容是要求对破坏当地村民委员会换届选举的相关情况进行调查，并公布调查材料和调查结果，这种要求行政机关履行监督调查职责进而创制信息的申请，明显与政府信息公开的制度宗旨不相符合。河南省高级人民法院认为，“刘书平的申请实质上是一种信访举报。郑州市政府对此申请所作答复为信访处置行为，属于信访制度调整范畴，不属于可诉的行政行为”，虽然在认定不属于政府信息公开范畴方面并无不当，也指出了其具有“举报”的性质，但简单地将“举报”和“信访”归为同一个制度，似乎存在将“信访”泛化的倾向。

但无论是举报，还是信访，其都不能受政府信息公开制度调整，却是一个不争的问题。即使是行使举报的权利，公民、法人或者其他组织也应当按照法律的规定，向有管辖权的行政机关提出。不能通过随意向一个没有管辖权的行政机关提出一个诉求，就此取得“相对人”资格，进而提起行政诉讼。就本案再审申请人所反映的事项来看，《中华人民共和国村民委员会组织法》第十七条第二款规定：“对以暴力、威胁、欺骗、贿赂、伪造选票、虚报选举票数等不正当手段，妨害村民行使选举权、被选举权，破坏村民委员会选举的行为，村民有权向乡、民族乡、镇的人民代表大会和人民政府或者县级人民代表大会常务委员会和人民政府及其有关主管部门举报，由乡级或者县级人民政府负责调查并依法处理。”这就明显看出，郑州市政府对刘书平反映事项没有直接调查处理的职权。对于这样一个既不属于政府信息公开范畴，被告又不具备处理此类举报的法定职权的起诉，人民法院可以径行驳回起诉。再审申请人还指控，“一审和二审法院存在卷宗造假、虚假审理、证据造假、事实造假等严重违法问题”，但没有任何证据材料支持，不足为信。

综上，再审申请人刘书平的再审申请理由不能成立，其再审申请不符合《中华人民共和国行政诉讼法》第九十一条规定的情形。依照《最高人民法院关于适用〈中华人民共和国行政诉讼法〉的解释》第一百一十六条第二款之规定，裁定如下：

驳回再审申请人刘书平的再审申请。

审 判 长　李广宇

审 判 员　阎　巍

审 判 员　仝　蕾

二〇一八年六月二十九日

法官助理　骆芳菲

书 记 员　王昱力

政府信息的“转瞬即逝”与“确实可见”

张小平诉洛阳市涧西区政府案

裁判要旨

《政府信息公开条例》第二十一条规定：“对申请公开的政府信息，行政机关根据下列情况分别作出答复：（一）属于公开范围的，应当告知申请人获取该政府信息的方式和途径……”本项规定包括两种情形：一是，申请公开的政府信息已经主动公开的，行政机关应当告知申请人该政府信息主动公开的方式和获取途径，以便于申请人查找；二是，申请公开的政府信息虽然属于公开范围，但尚未主动公开的，或者申请人对已经公开的信息有更具体的公开要求的，行政机关应当告知申请人办理获取政府信息手续的时间、地点、形式等程序性事项。

无论是属于主动公开范围且已经主动公开，还是属于依申请公开范围且尚未公开，行政机关的答复都是以保证申请人能够获取为目的。有所不同的是，对于属于主动公开范围且已经主动公开的，行政机关没有向特定申请人提供该政府信息的义务，只需告知其获取信息的方式和途径。这是因为，一旦允许这种索取量很大的重复申请，不仅会造成不必要的重复劳动，破坏行政机关履行义务的能力，也会增加巨额公共支出，同时，主动公开政府信息的制度价值也会大打折扣。

不向特定申请人提供行政机关已经主动公开的政府信息，仅限于政府信息“确实可见”的情形。《最高人民法院关于审理政府信息公开行政案件若干问题的规定》第二条第二项规定的“政府公报、报纸、杂志、书籍等公开出版物”，就具备“确实可见”的特性。如果行政机关拒绝提供此类信息，申请人不服提起诉讼的，人民法院不予受理。

是否认定为行政机关已经履行了法定职责，不应仅以是否告知为标准，还应当看申请人通过行政机关告知的方式和途径是否确实能够获取信息。对于信息公告栏、电子信息屏等具有“转瞬即逝”特性的公开载体而言，简单的一个告知未必会满足申请人真正能够获取他所需要的信息的需求。如果申请人对于这类已经主动公开但事后无法查阅的政府信息确有需要，行政机关可以在收取必要的成本费用之后再行提供。

中华人民共和国最高人民法院
行政判决书

（2017）最高法行再 93 号

再审申请人（一审原告、二审上诉人）张小平，女，汉族，住河南省洛阳市涧西区。

再审被申请人（一审被告、二审被上诉人）洛阳市涧西区人民政府，住所地河南省洛阳市涧西区西苑路 12 号。

法定代表人周玉甫，该区人民政府区长。

委托代理人宋继红，该区人民政府工作人员。

委托代理人余卉颖，河南坤达律师事务所律师。

再审申请人张小平因诉洛阳市涧西区人民政府（以下简称涧西区政府）政府信息公开一案，不服河南省高级人民法院（2016）豫行终 2561 号行政判决，向本院申请再审。本院于 2017 年 12 月 6 日作出（2017）最高法行申 3315 号行政裁定，提审本案，并依法组成由审判员李广宇、审判员刘雪梅、审判员阎巍参加的合议庭，对本案进行了审理，现已审理终结。

河南省洛阳市中级人民法院一审查明：张小平在 2015 年 10 月 23 日向涧西区政府邮寄了两份信息公开申请书，申请公开豫政土〔2014〕997 号文涉及小所村的征地补偿方案批准后征用土地各项费用的支付明细和豫政土〔2014〕997 号文涉及涧西区小所村征地补偿社会保障资金落实明细。2015 年 11 月 8 日，涧西区政府信息公开办公室对张小平的信息公开申请作出了书面答复，称“关于征用土地费用问题，涉及补偿的费用相关清单已经在小所村公开栏公开公示。关于土地补偿社会保障资金，我区已按规定将相关费用上缴涧西区社保中心”。涧西区政府于 2015 年 11 月 9 日用邮政特快专递的形式将信息公开书面答复邮寄给了张小平。张小平认为涧西区政府的书面答复没有按其要求作出，于 2015 年 12 月 29 日提起行政诉讼，要求涧西区政府按照其要求以书面形式提供申请的信息公开内容，并确认涧西区政府 2015 年 11 月 8 日的信息公开答复违法。

河南省洛阳市中级人民法院一审认为：涧西区政府对张小平提出的政府信息公开申请，具有依法作出答复的职责。涧西区政府在收到张小平申请后，在法定期限内履行了受理、答复及送达的法定程序，其行政程序合法。张小平主张涧西区政府应按照其要求以书面形式向其提供申请的信息公开内容，但张小平申请的信息属于主动公开的政府信息，涧西区政府已经在涧西区小所村的公开栏进行了公开公示，涧西区政府在对张小平作出的书面答复中已经明确告知了其查询所申请信息的方式和途径，故涧西区政府已履行了相应的法定职责。张小平要求涧西区政府以书面形式向其提供申请的信息公开内容并确认涧西区政府的信息公开答复违法的主张无事实和法律依据，不予支持。依照《最高人民法院关于审理政府信息公开行政案件若干问题的规定》第十二条第二项的规定，作出（2015）洛行初字第266号行政判决，驳回张小平的诉讼请求。

张小平不服，提起上诉。

河南省高级人民法院二审查明的事实与一审法院查明事实一致。

河南省高级人民法院二审认为：张小平申请公开的豫政土〔2014〕997号文涉及小所村的征地补偿方案批准后征用土地各项费用的支付明细，属于行政机关应当主动公开的政府信息，涧西区政府已在涧西区小所村的公开栏张贴，进行了公开公示；张小平申请公开的涉及小所村征地补偿社会保障资金落实明细，涧西区政府已告知其获取该政府信息的方式和途径。故涧西区政府的信息公开答复并无不当，一审判决认定事实清楚，适用法律正确，应予维持。张小平的上诉理由不能成立，不予支持。据此判决驳回上诉，维持原判。

张小平向本院申请再审称：其提供的小所村村民的签名证明小所村从未张贴过征用土地各项费用的支付明细，虽然再审被申请人向法庭提供了张贴的照片，但该照片不显示时间，也可以贴上去再撕下来，无法证明再审被申请人已在公开栏进行了公开公示。再审被申请人没有依法作出信息公开答复，违反法律强制性规定。一审和二审判决认定事实不清，适用法律错误，审判程序违法。请求：依法撤销一审和二审行政判决；判令涧西区政府向申请人公开豫政土〔2014〕997号文涉及小所村的征地补偿方案批准后征用土地各项费用的支付明细和豫政土〔2014〕997号文涉及小所村征地补偿社会保障资金落实明细。

涧西区政府答辩称：一、涧西区政府在收到再审申请人的信息公开申请后，已依照法定程序对再审申请人进行了答复，履行了《中华人民共和国政府信息公开条例》（以下简称《政府信息公开条例》）第二十一条规定的答复职责。二、再审申请人申请公开的豫政土〔2014〕997号文涉及小所村的征地补偿方案批准后征用土地各项支付明细，再审被申请人已在涧西区小所村的公开栏张贴，进行了公示；再审申请人申请公开的涉及小所村征地补偿社会保障资金落实明细，涧西区已按规定将相关费用上缴涧西区社保中心，并将此信息在答复时明确告知再审申请人，履行了告知再审申请人获取该政府信息的方式和途径。故再审被申请人的信息公开答复符合法律规定。原审判决认定事实清楚、适用法律正确，再审申请人的再审申请理由不能成立。

本院认为：本案的争议并不复杂，起因是，再审申请人张小平向再审被申请人涧西区政府申请公开两项政府信息，一项是涉及涧西区小所村的征地补偿社会保障资金落实明细，另一项是涉及涧西区小所村的征地补偿方案批准后征用土地各项费用的支付明细。涧西区政府在法定期间内作出答复，告知其：第一，“关于征用土地费用问题，涉及补偿的费用相关清单已经在小所村公开栏公开公示”；第二，“关于土地补偿社会保障资金，我区已按规定将相关费用上缴涧西区社保中心”。张小平提起诉讼，主张涧西区政府应当按照其要求以书面形式提供政府信息内容。一审法院认为，“张小平申请的信息属于主动公开的政府信息，涧西区政府已经在涧西区小所村的公开栏进行了公开公示，涧西区政府在对张小平作出的书面答复中已经明确告知了其查询所申请信息的方式和途径，故涧西区政府已履行了相应的法定职责。”二审法院亦认为“属于行政机关应当主动公开的政府信息，涧西区政府已在涧西区小所村的公开栏张贴，进行了公开公示。”但张小平对一审和二审裁判并不服，她认为，其提供的小所村村民的签名证明，征用土地各项费用的支付明细从未张贴，虽然再审被申请人向法庭提供了张贴的照片，但“也可以贴上去再撕下来”。因此，本案的争议焦点就集中在：属于主动公开范围且行政机关认为已经主动公开的政府信息，行政机关是否有义务依申请再行公开。本案的再审也主要围绕这一争议焦点展开。

《政府信息公开条例》第二十一条规定：“对申请公开的政府信息，行政机关根据下列情况分别作出答复：（一）属于公开范围的，应当告知申请人获取该政府信息的方式和途径……”本项规定包括两种情形：一是，申请公开的政府信息已经主动公开的，行政机关应当告知申请人该政府信息主动公开的方式和获取途径，以便于申请人查找；二是，申请公开的政府信息虽然属于公开范围，但尚未主动公开的，或者申请人对已经公开的信息有更具体的公开要求的，行政机关应当告知申请人办理获取政府信息手续的时间、地点、形式等程序性事项。据此，无论是属于主动公开范围且已经主动公开，还是属于依申请公开范围且尚未公开，行政机关的答复都是以保证申请人能够获取为目的。有所不同的是，对于属于主动公开范围且已经主动公开的，行政机关没有向特定申请人提供该政府信息的义务，只需告知其获取信息的方式和途径。这是因为，一旦允许这种索取量很大的重复申请，不仅会造成不必要的重复劳动，破坏行政机关履行义务的能力，也会增加巨额公共支出，同时，主动公开政府信息的制度价值也会大打折扣。

但是，不向特定申请人提供行政机关已经主动公开的政府信息，仅限于政府信息“确实可见”的情形。《最高人民法院关于审理政府信息公开行政案件若干问题的规定》第二条第二项规定的“政府公报、报纸、杂志、书籍等公开出版物”，就具备“确实可见”的特性。如果行政机关拒绝提供此类信息，申请人不服提起诉讼的，人民法院不予受理。此外，《政府信息公开条例》还规定了政府网站、公共查阅室、资料索取点、信息公告栏、电子信息屏以及国家档案馆和公共图书馆等可以发布和查阅政府信息的场所和设施，对于能够通过这些途径获取政府信息的，行政机关应当告知申请人具体的获取方式和途径，但是否认定为行政机关已经履行了法定职责，不应仅以是否告知为标准，还应当看申请人通过行政机关告知的方式和途径是否确实能够获取信息。对于信息公告栏、电子信息屏等具有“转瞬即逝”特性的公开载体而言，简单的一个告知未必会满足申请人真正能够获取他所需要的信息的需求。如果申请人对于这类已经主动公开但事后无法查阅的政府信息确有需要，行政机关可以在收取必要的成本费用之后再行提供。

本案就是如此。再审申请人申请获取的涉及涧西区小所村的征地补偿方案批准后征用土地各项费用的支付明细的政府信息，虽然再审被申请人举证证明已经在小所村公开栏公开公示，但这种公示显然具有“转瞬即逝”的特点，如果申请人确实需要，再审被申请人无妨再向其提供一份。至于再审申请人申请公开的涧西区小所村征地补偿社会保障资金落实明细，既然再审被申请人告知其“已按规定将相关费用上缴涧西区社保中心”，在另有申请渠道的情况下，不妨碍再审申请人实现获取信息的目的，但按照《政府信息公开条例》第十七条规定的“谁制作，谁公开”的原则，由再审被申请人迳行公开，亦不是法外义务。

综上，依照《中华人民共和国行政诉讼法》第八十九条第一款第二项，《最高人民法院关于适用〈中华人民共和国行政诉讼法〉的解释》第一百一十九条第一款、第一百二十二条之规定，判决如下：

一、撤销河南省高级人民法院（2016）豫行终2561号行政判决和河南省洛阳市中级人民法院（2015）洛行初字第266号行政判决；

二、撤销洛阳市涧西区人民政府于二〇一五年十一月八日对张小平作出的答复；

三、责令洛阳市涧西区人民政府在本判决生效之日起十五个工作日内向张小平提供其所申请公开的政府信息。

一审和二审案件受理费共计 100 元，由再审被申请人洛阳市涧西区人民政府负担。

本判决为终审判决。

审 判 长　李广宇

审 判 员　刘雪梅

审 判 员　阎　巍

二〇一八年五月三十一日

法官助理　骆芳菲

书 记 员　王昱力

个人隐私权的让渡

刘广森等诉濮阳县政府案

裁判要旨

《政府信息公开条例》虽然在第十三条提到了“自身生产、生活、科研等特殊需要”，但其主要意旨在于规定，除了行政机关主动公开信息之外，公民、法人或者其他组织还可以通过申请获取政府信息，所谓“三需要”，并非对申请人资格的一种限制。另外，考虑到“三需要”是一个内涵外延都不特定的法律概念，非常容易被滥用或者误用，因此《最高人民法院关于审理政府信息公开行政案件若干问题的规定》规定了比较严格的适用条件和范围。根据第五条第六款的规定，只有当“被告以政府信息与申请人自身生产、生活、科研等特殊需要无关为由不予提供的”情况下，人民法院才“可以要求原告对特殊需要事由作出说明”。根据第十二条第六项的规定，只有同时具备以下三个条件的，人民法院才可以判决驳回原告的诉讼请求：第一，原告“不能合理说明申请获取政府信息系根据自身生产、生活、科研等特殊需要”；第二，“被告据此不予提供”；第三，“被告已经履行法定告知或者说明理由义务”。除此之外，人民法院通常不宜主动审查“三需要”问题，更不能主动以不符合“三需要”为理由判决原告败诉。而且，对于“三需要”的“合理说明”，并不是一种证明责任，无须要求原告提供相关证明材料。

不得公开涉及个人隐私的政府信息是一种非强制性例外，这是因为，第一，权利人对涉及其个人隐私的政府信息拥有决定是否公开的权利，如果权利人同意公开则公开就不成为问题；第二，个人隐私权存在“可克减性”，也就是说，如果与隐私权相对的公共利益足够重要，则允许隐私权为公共利益让步。正是基于这种衡量，《政府信息公开条例》第十四条第四款还规定：“经权利人同意公开或者行政机关认为不公开可能对公共利益造成重大影响的涉及商业秘密、个人隐私的政府信息，可以予以公开。”

《政府信息公开条例》第二十三条还规定了在涉及第三方个人隐私的情况下应当书面征求第三方意见的程序。在涉及第三方的情况下，政府信息是否公开，并不单纯取决于第三方是否同意，更要看是否确实涉及个人隐私以及是否因为公共利益的考虑而使个人隐私权进行必要的让渡。

分户补偿情况尽管一定程度涉及其他户的个人隐私，但为了保证征收补偿的公开和公平，消除被征收人不公平补偿的疑虑和担心，法律对这类个人隐私进行了一定的让渡。对于分户补偿情况是否应予公开，集体土地与国有土地上房屋征收不应有所差别，可以参照适用。

中华人民共和国最高人民法院
行政判决书

（2018）最高法行再180号

再审申请人（一审原告、二审上诉人）刘广森，男，汉族，住河南省濮阳县城关镇。

再审申请人（一审原告、二审上诉人）刘世刚，男，汉族，住河南省濮阳县城关镇。

委托代理人程桂梅，女，汉族，住河南省濮阳县城关镇，系刘世刚之妻。

再审申请人（一审原告、二审上诉人）刘俊英，女，汉族，住河南省濮阳县城关镇。

再审被申请人（一审被告、二审被上诉人）河南省濮阳县人民政府，住所地河南省濮阳县红旗路东段路北。

法定代表人孙庆伟，该县人民政府县长。

委托代理人范青利，该县人民政府法制办公室工作人员。

委托代理人赵凤霞，该县人民政府法制办公室工作人员。

再审申请人刘广森、刘世刚、刘俊英因诉河南省濮阳县人民政府（以下简称濮阳县政府）政府信息公开一案，不服河南省高级人民法院（2017）豫行终2075号行政判决，向本院申请再审。

本院于2018年9月29日作出（2018）最高法行申1572号行政裁定，提审本案，并依法组成由审判员李广宇、审判员阎巍、审判员仝蕾参加的合议庭，对本案进行了审理，现已审理终结。

河南省濮阳市中级人民法院一审查明：2017年1月17日，濮阳县政府按照濮阳市中级人民法院（2016）豫09行初190号行政判决，对刘广森、刘世刚、刘俊英申请公开的“红旗路东延建设项目涉及的濮阳县城关镇铁炉村所有村民的土地征收补偿费用发放情况的具体明细”“红旗路东延建设项目涉及的濮阳县城关镇铁炉村所有村民的土地征收补助费用发放情况的具体明细”“红旗路东延建设项目涉及的濮阳县城关镇铁炉村所有村民的房屋拆迁补偿费用发放情况的具体明细”“红旗路东延建设项目涉及的濮阳县城关镇铁炉村所有村民的房屋拆迁补助费用发放情况的具体明细”政府信息作出《关于刘广森、刘俊英、刘世刚三人政府信息公开申请的答复》，对涉及刘广森、刘世刚、刘俊英三户的相关政府信息进行了公开，于2017年1月20日送达刘广森、刘世刚、刘俊英。濮阳县政府在《关于刘广森、刘俊英、刘世刚三人政府信息公开申请的答复》中称，一、刘广森、刘世刚、刘俊英申请获取的“红旗路东延建设项目涉及的濮阳县城关镇铁炉村所有村民的房屋拆迁补偿费用发放情况的具体明细”的政府信息属于部分公开范围，除刘广森、刘世刚、刘俊英外其他村民房屋拆迁补偿费用发放情况明细的内容属于个人隐私或者公开可能导致对个人隐私权造成不当侵害的政府信息。根据《中华人民共和国政府信息公开条例》（以下简称《政府信息公开条例》）第十四条、第二十二条规定，对该部分信息不予公开。刘广森、刘世刚、刘俊英三户房屋拆迁补偿费用发放情况，将以纸质方式向刘广森、刘世刚、刘俊英提供。二、刘广森、刘世刚、刘俊英申请获取的“红旗路东延建设项目涉及的濮阳县城关镇铁炉村所有村民的土地征收补偿费用发放情况的具体明细”的政府信息属于部分公开范围。刘广森、刘世刚、刘俊英三户宅基均未超过0.5亩，根据《濮阳县产业集聚区社区搬迁安置补偿实施方案》规定，三户将安置于濮上人家社区，宅基不再进行货币补偿。除刘广森、刘世刚、刘俊英外其他村民土地征收补偿费用发放情况明细的内容属于个人隐私或者公开可能导致对个人隐私权造成不当侵害的政府信息。根据《政府信息公开条例》第十四条、第二十二条规定，对该部分信息不予公开。三、刘广森、刘世刚、刘俊英申请获取的“红旗路东延建设项目涉及的濮阳县城关镇铁炉村所有村民的土地征收补助费用发放情况的具体明细”“红旗路东延建设项目涉及的濮阳县城关镇铁炉村所有村民的房屋拆迁补助费用发放情况的具体明细”的政府信息不存在。刘广森、刘世刚、刘俊英不服，提起行政诉讼，请求：撤销濮阳县政府于2017年1月17日作出的《关于刘广森、刘俊英、刘世刚三人政府信息公开申请的答复》；责令濮阳县政府对刘广森、刘世刚、刘俊英所申请的“红旗路东延建设项目涉及的濮阳县城关镇铁炉村除刘广森、刘世刚、刘俊英外其他所有村民的房屋拆迁补偿费用、土地征收补偿费用发放情况的具体明细”的政府信息依法予以公开。

河南省濮阳市中级人民法院一审认为：刘广森、刘世刚、刘俊英对濮阳县政府答复第三项予以认可，即“红旗路东延建设项目涉及的濮阳县城关镇铁炉村所有村民的土地征收补助费用发放情况的具体明细”“红旗路东延建设项目涉及的濮阳县城关镇铁炉村所有村民的房屋拆迁补助费用发放情况的具体明细”的政府信息不存在。濮阳县政府对涉及刘广森、刘世刚、刘俊英的相关信息已经予以公开。三人申请公开其他村民的信息不属于其生产、生活、科研等需要，濮阳县政府对涉及其他村民的信息不予公开并无不当，故三人关于撤销濮阳县政府答复及责令其公开其他村民房屋拆迁补偿费用、土地征收补偿费用发放情况的具体明细的政府信息的诉讼请求没有法律依据，对三人诉讼请求不予支持。根据《中华人民共和国行政诉讼法》第六十九条之规定，作出（2017）豫09行初15号行政判决，驳回刘广森、刘世刚、刘俊英的诉讼请求。

刘广森、刘世刚、刘俊英不服，提起上诉。

河南省高级人民法院二审经审理查明的事实与一审查明的事实一致。

河南省高级人民法院二审认为：一、濮阳县政府对于刘广森、刘世刚、刘俊英申请公开的政府信息中涉及刘广森、刘世刚、刘俊英的相关信息已经予以公开，对于刘广森、刘世刚、刘俊英申请公开的“红旗路东延建设项目涉及的濮阳县城关镇铁炉村所有村民的土地征收补助费用发放情况的具体明细”“红旗路东延建设项目涉及的濮阳县城关镇铁炉村所有村民的房屋拆迁补助费用发放情况的具体明细”也已告知其此信息不存在。刘广森、刘世刚、刘俊英对此不持异议。双方争议的主要问题是濮阳县政府是否应当向刘广森、刘世刚、刘俊英公开其他村民土地征收补偿费用、房屋拆迁补偿费用发放情况的具体明细。二、根据《政府信息公开条例》第十三条规定，对于除行政机关应主动公开的政府信息外，公民、法人或者其他组织应当基于自身生产、生活、科研等特殊需要向有关行政机关申请获取相关政府信息。本案中，刘广森、刘世刚、刘俊英申请公开其他村民土地征收补偿费用、房屋拆迁补偿费用发放情况的具体明细，不属于其生产、生活、科研等需要，并不符合上述法律规定，刘广森、刘世刚、刘俊英的诉讼请求没有法律依据，其上诉理由不能成立，不予支持。据此判决驳回上诉，维持原判。

刘广森、刘世刚、刘俊英向本院申请再审称：1. 根据《政府信息公开条例》第十一条第三项的规定，征收或者征用土地、房屋拆迁及其补偿、补助费用的发放、使用情况属于再审被申请人必须公开的范围，即使再审申请人不申请，其也应当主动公开。2. 涉案政府信息与再审申请人的生活息息相关。再审申请人作为被拆迁人，房屋已被强拆，至今未与拆迁方就拆迁补偿问题达成一致。再审申请人申请政府信息公开是为了了解拆迁补偿标准是否在已搬迁的村民那里得到落实，是否有已搬迁的村民获得的拆迁补偿款超出规定的标准从而对包括再审申请人在内的其他村民造成不公正的结果，再审被申请人在涉案征收补偿工作中是否作到公平、公正、公开、透明。二审法院以涉案政府信息不属于再审申请人生产、生活、科研等需要为由驳回诉讼请求，没有法律依据。3. 再审被申请人不予公开涉案政府信息适用法律错误、违反法定程序。再审被申请人以涉案政府信息属于个人隐私为由不予公开，而二审判决没有认定为属于个人隐私或与个人隐私相关，故再审被申请人不予公开涉案信息属适用法律错误。根据《政府信息公开条例》第十四条第四项规定，涉案政府信息即便涉及个人隐私，再审被申请人也应当依法征询权利人的意见，但其在未征询其他相关村民是否同意公开的情况下，迳行决定不予公开，严重违反法定程序。综上，请求撤销二审判决，支持再审申请人的一审诉讼请求。

濮阳县政府答辩称：再审申请人申请公开的政府信息属于部分公开范围，濮阳县政府公开了涉及再审申请人的信息，其他村民的信息属于个人隐私或者公开可能导致对个人隐私造成不当侵害的政府信息，且再审申请人申请公开其他村民的信息不属于其生产、生活、科研等需要，濮阳县政府对涉及其他村民的信息不予公开并无不当。濮阳县政府已依法履行法定职责，再审申请人的主张缺乏事实及法律依据，请求驳回再审申请人的再审申请。

本院认为：综合一审和二审裁判理由和再审申请人的再审理由，本案的核心争议是，再审被申请人濮阳县政府是否应当向再审申请人公开铁炉村除再审申请人之外其他所有村民的土地征收补偿费用、房屋拆迁补偿费用发放情况的具体明细。此间涉及“三需要”的判断、个人隐私的界定以及征求第三方意见程序如何进行等法律问题。

一、“三需要”

“三需要”问题一直是一个争论不断、令人纠结的问题。《政府信息公开条例》虽然在第十三条提到了“自身生产、生活、科研等特殊需要”，但其主要意旨在于规定，除了行政机关主动公开信息之外，公民、法人或者其他组织还可以通过申请获取政府信息，所谓“三需要”，并非对申请人资格的一种限制。另外考虑到“三需要”是一个内涵外延都不特定的法律概念，非常容易被滥用或者误用，因此《最高人民法院关于审理政府信息公开行政案件若干问题的规定》规定了比较严格的适用条件和范围。根据第五条第六款的规定，只有当“被告以政府信息与申请人自身生产、生活、科研等特殊需要无关为由不予提供的”情况下，人民法院才“可以要求原告对特殊需要事由作出说明”。根据第十二条第六项的规定，只有同时具备以下三个条件的，人民法院才可以判决驳回原告的诉讼请求：第一，原告“不能合理说明申请获取政府信息系根据自身生产、生活、科研等特殊需要”；第二，“被告据此不予提供”；第三，“被告已经履行法定告知或者说明理由义务”。除此之外，人民法院通常不宜主动审查“三需要”问题，更不能主动以不符合“三需要”为理由判决原告败诉。而且，对于“三需要”的“合理说明”，并不是一种证明责任，无须要求原告提供相关证明材料。在本案，行政机关是以“属于个人隐私或者公开可能导致对个人隐私权造成不当侵害”为由不予公开政府信息，一审和二审法院直接以再审申请人申请公开的政府信息“不属于其生产、生活、科研等需要”为由判决驳回其诉讼请求，不符合前述司法解释的规定。

二、个人隐私与征求第三方意见

《政府信息公开条例》第十四条第四款规定，行政机关不得公开涉及个人隐私的政府信息。通常认为，不得公开涉及个人隐私的政府信息是一种非强制性例外，这是因为，第一，权利人对涉及其个人隐私的政府信息拥有决定是否公开的权利，如果权利人同意公开则公开就不成为问题；第二，个人隐私权存在“可克减性”，也就是说，如果与隐私权相对的公共利益足够重要，则允许隐私权为公共利益让步。正是基于这种衡量，《政府信息公开条例》第十四条第四款还规定：“经权利人同意公开或者行政机关认为不公开可能对公共利益造成重大影响的涉及商业秘密、个人隐私的政府信息，可以予以公开。”《政府信息公开条例》第二十三条还规定了在涉及第三方个人隐私的情况下应当书面征求第三方意见的程序。在本案，再审被申请人认为再审申请人申请公开的政府信息涉及个人隐私，却并未举证证明其已履行书面征求第三方意见的程序。在此情况下，其迳行以此为由决定不予公开，不符合上述法规的规定。

三、个人隐私权的让渡

《政府信息公开条例》第二十三条规定："行政机关认为申请公开的政府信息涉及商业秘密、个人隐私，公开后可能损害第三方合法权益的，应当书面征求第三方的意见；第三方不同意公开的，不得公开。但是，行政机关认为不公开可能对公共利益造成重大影响的，应当予以公开，并将决定公开的政府信息内容和理由书面通知第三方。"由上述规定可知，在涉及第三方的情况下，政府信息是否公开，并不单纯取决于第三方是否同意，更要看是否确实涉及个人隐私以及是否因为公共利益的考虑而使个人隐私权进行必要的让渡。在本案，再审申请人申请公开的信息是红旗路东延建设项目涉及的濮阳县城关镇铁炉村所有村民补偿、补助费用发放情况的明细。分户补偿情况尽管一定程度涉及其他户的个人隐私，但为了保证征收补偿的公开和公平，消除被征收人不公平补偿的疑虑和担心，法律对这类个人隐私进行了一定的让渡。根据《政府信息公开条例》第十一条第三项的规定，"征收或者征用土地、房屋拆迁及其补偿、补助费用的发放、使用情况"属于"设区的市级人民政府、县级人民政府及其部门重点公开的政府信息"。《国有土地上房屋征收与补偿条例》第二十九条第一款规定："房屋征收部门应当依法建立房屋征收补偿档案，并将分户补偿情况在房屋征收范围内向被征收人公布。"本案涉及的虽然是集体土地征收，但对于分户补偿情况是否应予公开，集体土地与国有土地上房屋征收不应有所差别，可以参照适用。

再审申请人作为土地征收范围内的村民，有权知道分户补偿情况，再审被申请人应当向再审申请人公开这些政府信息。

综上，依照《中华人民共和国行政诉讼法》第八十九条第一款第二项，《最高人民法院关于适用〈中华人民共和国行政诉讼法〉的解释》第一百一十九条第一款、第一百二十二条之规定，判决如下：

一、撤销河南省高级人民法院（2017）豫行终2075号行政判决和河南省濮阳市中级人民法院（2017）豫09行初15号行政判决；

二、撤销河南省濮阳县人民政府于二〇一七年一月十七日作出的《关于刘广森、刘俊英、刘世刚三人政府信息公开申请的答复》第一项、第二项；

三、责令河南省濮阳县人民政府在本判决生效之日起十五个工作日内向刘广森、刘世刚、刘俊英提供其所申请公开的政府信息。

一审和二审案件受理费共计100元，由再审被申请人河南省濮阳县人民政府负担。

本判决为终审判决。

审 判 长　李广宇
审 判 员　阎　巍
审 判 员　仝　蕾
二〇一八年十一月三十日
法官助理　骆芳菲
书 记 员　王昱力

行政机关工作人员的信息

马耕田诉开封市顺河区政府案

裁判要旨

《最高人民法院关于适用〈中华人民共和国行政诉讼法〉的解释》第一百三十条规定："行政诉讼法第三条第三款规定的'行政机关相应的工作人员'，包括该行政机关具有国家行政编制身份的工作人员以及其他依法履行公职的人员。被诉行政行为是地方人民政府作出的，地方人民政府法制工作机构的工作人员，以及被诉行政行为具体承办机关工作人员，可以视为被诉人民政府相应的工作人员。"可见，法律和司法解释并没有要求"行政机关相应的工作人员"必须是公务员。

对于看似政府信息公开诉讼，实质是与行政机关负责人出庭应诉有关的争执，应当在诉讼程序内通过法定途径和方式解决。特别是在行政机关已就与"行政机关相应的工作人员"有关的质疑作出答复的情况下，提起政府信息公开诉讼不具有诉的利益。

中华人民共和国最高人民法院
行政裁定书

（2018）最高法行申10287号

再审申请人（一审原告、二审上诉人）马耕田，男，汉族，住河南省开封市。

再审被申请人（一审被告、二审被上诉人）开封市顺河回族区人民政府，住所地河南省开封市顺河回族区南土街28号。

法定代表人白海富，该区人民政府区长。

再审申请人马耕田因诉开封市顺河回族区人民政府（以下简称顺河区政府）政府信息公开一案，不服河南省高级人民法院（2017）豫行终2030号行政判决，向本院申请再审。本院依法组成由审判员李广宇、审判员阎巍、审判员仝蕾参加的合议庭，对本案进行了审查，现已审查终结。

河南省开封市中级人民法院一审查明：2017年4月12日，马耕田向顺河区政府邮寄政府信息公开申请，申请公开信息内容为：1. 顺河区政府工作人员田静身份，是否是依法登记、审核、审批、备案的公务员资格。2. 该单位工作人员田静在该单位的工作身份，是否纳入行政编制，由国家财政负担工资福利。3. 该单位工作人员田静是否有国家公务员资格证，并在省公务员主管部门备案的证明。4. 该单位工作人员田静的国家公务员登记表。顺河区政府于2017年4月24日作出并向马耕田邮寄编号为（2017）09号的《政府信息公开答复书》，答复主要内容为"田静是我区正式工作人员，目前在征收办负责征收及应诉工作。"马耕田不服，提起行政诉讼，请求确认顺河区政府作出的信息公开答复书违法并予以撤销，判令其重新作出答复。

河南省开封市中级人民法院一审认为：《中华人民共和国政府信息公开条例》（以下简称《政府信息公开条例》）第二条规定："本条例所称政府信息，是指行政机关在履行职责过程中制作或者获取的，以一定形式记录、保存的信息。"马耕田所申请公开信息内容属于行政机关工作人员个人身份信息，是行政机关人员构成方面的人事信息，而非产生于履行职责过程中的信息，因而不属于《政府信息公开条例》规定的政府信息。马耕田对不属于《政府信息公开条例》规定的政府信息申请公开答复于法无据，其诉求理由不能成立。依照《中华人民共和国行政诉讼法》（以下简称《行政诉讼法》）第六十九条之规定，作出（2017）豫02行初111号行政判决，驳回马耕田的诉讼请求。

马耕田不服，提起上诉。

河南省高级人民法院二审认为：根据《政府信息公开条例》第十三条之规定，公民可以根据自身生产、生活、科研等特殊需要申请获取相关政府信息。马耕田称因其房屋征收纠纷诉讼时，田静作为顺河区政府的委托代理人参加诉讼。马耕田认可政府出具的委托手续，那么，该代理的法律后果应由顺河区政府承担，与工作人员履行职务的行为没有直接的利害关系，马耕田认为田静直接影响其生产、生活的理由无事实和法律依据。马耕田申请公开的四项内容主要涉及政府人事管理的内部信息，不属于行政机关在履行职责过程中的政府信息，其上诉理由不能成立。综上，一审认定事实清楚，适用法律正确。据此判决驳回上诉，维持一审判决。

马耕田向本院申请再审称：一审和二审判决认定事实的主要证据不足，违反法定程序，适用法律错误。在征收补偿案件中，田静不是作为顺河区政府的委托代理人参加诉讼，是因被诉行政机关负责人未出庭应诉，受行政机关负责人委托以行政机关工作人员的身份履行公务出庭参与诉讼。再审申请人当庭提出异议，认为田静不是被诉行政机关工作人员，代行政机关负责人参加诉讼不合法。再审被申请人没有提交合法有效的证据证明田静是被诉行政机关的工作人员。依据《行政诉讼法》第三条第三款接受行政机关负责人委托出庭应诉履行公务，是公务员（实际不是）。综上，请求：1. 撤销一审和二审判决；2. 支持再审申请人一审诉讼请求；3. 诉讼费由再审被申请人承担。

本院认为：在本案，再审申请人马耕田向再审被申请人顺河区政府申请公开的政府信息内容为："1. 顺河区政府工作人员田静身份，是否是依法登记、审核、审批、备案的公务员资格。2. 该单位工作人员田静在该单位的工作身份，是否纳入行政编制，由国家财政负担工资福利。3. 该单位工作人员田静是否有国家公务员资格证，并在省公务员主管部门备案的证明。4. 该单位工作人员田静的国家公务员登记表。”其之所以提起这一申请，是因为其在诉顺河区政府的另一起房屋征收补偿纠纷诉讼时，质疑田静“被诉行政机关工作人员”的身份，认为田静“代行政机关负责人参加诉讼不合法”。从其在再审申请书中表达的观点来看，其认为，“依据《行政诉讼法》第三条第三款接受行政机关负责人委托出庭应诉履行公务，是公务员（实际不是）”。这一观点显然没有法律依据。《最高人民法院关于适用〈中华人民共和国行政诉讼法〉的解释》第一百三十条规定：“行政诉讼法第三条第三款规定的‘行政机关相应的工作人员’，包括该行政机关具有国家行政编制身份的工作人员以及其他依法履行公职的人员。被诉行政行为是地方人民政府作出的，地方人民政府法制工作机构的工作人员，以及被诉行政行为具体承办机关工作人员，可以视为被诉人民政府相应的工作人员。”可见，法律和司法解释并没有要求“行政机关相应的工作人员”必须是公务员。再审被申请人在《政府信息公开答复书》中答复再审申请人，“田静是我区正式工作人员，目前在征收办负责征收及应诉工作”，事实上已经对相关问题进行了解答。固然，本案诉讼是针对政府信息公开答复提起的诉讼，但是，对于看似政府信息公开诉讼，实质是与行政机关负责人出庭应诉有关的争执，应当在诉讼程序内通过法定途径和方式解决。特别是在行政机关已就与“行政机关相应的工作人员”有关的质疑作出答复的情况下，提起政府信息公开诉讼不具有诉的利益。本案没有提起再审的必要，再审申请人的再审理由本院不予支持。

综上，再审申请人马耕田的再审申请不符合《中华人民共和国行政诉讼法》第九十一条规定的情形。依照《最高人民法院关于适用〈中华人民共和国行政诉讼法〉的解释》第一百一十六条第二款之规定，裁定如下：

驳回再审申请人马耕田的再审申请。

审 判 长　李广宇

审 判 员　阎　巍

审 判 员　仝　蕾

二〇一八年十二月二十七日

法官助理　骆芳菲

书 记 员　王昱力

政府信息公开的监督保障

刘书平诉郑州市政府案

裁判要旨

《政府信息公开条例》第三十三条第一款规定：“公民、法人或者其他组织认为行政机关不依法履行政府信息公开义务的，可以向上级行政机关、监察机关或者政府信息公开工作主管部门举报。收到举报的机关应当予以调查处理。”根据该款规定，任何人，包括向行政机关申请公开政府信息遭到拒绝的申请人，都可以就行政机关不依法履行政府信息公开义务的情况向上级行政机关、监察机关或者政府信息公开工作主管部门举报，收到举报的机关也有义务调查处理。但是，对于收到举报的机关的调查处理结果或者不予调查处理、不予答复的行为却不能提起行政诉讼，因为此类行为属于行政机关的内部层级监督范畴，按照《最高人民法院关于适用〈中华人民共和国行政诉讼法〉的解释》第一条第二款第八项的规定，“上级行政机关基于内部层级监督关系对下级行政机关作出的听取报告、执法检查、督促履责等行为”，不属于人民法院行政诉讼的受案范围。除了内部层级监督关系的考虑，不受理此类起诉还在于，当事人有其他更为便捷的救济渠道可以利用——针对下级行政机关不依法履行政府信息公开义务的行为，公民、法人或者其他组织完全可以依照《政府信息公开条例》第三十三条第二款的规定，直接申请行政复议或者提起行政诉讼。

中华人民共和国最高人民法院
行政裁定书

（2018）最高法行申 3685 号

再审申请人（一审原告、二审上诉人）刘书平，男，汉族，住河南省中牟县。

再审被申请人（一审被告、二审被上诉人）郑州市人民政府，住所地河南省郑州市中原路 233 号。

法定代表人王跃华，该市人民政府常务副市长。

再审申请人刘书平因诉郑州市人民政府（以下简称郑州市政府）政府信息公开一案，不服河南省高级人民法院（2017）豫行终 3191 号行政裁定，向本院申请再审。本院依法组成由审判员李广宇、审判员阎巍、审判员仝蕾参加的合议庭，对本案进行了审查，现已审查终结。

河南省新乡市中级人民法院一审查明：刘书平于 2016 年 12 月 24 日以邮寄方式向郑州市政府提出政府信息公开申请，其政府信息公开申请表对所需政府信息的描述是："依法公开杨桥村委从 1984 年 1 月 1 日至今的财务收支原始凭证和第三方审计报告，杨桥 1 至 13 组 1984 年 1 月 1 日至今的财务收支原始凭证和第三方审计报告。申请至今，河南省中牟县万滩乡人民政府、郑州市郑东新区杨桥办事处和郑东新区管理委员会三个单位均不公开，依法调查，对调查结果依法公开”。郑州市政府于2016年12月26日收到该申请。2017年4月13日刘书平以郑州市政府未对其政府信息公开申请作出答复为由诉至法院，请求依法确认郑州市政府未对刘书平提出的政府信息公开申请作出答复的行为违法，并判令郑州市政府依其申请作出答复。

河南省新乡市中级人民法院一审认为：《中华人民共和国政府信息公开条例》（以下简称《政府信息公开条例》）第三十三条规定，公民、法人或者其他组织认为行政机关不依法履行政府信息公开义务的，可以向上级行政机关、监察机关或者政府信息公开工作主管部门举报。收到举报的机关应当予以调查处理。公民、法人或者其他组织认为行政机关在政府信息公开工作中的具体行政行为侵犯其合法权益的，可以依法申请行政复议或者提起行政诉讼。根据刘书平的起诉状，其曾就案涉信息分别向三个行政机关提出公开申请，如刘书平认为行政机关未公开该信息的行为侵犯其合法权益，其应依照上述法律规定正当行使权利，现其又就该信息向郑州市政府提出政府信息公开申请缺乏法律依据，郑州市政府对该政府信息公开申请是否作出答复对其知情权并不产生影响。据此，刘书平的起诉不符合法定起诉条件，依法应予驳回。依照《最高人民法院关于适用〈中华人民共和国行政诉讼法〉若干问题的解释》第三条第一款第一项、第八项之规定，作出（2017）豫07行初48号行政裁定，驳回刘书平的起诉。

刘书平不服，提起上诉。

河南省高级人民法院二审认为：刘书平申请信息公开的内容是要求郑州市政府对中牟县万滩乡人民政府、郑州市郑东新区杨桥办事处和郑东新区管理委员会未予信息公开的情况进行调查并公开调查结果，该申请实质上是刘书平通过申请信息公开的形式表达信访诉求，属于信访事项，不属于司法审查范围，其起诉依法应予驳回。一审裁定驳回刘书平的起诉，结论正确，依法予以维持。刘书平的上诉理由不成立，依法不予支持。据此裁定驳回上诉，维持原裁定。

刘书平向本院申请再审称：1. 本案中评价信访事项并驳回其诉讼请求错误，“信访事项”和“政府信息公开行政案件”混为一谈是错误的、违法的。2. 一审和二审法院存在卷宗造假、虚假审理、证据造假、事实造假等严重违法问题，影响公正审判，损害当事人的利益。请求：撤销一审和二审行政裁定并改判；判决郑州市政府未对申请人提出的政府信息公开申请依法作出答复行政行为违法。

本院认为：本案的起因是，再审申请人刘书平向河南省中牟县万滩乡人民政府、郑州市郑东新区杨桥办事处和郑东新区管理委员会三个单位申请公开杨桥村委会若干年内的财务收支原始凭证和第三方审计报告，三个单位“均不公开”。刘书平转而向郑州市政府提出政府信息公开申请，要求“依法调查，对调查结果依法公开”。但郑州市政府未作答复，刘书平因而提起诉讼，请求依法确认郑州市政府未作出答复的行为违法，并判令其作出答复。从刘书平向郑州市政府提出的申请表的内容来看，他并不是要求郑州市政府公开三个单位未予公开的杨桥村委会若干年内的财务收支原始凭证和第三方审计报告，而是要求郑州市政府对三个单位不予公开政府信息的情况进行调查，并对调查结果依法公开。这在性质上就不属于政府信息公开范畴，而属于政府信息公开的监督保障。《政府信息公开条例》第三十三条第一款规定："公民、法人或者其他组织认为行政机关不依法履行政府信息公开义务的，可以向上级行政机关、监察机关或者政府信息公开工作主管部门举报。收到举报的机关应当予以调查处理。"根据该款规定，任何人，包括向行政机关申请公开政府信息遭到拒绝的申请人，都可以就行政机关不依法履行政府信息公开义务的情况向上级行政机关、监察机关或者政府信息公开工作主管部门举报，收到举报的机关也有义务调查处理。但是，对于收到举报的机关的调查处理结果或者不予调查处理、不予答复的行为却不能提起行政诉讼，因为此类行为属于行政机关的内部层级监督范畴，按照《最高人民法院关于适用〈中华人民共和国行政诉讼法〉的解释》第一条第二款第八项的规定，"上级行政机关基于内部层级监督关系对下级行政机关作出的听取报告、执法检查、督促履责等行为"，不属于人民法院行政诉讼的受案范围。除了内部层级监督关系的考虑，不受理此类起诉还在于，当事人有其他更为便捷的救济渠道可以利用——针对下级行政机关不依法履行政府信息公开义务的行为，公民、法人或者其他组织完全可以依照《政府信息公开条例》第三十三条第二款的规定，直接申请行政复议或者提起行政诉讼。

信访是一项独立于行政复议、行政诉讼的制度，有其自给自足的救济途径。《最高人民法院关于适用〈中华人民共和国行政诉讼法〉的解释》第一条第二款第九项因此规定："行政机关针对信访事项作出的登记、受理、交办、转送、复查、复核意见等行为"，不属于人民法院行政诉讼的受案范围。但是，也不能把什么事项都归类为信访。上级行政机关针对公民、法人或者其他组织的举报作出的调查处理行为就是不同于信访的专门程序。二审法院认定，"该申请实质上是刘书平通过申请信息公开的形式表达信访诉求，属于信访事项，不属于司法审查范围"，定性不甚准确，但其维持一审法院驳回起诉的裁定，结果并无不当。再审申请人刘书平的再审主张难以支持。其认为"一审和二审法院存在卷宗造假、虚假审理、证据造假、事实造假等严重违法问题"，也无证据支持。

综上，再审申请人刘书平的再审申请不符合《中华人民共和国行政诉讼法》第九十一条规定的情形。依照《最高人民法院关于适用〈中华人民共和国行政诉讼法〉的解释》第一百一十六条第二款之规定，裁定如下：

驳回再审申请人刘书平的再审申请。

审 判 长　李广宇

审 判 员　阎　巍

审 判 员　仝　蕾

二〇一八年六月二十九日

法官助理　骆芳菲

书 记 员　王昱力

致 谢

在郑州的最后一个晚上，编完了这本《司法的温度与界限》。这是我的第三本裁判文书自选集，三本总共收入 120 篇，其中 100 篇是在第四巡回法庭完成。带着这样一份成绩离开奋斗了两年的四巡，也算是不虚此行。

在离开四巡之后的一天，留守郑州的同事说，当事人陈丙兰给我们送来了锦旗。陈丙兰是为行政机关停发他的最低生活保障金提起诉讼。他的案子，就收在这本书中。而在此前不久，辉县市政府来函说，根据我们的司法建议，已经制度性解决了 1700 余名水利伤残民工提高抚恤金待遇的诉求。对于老百姓而言，所求并不多，给一点阳光，就会灿烂。而这阳光，或许就是我们所说的司法的温度吧。作为司法者，纵不能遍洒阳光雨露，也应当“一枝一叶总关情”。但是，相对于行政权，司法权的行使毕竟不能逾越应有的界限，这也决定了司法永远不会是万能的。唯其如此，我们更应当致力于通过诉讼类型化等手段，提高实质解决行政争